本书由西北政法大学多学科发展专项资金建设项目
"媒介融合趋势下新闻传播学科特色的强化与研究生培养模式的优化"项目资助出版

REPORTS ON
THE JOURNALISM
OF THE RULE
OF LAW

Cases and Methods

法治新闻报道
案例与方法

宣海林 / 著

图书在版编目(CIP)数据

法治新闻报道：案例与方法/宣海林著．—北京：北京大学出版社，2019.1
ISBN 978-7-301-30211-8

Ⅰ．①法⋯　Ⅱ．①宣⋯　Ⅲ．①法治—新闻报道—研究　Ⅳ．①G212

中国版本图书馆CIP数据核字(2019)第001291号

书　　　名	法治新闻报道：案例与方法
	FAZHI XINWEN BAODAO：ANLI YU FANGFA
著作责任者	宣海林　著
责 任 编 辑	李　铎
标 准 书 号	ISBN 978-7-301-30211-8
出 版 发 行	北京大学出版社
地　　　址	北京市海淀区成府路205号　100871
网　　　址	http://www.pup.cn
电 子 信 箱	law@pup.pku.edu.cn
新 浪 微 博	@北京大学出版社　@北大出版社法律图书
电　　　话	邮购部 010-62752015　发行部 010-62750672　编辑部 010-62752027
印 刷 者	河北滦县鑫华书刊印刷厂
经 销 者	新华书店
	720毫米×1020毫米　16开本　18.75印张　287千字
	2019年1月第1版　2019年1月第1次印刷
定　　　价	49.00元

未经许可，不得以任何方式复制或抄袭本书之部分或全部内容。
版权所有，侵权必究
举报电话：010-62752024　电子信箱：fd@pup.pku.edu.cn
图书如有印装质量问题，请与出版部联系，电话：010-62756370

新闻采编背后深沉的社会关怀(代序)

数周前接到海林书稿大样,嘱我为其作序,甚为荣幸。海林童蒙之时便是乡人眼中的神童,学业既成更是才情飘逸,多年来始终以谦谦君子之态往来于各界贤达之间。既"读万卷书"而开拓宽广之学术视野,又"行万里路"而积淀深厚之社会经验,其诸多睿见尽显于大作之中。在文本阅读过程中,我有所感:厚重的学术内涵寓于条分缕析之有序、逻辑推理之严密;丰富的社会经验,尽显观察叙事之透辟、把握问题之精准。读海林著作,一方面是精细的社会观察,是多视角窥视世界之窗口,另一方面也是耀眼的思想碰撞,是与诸多贤者对话之平台。海林文章,谋篇布局,举重若轻;运笔老道,驾轻就熟。然骐骥千里,殊非一日之功。

一

20世纪90年代初,我是中学老师。所在学区每年中、高考都要做一些排名,包括总成绩和单科成绩,此排名榜单不单是学生成绩的展示,亦能直观地呈现老师的教学水平与成果。我关注——事实上每个授课老师都关注——同一学区几所中学统一考试中的学生排名情况。这些关注常给我以极大的挫折感——同学区有一位学生的各科排名总是令其他人难以望其项背。再后来,还是这个学生,高考时成了全国知名教育大县的文科状元,为武汉大学所录取。当年他的分数比北京大学在安徽的录取线要高出20多分。对此,我曾有感慨:有些人犹如松树的种子,即使在贫瘠的岩石缝里,也能顽强成长为一棵参天大树。这些人,和他们生活在同一个时代是一个悲剧,在绝对的天赋与勤勉面前,仅凭后天的努力试图超越几无可能! 当年那个学生就是海林。

而立之年,我辞去中学教职,重拾学业,负箧曳屣于江城。博士期间,海林成了我早晚出入于同一幢楼内的校友。那个时候,海林早已褪去中学时期的青涩,成长为朝气蓬勃、意气风发的青年才俊。胸中纵有丘壑,也不肯显山露水。无论轻松抑或严肃论题,在交流时海林总是神情专注,善于倾听他人。然而,翻开当年海林发表的著作,不难发现,他早在商学、经济学和法学等多个领域著述煌煌,且多有独到的见解。认真倾听是他随和待人的风格,是一种予人尊重的气度,格外优雅从容。事实上,凭借深厚的学术修养和令人如沐春风的待人接物,海林俨然已成了同辈中的核心,赢得了同侪的高度认可。

毕业离校前的晚上,翻过学校的铁门,我们相约东湖边小聚。时值盛夏,清风徐来,星斗漫天,蛙声阵阵。抬眼望去,视野并不开阔,透过幽暗,依稀可见湖光微动,萤火万千,不知今夕何夕。那天晚上,我们都结束了此生的学生生涯,开启了新的人生征程。我们从状似安稳的学堂走进了狂飙突进中的中国社会。

二

分别之后这些年,我与海林各自在不同的领域发展,自己的关注点从国际政治到世界历史再到中国社会发展及社会转型中的法治社会建设等。归纳这些关注点,一是试图探索中国在走向现代化进程中的国际环境,二是世界历史对中国社会发展的借鉴,三是中国社会如何适应时代的变化。令我万分欣喜的是,海林的著作通过法律案例来观察社会,在具体案例分析中认识社会,一方面把握了认识社会的本质,另一方面提升了对社会更深层次的理解,从宏观和微观两个维度对上述问题做了细致入微的观察与思考,提供了多方位观察中国法治化建设的视角,打开了在中国参与国际社会过程中从冲突到融合的一扇窗口,非常富有创见与启发性。可以说,这是本书最为珍贵之所在。

在本书中,海林正是依靠知识人独特的眼光在人人都可信手拈来的案例中,通过自己的智识来诠释我们这个时代的主题,探索时代的本质,追问时代的价值。通过剖析发生在中国社会表层的案例,突入到文化的核心;通过解读发生在国际社会的案例,探查到文明的深层。直击人心,振聋发聩:"利益还是人道,暴徒还是英雄?""要生存的体面,还是要果腹的面包?"

社会的大转折时期大抵都会伴随着巨大的社会阶层结构变化。人类潜在的创造性和想象力正是在社会主题的转换中被激发并释放出来的。改革开放以来,中国社会经历了一场翻天覆地的巨变。几乎与这一进程同时,出现了两个平行的趋势——国内社会急剧的城市化进程、国际社会强劲的全球化进程。国内的这一变化可以概括为中国社会转型,相应地国际社会的变化可以理解为国际社会转型。社会转型是一个抽象的概念,但是理解概念的内涵以及概念所携带的巨大的思想和观念的变化又是具体的。本书正是用一个个具体的案例来揭示社会转型的特点及由转型所引发的思考。

三

从国内层面看,城市化进程一方面表现为沿袭千年的乡村社会结构逐渐趋于解体的过程,另一方面表现为新的社会结构不断建构的过程。新的社会结构的建构不仅要反思传统,也要思考新的社会结构之所以能够维持良性运行背后所需秉持的价值和规则。当然,社会转型不仅是社会结构的变化,人们关注的焦点也发生了变化,从物质层面转向精神层面,从个人层面的利益关注转向社会公共利益的关注,从基本生活资料的满足转向关注生活的品质,等等。

本书从国内编的开篇《包头空难案:悲情航班身后的漫长诉讼》到《以权威的司法应对狂热的传媒》等,每每都在抽丝剥茧中分析热点案件发生、发展和诉讼的过程以及在司法上的意义。文章分析解读案例的过程是理解以城市化为标志的社会结构变迁的过程,也是在传播并建构现代社会的价值观。这一过程由于每一个案例的生活化,既体现了作者的感性体验,又体现了作者的理性思考,同时折射出作者充满人文关怀的内心世界。从食品安全、校园血案到车速与生命,从司法应对传媒的狂热、新闻从业人员的素养到媒体与司法关系的重新建构等,作品可读性正是在于其与时代之融通,与生活之贴近,与社会热点之切合,这种融通、贴近与切合深深地熔铸在作者浓厚的生命关怀和人道主义情怀之中。

当然,每个案例都是对历史的记录,作者深入思考的每一个历史事件都是对社会的深层次关注。这个时代的每个人都能切身感受到社会生活瞬息万变。变化中,作者穿梭往来各地,用眼在观察,用心在体悟,用笔在记录。这些各具特色的案例呈现的也是发生在这个时代的一个个历史事件。海林的著作记录的是改革开放纵深发展的背景下中国社会法治的变迁状态,是变动社会中的法制史,也是一部深刻记录的社会史。

四

从国际社会层面看,20世纪90年代,东欧剧变,两极格局解体,世界向着多极化方向演进,随之而起的便是强劲的全球化趋势。为了融入全球化,中国在1986年7月首次提出恢复《关贸总协定》缔约国地位,随后于2001年加入了世界贸易组织。这个趋势逐步将中国与国际社会更加紧密地联系起来,中国逐渐扩大了与世界其他国家的交往。

然而,加入全球化进程,深入到国际社会当中,遭遇的问题带来了很多困惑。我们既有的知识结构难以解释国际社会中发生的各种事件,由此在观察国际问题时会引起内心的矛盾和冲突。这些矛盾和冲突中,既有不同文化习俗的矛盾冲突,也有不同制度和意识形态的矛盾冲突;既有利益之间的矛盾冲突,也有价值观念之间的冲突。作者指出,"当今的国际社会仍旧是主权林立的社会,在任何时候利用外交方法来解决国际争端仍然是一种颇为有效的方法。"(《美国、欧盟和加拿大诉中国汽车零部件进口管理措施案述评》)矛盾和冲突正是不同文明之间对话的一种形式,是规则和法律中的对话,不是"文明的冲突"!冲突不是目的,从产生冲突到正视冲突是理解和包容的过程,是协调和双赢的过程。在冲突的背景下来观察、比较和鉴别,再以此来反思中国社会转型中的问题,规划社会发展的方向,无疑提供了新的视阈与思路。作者在跟进一个个案例的历史和现实中,追踪到那些发生在我们内心深处的矛盾的源头,也进一步加深了对纷繁复杂的国际现象的理解。理解的过程是比较、鉴别的过程,也是学习、扬弃的过程。作者关注的美国"网络法制""医改法案"和"麦道夫案"解密,以及透过国际法视角分析的"以色列袭船事件"等,都令人耳目一新,为读者带来很多启发。正如作者在《危机法治:法治影像中的百年美国危机史》中指出的,"美国是世界上最强大的市场经济国家,市场经济体制发展较为完善;美国也是一个在法治建设方面取得一定成就的国家,它的较为全面的法律体系、较为完善的司法制度,有不少值得中国学习与借鉴的地方,尤其是在市场经济体制与法治相结合的技术细节与制度体系方面"。

将批判性思维寓于思考之中十分重要,而更为重要的是启发读者在阅读文本过程中尝试探索——如何在不同文明背景之下,让彼此之间的共识最大化!

作者指出一些争议的本质,进而厘清一些似是而非的问题,认为"现代国际冲突已经不是简单的利益之争,而是掺杂了过多的政治、经济、文化等诉求。……国际法就是国家实现其自身利益诉求、国际社会实现某种程度的制约与平衡的一种国际治理机制"(比如《争锋汇率:中美汇率之争溯源》)。本书通过分析一桩桩发生在西方但却对世界影响深远的案例,加深了我们对西方规则之所以产生在文化内涵层面的理解,这是更好融入国际社会的基础。另外,借用这些既已形成的完善制度、国际法也是保护好自己国家利益的前提。

五

从法治建设的视角,众所周知,法律之所以重要,是因为其为社会稳定的基石。法律问题并不玄虚高深,它与每一位公民息息相关,但是确立社会成员法治精神的氛围却并不简单,正如作者所言,从"法制"到"法治",任重道远!法治观念在全社会的普遍形成是一个漫长的过程,一方面人们可以在生活的实践中提升司法素养;另一方面在阅读、聆听和沉思中也会形成并强化规则意识。这些历练以及种种规则规范在润物细无声中内化为人们的知识结构的一部分,进而外化为符合现代社会法治精神的现实行动。

发现社会问题,诊断社会问题,认识社会问题,进而解决社会问题。作者对民营企业家进行采访时,认为"为民营经济的高速发展提供良好的社会环境尤其是法治环境,推进民营经济持续快速发展,是当前一项紧迫而现实的任务"(《为民营经济的发展营造良好的法治环境》)。可以说,研究社会问题的全部意义在于建设文明和谐的社会环境,在良好的社会环境中构建各行各业都能和谐共处的社会秩序,而社会秩序的形成和维持之前提在于培养社会的规则意识,即人们的法治精神。每个人囿于自己的知识结构,没有能力挣脱盲目必然性的约束。他山之石,可以攻玉。不同领域的法律问题,由不同领域的专家学者在学术层面进行解读是普及法治精神的一种形式。著作中的"访谈编"提供了法律专家的精彩解读,且浅显易懂。

中国社会转型是一个长期的过程,国际社会中各国在追求国家利益时的摩擦和冲突也会长期存在。从国内的法治建设看,法治社会不可能一蹴而就,法律人还有很长的路要走;从国际社会看,对国际社会的规则的理解及与各国的价值认知上的折冲过程,如何在利益上实现双赢既是妥协的艺术,更是观念的改变,这一过程也需要法律人的辛勤努力。无论是社会的长治久安,还是国际社会的持久和平,都是在同一认同的规则下实现的。海林这一代的法律人,赶上了一个法律人必须有所担当、有所奉献的时代;当然也可以是知难而退、无所作为的时代。我想,基于法律人的敏锐和责任,不难预料,海林新的大作将会不断问世,奉献给这个时代和关注这个时代变迁的读者!

王云飞

2018年8月于安徽合肥

前言 QIANYAN

　　法治新闻作为社会新闻的一个组成部分,正随着中国法治建设的快速推进和社会转型的加快变革,越来越成为社会新闻中的"明星"。且不说层出不穷的各种新类型或者疑难案件,就是不断出现的司法改革举措或者涌现的法学新思想、新理论,都是以其他国家难以企及的量级呈现。法治领域是新闻的富矿,这是一个公认的观点。

　　但是,现实却并不乐观。与娱乐新闻、都市新闻的一枝独秀相比较,法治新闻的作品及其影响,均与其应有的重要性极不相称。不仅从事法治事件或者案件深度报道的调查类记者数量急剧下降至百余人左右,提供此类作品发表的阵地也急剧萎缩,大量的深度报道媒体关停并转,就是一般的法治行业类新闻报道,也是顽固地以八股面目呈现,丝毫不顾新媒体技术发展的日新月异和受众阅读习惯与心理变化的一日千里。与社会对高质量法治新闻的需求程度相比,我们在法治新闻作品供给方面远远滞后于社会的发展。

　　这种现象的出现有着复杂的社会原因。最直接最直观的因素之一就是新媒体技术的冲击。与新媒体以效率和速度为生命的性质相比,法治新闻因其较高的专业性导致的对时间和程序以及技术层面的苛刻要求,都难以满足娱乐狂欢时代受众的浅阅读心理,也难以达到新媒体时代快速传播的媒体属性要求。更加之版权保护的缺失与不完善、较高的采编成本,导致很少有媒体愿意投入大量的资金在法治新闻的采编上,由此导致深度、独家的法治新闻采写快速萎缩,有深度、有影响的作品凤毛麟角。而在行业法治新闻报道领域,虽然有着司法机关或者政府的资金支持,但是囿于传统的宣传理念和政治传播方法的局限,加之评价体系的不科学、不合理,法治新闻媒体不可能也不愿意突破机关宣传的条条框框,因为突破现有框架既得不到体制内的肯定,还要冒较大的政治风险,得不偿失。

这不是一个能够轻易出现名记者的时代。技术的狂飙突进和社会理念、习惯的翻天覆地变化,不仅使得传媒的生存空间被无限挤压,更使得记者手中的笔无论在表达力还是在表达意愿方面,都在纷繁复杂的社会现实面前迷失方向,或者主动缴械投降。在强大的变化面前,无论多么美好的理想或者多么美妙的情怀,都在不可避免地沦陷。

然而,社会对高质量的新闻的需求绝不会降低,而且在这样一个信息爆炸到令人难以抉择的时代,高质量的新闻绝对是稀缺品。对于法治新闻更是如此。法律制度或者问题因其具有较高的专业性,如果没有专业的报道或者解读,很有可能以讹传讹,误导公众,导致法律理念或者司法观点的误入歧途。更重要的是,司法事件的报道极易引发舆情危机,如果没有较高的专业性和政治性,很容易引发导向问题。可以想见的是,随着法治建设的深入推进,社会对法治新闻人才的需求只会更加迫切。

在这样一个娱乐至死的时代,记者的所谓新闻情怀与济世理念,已经成为一种奢侈品。如此种种,于记者而言是一种悲哀,对社会而言更是令人担忧。一个健康的社会需要一个健全的新闻业,需要一群有理想和新闻情怀的胸怀天下的记者。在媒体行业遭遇百年未遇之大变局之际,肩负维护社会公平正义职责的法治新闻业,从某种程度上天然承载着复兴记者新闻理想和情怀的重任,而更为社会所需要。

由此,法治新闻业不仅需要术的改良,也需要情的注入。不仅需要从新闻操作层面对当前的法治新闻业进行深入的反思和彻底的变革,更需要从社会价值层面对当前法治新闻乃至新闻业承载的社会使命和责任进行重新认识和定位,以此推动法治新闻业乃至新闻业的复兴。

作为一名曾经的法治新闻记者,在近十年的新闻从业经历中,我对国内和国际法治热点新闻事件进行了实时跟踪和深入报道,积累了一些作品,更积累了对新闻操作的一些粗浅感悟。现在将这些作品汇聚在此,一方面是反思在有限的条件和局促的环境中,我是如何操作那些当时引起社会关注的热点新闻事件的;另一方面,则是从这些操作过程中提炼出一些我认为还算有点价值的感悟或理念,供大家交流批判。更重要的是,以自己在虽然远离法治新闻行业的情况下依然怀有的一种新闻情怀,渴望对记录当代中国与世界的某一个时代背景提供一个个人的刻度与印记,虽然并不一定有很高的理论价值,但也可能为这种时代的刻画提供一种个人的视角与感悟。作为记者的价值,或许就在这里吧。

因为本书主要是想从作者已有报道范例中总结一些报道的方法及理念,因此,对报道材料就没有进行更新,而基本保留了作品的本来面貌。所有的历史都是当代史。重要的不是数据或者人物的具体细节,而是其中蕴含的规则与原理。希望这些事件与方法的反思,能够引来更多的思考与研究。如果能够这样,对于繁荣我国的法治新闻行业,激发法治新闻从业人员心中埋藏已久的新闻情怀与理想,就会起到一定的积极作用。而这,正是编写这本书的基本目的。

目录 MULU

前言 ……………………………………………………………… （1）

国　内　编

编前导语：国内法治新闻报道方法的反思及研究性报道的提出 ……… （3）
包头空难案：悲情航班身后的漫长诉讼 ………………………… （15）
红绿凉茶恩怨情仇背后的法律交锋 ……………………………… （20）
刑法亮剑个人信息保护 …………………………………………… （26）
食品安全问题呼唤便利性司法的探索 …………………………… （35）
车速与生命的追赶
　　——恶性交通事故阴影下的交通安全 ……………………… （45）
"肃铅"风暴下的环保理念调整
　　——由近期几起重金属环境污染事件引发的思考 ………… （53）
消除校园血案发生的社会根源 …………………………………… （63）
以权威的司法应对狂热的传媒 …………………………………… （65）

国　际　编

编前导语：国际法治新闻报道的比较与研究方法 ……………… （71）
网络法制在美国：人肉搜索、馒头血案、微软黑屏及其他 …… （77）
争锋汇率：中美汇率之争溯源 …………………………………… （89）

以色列袭船事件:国际法视角的分析 …………………………（ 94 ）
我拿什么拯救你,"猪流感"?
　　——人类之病与法律之病 ………………………………（ 98 ）
全球消费者权益保护的新发展 ………………………………（108）
谁将是下一只黑天鹅:世纪骗局"麦道夫案"解密 …………（114）
美国医改法案:在期待与争议中启航 ………………………（124）
恐怖主义:国际社会的毒瘤 …………………………………（128）
奥巴马的和平奖:国际法律秩序重构的期待 ………………（133）
利益还是人道,暴徒还是英雄
　　——洛克比空难审判案的前世今生 ……………………（137）
索马里海盗:国际治理的失衡与中国的选择 ………………（146）
美国、欧盟和加拿大诉中国汽车零部件进口管理措施案述评 …（158）
危机法治:法治影像中的百年美国危机史 …………………（165）
要生存的体面,还是要果腹的面包
　　——国际劳工组织与劳动法制概览 ……………………（174）
全球化进程遭遇保护主义浪潮
　　——中国国际贸易纠纷频发的原因与化解途径 ………（182）
轮胎下一场没有硝烟的"战争"
　　——中美轮胎特保案分析 ………………………………（191）
危机是重构世界经济秩序的最佳时机 ………………………（199）
以法治手段解决海洋划界问题 ………………………………（201）
"宪法学帝国主义"
　　——对美国宪法学研究的一种思考 ……………………（203）

访　谈　编

编前导语:访谈类法治新闻报道的采写方法及心得 ………（215）
专家会诊"毒品及其治理" ……………………………………（221）

目 录

站在推进社会主义法治建设的高度参政议政
　　——访十一届全国人大代表、大成律师事务所主任彭雪峰律师 …（230）
以学者之力推进中国法治进程
　　——访十一届全国人大代表、重庆大学法学院院长陈忠林教授 …（239）
完善民间借贷法律规范,妥善解决民间借贷纠纷
　　——访十一届全国人大代表、湖北省山河建设集团有限公司董事
　　　长程理财…………………………………………………………（248）
打一场全民法治保"胃"战
　　——访十一届全国政协委员、北京金诚同达律师事务所合伙人
　　　刘红宇………………………………………………………………（253）
为民营经济的发展营造良好的法治环境
　　——访十一届全国人大代表、中国能源建设集团公司副总经理
　　　张羡崇………………………………………………………………（257）
从"法制"走向"法治"任重道远
　　——访十一届全国人大常委、民建中央副主席辜胜阻 ……………（261）
要结合民族地区实际对司法调解工作进行重构
　　——访十一届全国人大代表、西昌学院王明雯教授 ………………（269）
加强法官的职业素养培训是一项更为重要的工作
　　——访十一届全国人大代表、中国社会科学院学部委员梁慧星
　　　教授…………………………………………………………………（274）

后记 ……………………………………………………………………………（283）

研究性报道侧重的是分析、提炼和指导，是更高层次的解释性报道。

国内 编

> 编前导语

国内法治新闻报道方法的反思及研究性报道的提出

法治新闻报道的时代需求

法治新闻报道,作为一种通过新闻报道的方式进行法治宣传的工作,是政治传播的一种路径,有着自己独特的操作理念、工作方法和学科范式。对于法治新闻报道,学界和业界都已经有了较多的关注,但是,因为其游弋在法治新闻与法治宣传两个概念或领域之间,概念和范围相对比较模糊,虽然关注的人不少,但是,对其进行系统研究、深入探讨、概念界定、理论构建的人并不多。在国家法治建设进程如火如荼、新闻舆论引导备受关注、政治传播日臻成熟的今天,作为一个越来越受到重视的领域,法治新闻报道理应得到深入系统的研究。

法治新闻报道,作为一门交叉学科或一项综合性工作,融合了数门学科的知识内容。它既是法律与新闻行业交叉融合的产物,也集聚着新旧媒体融合发展的诸多问题与焦点,还是新闻与宣传、传播与营销并举的领域,同时还需要文字和技术等多方面的知识与技能。当前,经济社会发展的方方面面都对法治新闻报道的发展提出了较高的要求。忽视这些挑战与要求,不去积极应对社会发展带来的冲击,就会在工作的开展上偏离正常的轨道,造成不可避免的损失与资源的浪费。从当前经济社会发展与法治社会建设的现状来看,法治新闻报道的必要性越来越明显。

第一,当前,社会正处于经济转轨与政治转型期,矛盾冲突的激增、案件数量的持续上升、新类型疑难案件持续增加且引发全社会高度关注,使得法治新闻成为新闻报道领域中增长最快、最易受关注并且最容易出成果的领域。近几年来,全国法院每年收到的案件都维持在1000万件以上,且还在以较高的速度增长。新闻的价值在于矛盾冲突的集聚,在于较高的社会关注度。高速增长的案件数和层出不穷的新类型案件,使得中国法治新闻的报道对象十分丰富,也使得法治新闻报道的空间大大扩展。当下的中国是法治新闻报道的富矿,此话不谬。现实的发展远远超越常人的想象力,而法治新闻报道的从业者所要做的就是如何用自己的智慧和文字、影像、声频等手段将这种丰富的现实展示出来、记录下来。新闻就是将来的历史,但是有意义的文字记录才能成为历史。由此,现实对法治新闻从业者提出的要求越来越高。

党的十八大提出,要全面推进法治国家建设,将法治作为治国理政的基本方略。法治兴则国家兴,法制强则国家强。依法治国的理念已经深入人心,遍及社会的方方面面。在这样的时代背景下,关注法治建设、关注法治走向、关注法治事件,已经成为全民共识。放眼世界,世界各国在向法治国家转型的过程中,都会经历一段普法和法治理念逐步深入人心的过程。在这个过程中,法治事件在社会事件中的比重大幅提升,社会关注度也相应地提高,法治新闻成为新闻报道的热点领域。在此过程中,法治新闻报道不仅承载着传递信息、普及法治的作用,也在很大程度上承担着推动法治社会建设、推进法治国家建立的历史作用,不容忽视。

当然,在政治传播在中国目前还不是一门显学、政治传播的理念和理论框架还不完善的情况下,社会对于政治传播、政治宣传、新闻宣传以及舆论引导的概念都还不是很清晰。在这里,笔者对法治新闻报道的概念也不想做过多的探讨。我们所要知道的是,新闻与宣传是有区别的,这一点在新闻专业主义备受关注的背景下,越来越得到业界与理论界的认同。本书汇集的作品是笔者在从事法治新闻报道过程中的成果,在很大程度上也是法治宣传工作的产物。对此,笔者认为,在中国的现实语境和实际环境中,探讨如何在遵循基本的新闻传播规律的基础上,通过新闻报道的方式进行政治宣传、提升宣传与舆论引导的能力和水平、在实现政务公开并提升司法工作能力提升的同时促进和谐社会构建、提升社会文化的融合发展,是一项切合当前经济社会发展实际情况和司法工作实际的工作,也是笔者在长期的工作中一直在努力达到的目标,那就是不

编前导语：国内法治新闻报道方法的反思及研究性报道的提出

断改变传统宣传的面目和思路，改善宣传在人们心目中的形象，改良宣传的实际社会效果，在达到工作目标的同时，也使自己的文字有些价值，最起码在记录当代中国司法工作进程的过程中，能够留下一点哪怕对后来者有所启示的信息和思想。

为此，在社会转型期，在社会矛盾一定范围内激化和案件数量一定程度上激增的背景下，在政治传播已经逐步为各级司法机关关注并纳入工作重心的阶段，深入研究法治新闻报道工作的改进，构建适合当前社会实际和工作发展需求的法治新闻报道的理论体系和实践操作模式，不仅必要，而且紧迫。

第二，复杂的社会现实和司法工作的高度专业化，以及新闻业综合性及专业主义的基本定位与要求，使得法治新闻报道的专业性教育及素质提升非常必要。法治新闻报道是一个非常专业的新闻报道领域。法治新闻报道不仅需要专业的新闻传播知识，也需要新媒体技能、法律专业知识等方面的积累，还需要公共关系、舆论应对、新闻发布、沟通交流等社会性知识与技能。从实际情况上看，因为法治新闻报道涉及争议双方的权利义务划分，涉及社会的安定稳定，涉及网络舆情引导与应对，报道的专业性较强、争议焦点较多，极易受到报道不公的指控，并有可能引发其他相关社会舆情问题。因此，法治新闻宣传工作是一个对专业知识和社会经验要求都比较高的行业。从这个角度考虑，法治新闻宣传专业队伍的打造是很有必要的。系统的新闻专业、法律专业、新媒体技术以及舆情应对等知识培训，统一的价值观、操作理念以及应付突发事件的协调一致团体行动意识等，对于法治新闻报道工作者掌握宣传报道的范围、权衡宣传报道的分寸、运用宣传报道的语言、操控相关技术、设置相关议程、引导相关舆论，是十分有益且有必要的。

第三，新媒体的冲击使得法治工作面临日益复杂的舆论环境，也将面对越来越多具备更全面媒介素养的公众，在此情况下，法治新闻报道的专业性、技术性水平亟待提高。互联网对经济社会发展带来的冲击，已经改变了传统的新闻传播教育赖以生存的土壤，各方面的改变已经导致法治新闻报道面临一个革命性的改变。新媒体带来的不仅是媒介的改变，更是报道理念、形式、方式等的改变。在新的媒体形态下，新闻操作的方方面面都亟待改进。在这种情况下，固守传统新闻宣传报道的操作方式，已经很难继续维持下去。近几年来，一大批媒体倒闭或者转型,纸媒衰亡的断言层出不穷,甚至有人给纸媒的退出测算出了具体的时间表。在此情况下,法治新闻报道工作如何抓住机遇,克服困难,在复杂的现实中坚持并发展出自己的特色和优势,任务紧迫。

第四,摆在法治新闻报道工作面前比较尖锐的问题是当前其在文本方面的较低水平,在推动司法整体形象改进方面的努力存在很多有待改进的地方,在推动整个司法工作文风改变与作风改进方面大有可为。从现实看,虽然以《南方周末》等为代表的新锐媒体已经在法治新闻报道方面进行了较多的探索,并取得了较好的成绩,但是,从媒体界的整体报道水平来看,无论是在报道的专业性方面,还是在报道的深入性上、在报道的文字水准上,都存在不够专业、可读性不强、分析判断能力较弱等问题。在法治新闻报道方面,同质化、说教式、低水平的报道非常普遍,对典型人物或者先进事迹的报道,还存在"千人一面、千事一面"的弊端,缺乏报道的个性和深入性,缺乏吸引力、引导力和感染力。这样的现实,一方面可能与我国法治新闻报道起步较晚有关,也可能与现有的法治宣传报道的传统理念和僵化模式有关,但更重要的可能还是在人才培养方面存在的问题。这种现象的出现,突出反映了当前司法工作还存在一定的官僚气息与僵化做法,还存在一定的墨守成规因循守旧的思想,对走向国际、建设法治文明的中国来说,这种文风的改变,势在必行,意义重大。这种意义,不仅在于新闻宣传的基本价值定位,更在于整个国家法治建设的整体推进方面。

从以上的分析可以看出,当前,虽然法治新闻报道有着现实需求的紧迫性和必要性,但是,由于传统理念的束缚和教育培养方式的局限造成的人才匮乏、低水平宣传报道、舆论引导能力较低等问题,造成了法治新闻报道的发展存在这样那样的问题,不仅造成了此领域问题丛生,而且,对于司法公开工作和舆情应对、舆论引导乃至法治国家建设的整体推进等,都造成了伤害。在问题和伤害面前,尤其凸显出法治新闻研究的必要性、重要性和紧迫性。

法治新闻报道的现实价值

就我国经济社会发展情况看,法治新闻报道工作的存在价值毋庸置疑。我国正处于经济转轨和社会转型的时期,政治体制、经济体制和社会体制等全方

编前导语:国内法治新闻报道方法的反思及研究性报道的提出

位改革正在全力推进。在这样的时代背景下,不断研究经济社会发展新形势、新情况、新问题,为行业工作和改革提供决策新参考、新建议、新举措,不仅有益,而且必要。现在的问题不是提供的参考、建议、举措多了,而是建立在实地调研、通过合理渠道和良好方式基础上提出的有用的参考、建议、举措太少了,形成了行业新闻一定的虚假繁荣与现实紧迫需求之间的矛盾。就目前看,法治新闻报道工作还承担着法治行业工作领域以下一些基本的职能。

第一,信息传递与政策解读功能。对于各大部委来说,政策信息的上传下达和深度解读、研讨、学习贯彻是一项长期、常态、必要的工作。可以预见的是,行业新闻必将在一个较长的时间内,继续发挥其在行业政策传递和解读方面的不可替代的功能。对于法治新闻报道同样如此,甚至作用更为突出。司法工作作为一个专业性很强的领域,深入研讨理论问题、全面分析实务话题、交流沟通工作经验的必要性尤其明显。针对这样的工作需要,在总结工作经验、传递司法信息、沟通工作心得、传达方针政策等方面具有不可替代地位的法治行业新闻报道的地位得以凸显,应该得到应有的重视。

第二,经验总结与交流功能。行业新闻宣传的一个独特的优势是连接全国本行业的各单位和各部门,在沟通信息、总结经验、行业交流等方面具有自己的优势。这类信息的总结、刊载、交流,因其偏重理论调研性,缺乏一定的可读性和时效性,也只能落在行业新闻宣传工作身上。法治新闻报道的价值就在于此。

第三,项目研究与改革推动功能。行业新闻宣传,在主题设置、议题引导、项目资助、会议组织等方面具有自己的优势,能够发动对相关行业发展问题的研讨,汇聚社会各方面智慧,推动问题的解决,推动行业体制机制的改革与发展,发挥改革助推器与推进剂的作用。对于报道相关法治行业的动态,促进行业信息的交流与传播,推进司法改革的进程,法治新闻报道的作用不容忽视。

第四,群体交流与文化凝聚功能。汇聚在法治行业新闻报道领域周边的行业内领导者、政策制定者、政策解释者以及相关的行业专家学者,是一个具有相近的专业知识背景的群体,团结这群人,发挥这群人在行业理论研讨、交流中的作用,对于进一步凝聚这群人的价值观、促进群体意识的形成、促进行业文化的型塑等,具有积极而深远的意义。对于法治行业新闻媒体来说,其在打造法律职业共同体方面所做出的努力,已经为初步显现的法律职业共同体及其价值观所证明。

第五,政策研讨与行业智库功能。行业组织的研究机构由于各种原因限制,在组织各类活动、联系社会各方面机构与人员、进行各类课题研究与报道、进行直接面向市场或者用户的调查统计、进行用户导向的政策调研等,有着诸多不便。法治新闻,由于自身承载着行业政策报道、直接面向市场与用户等功能,便于发挥自身这些优势。通过市场化运营,利用灵活多变的体制机制,借助遍及各地各行业的智力网络,对于团结各方面人才,建设推动行业政策制定与发展的智库,作用较大,优势明显。

当前法治新闻报道中存在的问题

就当前的法治新闻报道工作现状而言,由于在系统内诞生、发展壮大、生存延续,人员主要源自系统,采访报道对象和新闻资源来自系统,受众也主要局限在系统内,独特的成长环境决定了法治新闻报道工作本身承载着主管部门部分行政功能,也就是行业性新闻宣传与舆情应对的功能。而这种功能体现在法治新闻报道的工作理念和报道文本上,就是较为浓厚的宣传味。

具体而言,在采访报道的主题上,主要围绕主管部门的工作中心展开;报道对象上,主要来自主管部门及其下属单位;报道写作风格上,主要表现为传统的宣传类稿件,诸如时效性很差的消息、简讯以及各类会议报道、领导讲话;在写作上,法治新闻工作人员自觉不自觉地朝官方语言方向靠,尽量避免那些有个性的活泼的可读性较强的语言风格,八股味道过于浓厚;稿件内容上,片面理解正面宣传的指导思想,把被宣传人物写得高大上、完美无缺,而且千人一面,毫无个性,让人读起来毫无趣味,没有真实感;对于工作报道,则写得事无巨细面面俱到,内容上毫无创新。读者们的感觉是,想看的看不到、看不深、看不全、看不精、看不进,不想看的到处是。这样的新闻报道真正有多少人读,读了以后有什么收获,社会效益有多大,不仅主管部门或者一般的读者不愿意看,就是法治新闻报道的采编人员们,也常常感到自己的新闻稿件面目可憎、味同嚼蜡。

编前导语:国内法治新闻报道方法的反思及研究性报道的提出

当前,随着经济的发展,政治文明在不断进步,政府与司法部门的工作方式在发生翻天覆地的变化,行政与司法理念都与以往大不相同,在新闻宣传的工作理念上同样如此。传统的宣传方式和语言已经饱受诟病,难以发挥舆论引导和舆情应对等功能,重在信息传递与传播沟通的政治传播与政治营销等先进的传播理念已经逐步影响到法制新闻宣传工作者。如何摒弃传统的陈旧的宣传语言和工作方式,也成为很多新闻宣传工作者苦苦思索与不断探索的工作。

更重要的是,现代新闻业面临着翻天覆地的挑战。媒体融合带来的不仅是新闻报道形式的变革,更是新闻理念与新闻报道写作文本的革命性变化。技术革新给新闻业带来了巨大的冲击,也给漩涡中的新闻人带来了巨大的职业迷思。这种迷茫不仅弥散在社会新闻从业者中,也深深地嵌入行业新闻宣传工作者中。

在这样一个剧烈变革、浮躁变化的时代,不可否认,很大一部分新闻人忘记了新闻人的本职,忘记了作为一个新闻记者的职责使命在哪里,把过多的精力放在技术、融合等形式方面,忽视了对于新闻业基本使命的关注,忽视了新闻报道基本功的培养与基本原则的坚持。碎片化的、快捷式的、肤浅的、虚假的、浮夸的、跟风式的、炒作式的新闻充斥着各类媒体,混淆着受众的辨别力,也造成了社会信息传递的混乱,无形中降低了新闻职业的价值和新闻人的地位。行业新闻宣传工作者同样存在这样的问题。

就提供真正有价值有深度的新闻作品角度而言,近几年,尚坚守在一线的调查记者、深度报道记者、解释性报道记者越来越少了。这一方面与媒体在重视程度上、在资金投入上、在人才培育上、在采编理念调整上有关,更重要的是随着那个调查性新闻报道黄金时代的消逝,新一代新闻院校培养的新闻从业者,无论是在新闻职业的使命感职责感上,还是在新闻调查写作的基本功上,都存在着巨大的缺陷,难以适应不断变化的社会现实,导致在提供推动社会进步、引导社会舆论、助推社会转型上有价值的深度新闻报道方面的人才越来越少。

法治新闻报道更是如此。因为在宣传报道的导向和范围方面天然存在的一定的限制,法治新闻报道的从业者难以涉足许多社会焦点事件的报道,因此在深度报道方面,天然就存在一定的职业盲区。但是,法治行业新闻承担的政策解读、经验总结交流、行业智库建设等需要,又不可避免地对从业者的深度报道、调研写作能力提出一定的要求。这对矛盾在媒体融合的背景下,伴随着法治新闻报道工作的转型和作用改变,更加突出地摆在法治新闻各方面人员的面前。一方面是各种媒体生存的挑战袭来,另一方面是法治行业新闻宣传承载的各种功能尤其因为从业人员在调研、写作等方面基本功的欠缺而难以得到发挥,制约了法治行业新闻报道的进一步发展和抵御新媒体冲击的能力提升。

研究性报道的思路与实施路径

优化法治新闻报道发展状况,不仅对于这项工作自身的生存十分必要,对于行业工作和改革任务的推进都是大有裨益的。然而,这是一项系统工程,需要全方位的审思和大幅度的变革,很难一蹴而就。尤其在新技术新媒体的冲击下,如何结合自身情况,综合考虑社会新形势和新技术等因素,更是一项难题。不过,从改变法治新闻报道写作文本起步,不仅简便易行,成本低廉,而且切合需求,立竿见影。从当前新媒体冲击、社会形势发展变革以及读者的群体特征发生巨大的变化来看,符合行业发展需求和读者接触体验的行业新闻报道的写作文本应从倡导研究性报道写作的角度入手。

行业新闻作为专业性新闻,对象是很专业的行业新闻事件或者政策信息,因此,从业人员必须具有较为专业的理论素养,掌握专业的报道方式。在信息过剩的今天,一般性的行业新闻报道已经不能满足公众的知情权,也很难起到对行业发展的推动作用,因此,必须在深入事件或者政策背后的同时,揭示事件或者政策制定的背景、原因、深刻内涵、对国家发展的推动作用等。为达到这样的目的,应当提倡研究性报道的思维与操作方式。

研究性新闻报道是指在新闻报道的对象、素材的选择上,在新闻报道的写作方式上,在新闻报道力求达到的目的上,都强调研究性和理论性,强调新闻报道的权威性和指导性。它与解释性报道的区别在于解释性报道是用背景材料来解释新闻事实的原因、影响、发展趋向和深层意义,进而加深读者对新闻事实的理解;而研究性报道不仅要加深读者对新闻事实的理解,更重要的是通过对新闻事实的分析,为今后的工作提供有用的具有普遍性的指导意见和措施。如

编前导语：国内法治新闻报道方法的反思及研究性报道的提出

果说解释性报道侧重的是分析、认识和理解，那么，研究性报道侧重的就是分析、提炼和指导，是更高层次的解释性报道。

当前，大力推行研究性报道的应用，发掘社会发展中值得宣传报道的新闻资源和素材，在提供背景分析和理论探讨的基础上，总结工作经验，提炼工作规律，推广工作方法，提升工作成效，就成为行业新闻报道存在的独特价值所在。就研究性报道的写作文本而言，在实施路径上还是有很多规律可供遵循的。

一是在新闻语言的呈现方式上，尽量避免使用传统的宣传式口号式模式化的语言风格。行业性宣传报道有着自己的存在价值，是一种独特的生产力，对于弘扬主旋律、传播正能量作用不可替代。但是，传统的宣传语言风格和表达范式却到了必须进行改变的时候了。经济社会的快速发展，公众基本素质、知识水准、阅读习惯、阅读渠道等发生了巨大的变化，传统的说教味道过于浓厚的语言风格显然已经不适应时代的需求了。法治新闻，在内容和语言风格上应当独具特色，用一些符合新闻传播规律、体现采编人员个性色彩的语言来采写新闻，文字要生动活泼，要具有吸引力，不能僵化刻板、了无生趣，要把严肃的工作制度与理论以轻松的笔调表达出来。唯其如此，才能彰显法治新闻自身存在的价值。

二是在新闻报道内容的选择上，要摒弃快捷即时性的新闻报道，要突出长效性、思想性和指导性。在现在这样一个信息传递快捷甚至有些信息泛滥的社会发展阶段，信息的获取已经不是问题，信息的数量不是一个稀缺品，对信息进行有效的梳理则会极大地增加信息的价值。应当在新闻的思想性上下工夫，即努力挖掘新闻背后的故事、背景、观点以及思想，从而为读者提供更多的参考与思考素材，要能够为行业从业人员提供工作上真正有用的指导，要能够为他们提供更宽广的视野、更独特的思维、更翔实的资料、更深入的分析，要能够为行业工作者提供具有可操作性的理论指导，搭建行业实务与行业理论之间的便捷桥梁。对于法治新闻而言，不仅需要即时性的时效性强的新闻报道，更需要能够经历时间考验、历久弥新、长效性的新闻报道和深入分析，在内容上应当定位于思想评论性与工作指导性的期刊，在总结行业工作经验、提炼工作理念、传播工作方法、介绍域外制度等方面作出有深度的真正有指导性的报道，并有自己鲜明的立场和观点，发挥"思想源"与"理论库"的作用，能够在发现新问题、总结新经验、开拓新思维、创出新方法等方面有所作为。在文体上,要不断尝试并推出新的报道方式,学习借鉴并不断实践西方新闻报道中"新新闻"等理念,尝试非虚构写作等新的文体,只要能够作出客观公正深入的报道,在遵循基本的传播规律的基础上,在写作方式上要允许并鼓励作者们不断推陈出新。只有这样,才能适应信息化社会中变幻不定的读者的多样化需求。

三是在法治新闻报道的外部作者队伍上,尤其要注意与行业理论界建立更加紧密的有效的联系,经常性地约请行业理论界专家撰写文章,并注意选题策划和议题设置的方向及侧重点,适当引导专家学者为行业实务和实践难题提供具有导向性实用性的意见。必要的时候可考虑建立自身的专家学者库,使行业宣传工作在某种程度上具备"智库"的某些功能,并为业务范围的拓展打下基础,进一步保证法制行业宣传报道的写作文本的可读性、权威性和指导性。在采访对象和信息来源上,无论是行业性政策文件,还是行业内部人员,或者是域外的相关制度等,在选择上都必须坚持权威性至上的原则,任何低级、错误、偏差、陈旧的信息来源或者采访对象,都将损害法制新闻报道的声誉以及长久发展的根基。缺乏及时性、新颖性、独特性、权威性、指导性的任何报道,都不应传达出来,唯其如此,才能成就法制行业新闻宣传工作的独创性、思想性、权威性和指导性。

四是在法治新闻报道从业人员基本素质上,要高标准严要求,以高素质的采编队伍确保写作文本的高质量。改善文本的根本在于高素质的采编队伍。要努力加强采编队伍的建设,力争建成一支研究型专家型的采编队伍。没有高素质的采编人员,没有一支具有较强学习能力与知识储备的采编队伍,权威性指导性新闻宣传工作的定位就是奢望,改善法治新闻写作文本就是无源之水。要大力加强法治行业新闻宣传人员在新闻理论、行业专业知识、文学素养、艺术水准乃至新的传媒技术等各方面的能力,培养复合型人才,推动文本写作能力等各方面综合素质的不断提升,才能最终适应法治新闻宣传深度长远发展的需求,也才能在复杂的社会环境下,发挥行业新闻宣传工作真正的有效的社会效果。

编前导语：国内法治新闻报道方法的反思及研究性报道的提出

国内编案例写作背景及思路

汇集在国内编的共有这几年撰写的8篇报道。这些文章基本都发表在最高人民法院的新闻期刊《中国审判》杂志上，都是针对当时社会热点法治事件，从法律角度或者司法实务角度出发进行的研究性报道。可以说，这些文章集中体现了我对研究性报道的界定和其方法的阐释。

首先，选题方面，这些报道都是具有一定的社会意义或者法治内涵的，不仅能够吸引公众的兴趣和关注度，而且能够对相关社会具体制度或者机制起到解剖与消解的作用。这是研究性报道的基础条件。

例如，针对包头空难案的报道，主要目的并不在于回放这段悲情航班及其后续的相应诉讼，而在于就空难赔偿这样的在国内堪称空白的难点问题进行较为深入的探讨，就其中的争议问题进行全景式的展示，以期引发更多的思考和更深入的研究。

针对加多宝与王老吉的商标和外观设计的系列诉讼，报道的目的主要是就国内在商标权和外观设计等的保护现状进行全面介绍，重点在于对当前的知识产权保护现状进行反思，为人们更多地关注当前的知识产权保护环境和制度提供背景知识。

针对个人信息保护的报道，则在于从法律制度上引起人们的高度关注，而不仅仅是提出相关案例。至于具体的案例，相关新闻媒体已经进行了长篇累牍的报道，行业期刊进行这样的报道，意义并不大。我们所要做的，就是在梳理相关案件案情的基础上，对个人信息保护的难点及今后的方向做出分析和预测。这才是行业媒体的价值所在。

而食品安全的报道则直接关系民生。对于食品安全问题，相关报道浩如烟海，但是现实中问题并没有得到根本改变，甚至有继续存在乃至蔓延的趋势。在此情况下，如何从社会根源上寻找食品安全问题频发的基础原因，继而用司法的手段努力铲除食品安全问题滋生的土壤，才是本文的目的和价值所在。

而本编中的环境保护问题、交通安全问题、校园血案等问题，都是社会热点，通过法律角度的分析，其目的不仅在于还原事件的真相，更在于提供建设性的解决方案。这样的选题,本身就暗含着研究性的价值和社会意义,也具有一定的社会关注度,对司法工作和司法改革也有着标本式的意义。

其次,在报道思路方面,笔者遵循着一直提倡的先素材再研究的基本思路,在详细回放案件或者事件背景的前提下,运用法律思维和方法,对事件进行全方位的剖析,直至对相关的一类问题进行法理的研究,不仅力求达到探寻事件真相的目的,更在于力求从中整理出或者探求出相关的深层次问题供公众思考、供学者研究,以达到改变社会问题的真正目的。

再次,就报道的内容而言,体现的是研究性报道的材料准备过程和程度。研究性报道的内涵决定了这种报道必须建立在详实的资料收集和背景剖解上。为此,建立在基本背景上的大量素材的积累是必不可少的。这体现了研究性报道的操作方法,那就是这种报道要建立在扎实的研究的基础上。学术研究的前提是扎实的调查和详实的资料储备,唯有如此,才能够在前人的基础上作出站得住脚的学术成果。而研究性报道同样如此,这种报道的重点并不在于事实的陈述和事件的回放,而重在对事件引发的社会问题进行法律角度的分析,以期推动立法司法等实践的进步。要想最后的结论真正有助于社会实践的发展,就必须要有全面的详实的资料储备。这一点应当引起所有的行业新闻从业者的重视和践行。

最后,在语言上,研究性报道的语言风格强调严谨求实、严肃认真。不同于现实中网络语言的泛滥,研究性报道的目的在于推动制度的改进与发展,因此,严肃的选题和客观的分析,是最基本的要求。为此,在语言上,不可哗众取宠,不可轻浮飘逸。尽管这样的语言风格会牺牲一定的可读性,但是,笔者认为,社会的发展需要这样的新闻报道,更需要这样的客观分析和理性建言。

这些报道的汇集,主要目的是为法治新闻专业的学生提供一些研究和思考的素材,尤其是新闻报道的素材收集、研究分析、观点提出及论证的思路,以期为研究性报道的方法养成提供一个基本的路径。国内法治新闻报道唯有与当前法治建设的大势相结合,与当前司法改革的大趋势相结合,与当前法学研究的最新成果相结合,才是有价值的新闻报道,也才能够在瞬息万变的信息社会留下真正有价值的历史底稿,而不再是碎片化的呈现。

包头空难案：悲情航班身后的漫长诉讼

包头空难案之后的漫长诉讼

2004年11月21日8时21分，一架由包头飞往上海的民航班机在起飞不久后出现事故，坠入包头市南海公园的湖中并发生爆炸起火，机上47名乘客、6名机组人员以及地面2人共55人在事故中丧生。其后，伴随罹难者亲属的除了无限的哀思外，则是一场纠结在法律与情理之间的漫长的诉讼。

针对空难的事故调查组通过对CRJ-200机型飞机进行气动性能、机翼污染物、机组操作和处置等进行分析，认为本次事故的原因是：飞机起飞过程中，由于机翼污染使机翼失速临界迎角减小。当飞机刚刚离地后，在没有出现警告的情况下飞机失速，飞行员未能从失速状态中改出，直至飞机坠毁。事故调查组认为，飞机在包头机场过夜时存在结霜的天气条件，机翼污染物最大可能是霜。飞机起飞前没有进行除霜（冰）。中国东方航空股份有限公司（以下简称东方航空公司）对这起事故的发生负有一定的领导和管理责任，东航云南公司在日常安全管理中存在薄弱环节。经调查认定这起事故是一起责任事故。随后，包括中国东方航空股份有限公司董事长李丰华在内的12名责任人受到了相应的党纪与行政处分。

然而，事故罹难者的赔偿问题则遭遇了巨大的波折。

最先提起诉讼的是上海律师赵霄洛。2005年2月，赵霄洛起诉中国民用航空局行政不作为，"通过起诉聚焦了关注"。后来，北京市第二中级人民法院（以下简称北京二中院）立案庭受理了赵的行政诉讼，但结果令人沮丧，"一直没有开过庭"。

2005年8月17日,因负责设计、生产、组装、测试和检验事故飞机的部分零部件的通用电气是美国的一家公司,同时,飞机制造商之一的庞巴迪公司和东航公司因均在美国有营业活动,桂亚宁等32名包头空难罹难者家属委托了中国的雷曼律师事务所和美国Orseck Podhurst律师事务所在美国加州郡高等法院提起民事诉讼。起诉的对象包括航班所属的中国东方航空公司、飞机制造商加拿大庞巴迪公司和飞机发动机制造商美国通用公司(GE)。"这是依据'长臂管辖'原则启动的诉讼。"原告的中方代理律师、北京雷曼律师事务所律师郝俊波解释说。依据这一原则,如果案件中有与美国有联系的连结点,涉及美国利益,这一发生在美国境外的案件也可被美国法院受理。

2006年年底该案在美国加利福尼亚州高级法院达成调解协议,4被告赔偿32名遇难者家属1175万美元。通用电气和庞巴迪公司愿意履行调解协议,但东航方面以不方便诉讼为由,要求将此案移送中国法院受理。美国法院暂停审理,被告方共同承担赔偿金未兑现。

2007年11月22日,32位遇难者家属向北京二中院递交诉状,索赔1175万美元并要求支付相关利息,未获立案。数月后,遇难者家属再次向北京二中院递交诉状,依然未获立案。

2008年6月,遇难者家属选择东航公司所在地上海市作为起诉地,并向上海市第一中级人民法院递送材料,后被寄回。

2009年4月底,上海律师赵霄洛代理的另一名包头空难遗属郑飞娟,在向上海浦东区法院起诉后,遭遇几乎完全一样。直到8月初,该法院答复赵"不予立案"。

这并非是赵霄洛的第一次经历。为了让法院立案,他甚至穷尽了各种法律手段。

在一再努力却遭遇失望后,家属们还试图寻求用我国《刑法》第131条规定的"重大飞行责任事故罪"追究相关人员的责任。赵霄洛随后又启动了刑事控告程序,要求公安部门介入。但没有任何机关启动这一程序,也没有人接受他们的控告。

其间,美国法院认为,中国法院作为可替代性法院,更方便审理此案,因此出具诉讼中止令,并表示如果中国法院拒绝审理,美国法院将恢复审理此案。

2009年3月,32名遇难者的家属再次向北京二中院提交诉讼材料。2009年8月法院正式受理此案。2011年8月25日,北京二中院开始庭前调查。同年10月25日,原、被告双方在北京二中院进行证据交换。

2012年10月9日,由32名遇难者家属起诉的这起空难索赔案件在立案3年之后,终于在北京二中院开庭。据悉,这是国内法院受理的首起空难集体诉讼案。32名遇难者家属起诉东方航空公司、飞机制造商庞巴迪公司、东方航空集团及生产事故飞机发动机的通用电气公司,为经济及精神损害索赔1.32亿元,人均413.6万元。遇难者家属除要求巨额赔偿外,还要求4被告公布包头空难的原因及经过等详细调查报告;在全国性报纸、电视台和网站等媒体上向家属道歉;在事故发生地为死难者建立一座永久性纪念碑等。

2012年10月9日上午11点半庭审结束。质证焦点主要围绕赔偿问题。东航方面向法庭表示,空难发生后,他们迅速制定了一套赔偿方案,以人均21万元作为赔偿基础。上午涉诉的32名遇难者家属中有20余户已经领取了这笔赔偿,并且签署了一份类似"免责协议"的文件。法庭上,东航方面提交了相关证据,他们认为,这些遇难者家属已经领取了赔偿。对于其他没有领取赔偿的家属的赔偿问题,东航方面没有作出表示。

目前,北京二中院尚没有就此案作出判决。可以想见的是,围绕这一案件的博弈还在继续,而相关法律的空白与模糊则使得案件的判决结果依然飘忽不定。距离空难发生已经过去了8年,相关的赔偿与责任认定依然悬而未决,对空难罹难者及其亲属来说,实在是难以给出一个合理的交代。

因此,围绕此案进行法律方面的深入探讨,将会唤起理论界、实务界以及社会公众对集团诉讼管辖制度、民事案件立案制度以及航空事故责任赔偿制度予以改革的关注与呼吁。其意义是巨大的。

包头空难案的法律难点

针对包头空难案的最大的争议在于中国空难的赔偿标准。

依据我国相关规定,包头空难发生时,获赔的依据是1993年修订的标准,只有7万元,加上物品损失和人道赔偿,也只有21.1万元。到包头空难发生时,该标准早就无法适应时代的经济条件。

包头空难案罹难者家属们悲痛之余,最终决定上书全国人大常委会。2005年3月"两会"期间,他们通过港澳全国人大代表和政协委员,要求修改早已过时的赔偿标准。6月份全国人大常委会有了答复,第二年就出台了新的赔偿标准。中国民用航空局修订了标准,将此项赔偿数额提高到目前的40万元。但由于"法不溯及既往"原则的限制,这一标准包头空难案的罹难者们却无缘"享受"。

"但这都是无过错情况下适用的赔偿,在存在过错情况下,并不能适用这一条款。"包头空难案的代理律师赵霄洛和武汉空难案的律师代理万珏说。正是基于这一情况,2001年万珏在为25名武汉空难受害者(空难发生于2000年6月22日,共42名死难者)提起诉讼时,每个人的索赔额均达到了100万元。"这包括人身损害赔偿,也包括依据当年3月刚公布的'精神损害赔偿司法解释'提出的精神损害赔偿。"但令万珏沮丧的是,武汉空难的多数家属每人只得到了11.7万元。当时家属被告知空难是因为"带电云团"和"暴雨""大风""冰雹""风向不定"等自然因素。虽然随后他们得知并不是这样,但此后他们提起的诉讼,没有一家法院愿意立案,至今诉讼无门。

其次,包头空难案之所以久拖不决,还在于此案在管辖权方面的争议,以及罹难者亲属乙方在选择管辖法院方面的失误。对此,西北政法大学副校长、著名国际法专家王瀚教授认为,包头空难索赔案和2010年的伊春空难案一样,折射了中国航空法治和民事诉讼立法在社会转型时期的曲折发展历程。针对诉讼在北京二中院进行,王瀚教授认为,管辖权还是有争议的。本案是因航空运输事故引发的损害赔偿争议,事故发生地在包头,按我国现行《民事诉讼法》,侵权损害赔偿应由事故发生地包头市中级人民法院或者内蒙古高级人民法院管辖,或者根据原告就被告的普通管辖原则,由东航总公司所在地上海的中级人民法院管辖,但由于东航总公司在本案中仅是缔约承运人,实际承运人为东航集团的云南公司,所以本案存在包头、上海和昆明三地法院的平行诉讼管辖问题,具体要看原告的选择。

最后,选择适用的法律也是一大争议点。关于本案适用法律的问题,王瀚教授认为,如果仅就航空运输责任事故提出诉讼,不涉及航空产品责任的话,本案则无涉外因素,赔偿责任法律关系仅涉及罹难者亲属(原告)与航空承运人及其保险人,此种情况下,适用2006年国务院有关航空赔偿限额的规定。但这个限额本身过于侧重保护航空承运人,限制了对空难受害者亲属的赔偿,从现实情况来看,显失公平,这个案件司法解决的最大意义就是对航空事故赔偿限额制度提出了挑战,呼唤新制度的出台。另外,在诉讼中,除了对东航提出诉讼以外,还可以基于航空产品责任追加飞机制造商庞巴迪公司和飞机发动机供应商美国通用公司,案件性质即可转化为涉外民事争议,航空产品责任的承担部分可能将会根据国际私法援引美国法律处理,涉及东航的航空运输事故责任部分适用中国法律,这样一个案件的处理会出现复合法律适用的复杂情况。这样的情况处理存在两个难题:一是包头空难案的事故报告至今尚未公布,在判定飞机制造商和飞机发动机供应商是否存在产品缺陷问题上缺少充分的技术判断和事实依据;二是即使法院追加庞巴迪和美国通用公司为共同被告,因我国与美国及加拿大未签署国际民事司法协助条约,相互间缺少有效和可靠的司法协助途径,法院在实际审判过程中还会遇到诉讼文书域外送达和判决在国外执行的障碍。

至于在美国加利福尼亚州法院基于航空产品责任提起诉讼本来是一个很好的选择,会牵涉美国法的适用给原告争取更高的赔偿(产品责任没有航空运输责任那样的限额限制),东航公司以不方便管辖原则提出了抗辩,美国法院只是暂停了本案的审理,原告三次分别向北京二中院和上海一中院提起诉讼,均未获得受理,此时应该依据不方便法院原则向美国加利福尼亚州法院申请恢复原来的诉讼程序,由美国加利福尼亚州法院确定管辖,诉讼文书送达和判决执行均不存在障碍。但是北京二中院管辖此案,则使美国法院失去了管辖此案的可能。

针对此案,王瀚教授建议,可以分别以不同案由向美国法院和中国有管辖权的法院提出诉讼,借此扩大被告范围,为原告赢得更多的赔偿利益:以庞巴迪和美国通用公司为被告在美国法院提起航空产品责任诉讼,以东航为被告在中国法院提起航空事故损害赔偿责任诉讼。

在空难过去8年之际,此案的相关赔偿与具体细节尚无详细的披露,不能不说是一件憾事。围绕此案进行的讨论已经进行了很久,虽然取得了些许进展,但并没有得到实质性突破。在社会主义法律体系已经初步建立之后,相关法律法规已经较为健全,我们期待着能够早日给这些亡灵一个合理的交代。

(本文原载《中国审判》2013年第1期)

红绿凉茶恩怨情仇背后的法律交锋*

"全国销量领先的红罐凉茶改名为加多宝。"随着2013年1月31日广州市中级人民法院对广药集团诉鸿道(集团)有限公司、广东加多宝公司擅自使用知名商品特有包装、装潢纠纷一案下达诉中禁令裁定书,裁定广东加多宝饮料食品有限公司等被申请人立即停止使用上述或与之意思相同、相近似的广告语进行广告宣传的行为,这条曾经在全国各大电视台黄金时段热播的广告,现在已经难寻踪迹;一场延续了数年之久的王老吉与加多宝凉茶之间的纠葛,暂时告一段落。但围绕加多宝与王老吉之间的法律争议以及相关思考,在历经纷繁复杂的争论与诉讼之后,热度却丝毫不减。

王老吉的崛起

王老吉,作为中国凉茶品牌的代名词,由广东鹤山人王泽邦创始于1828年清朝道光年间。经过数十年的苦心经营,至王泽邦第三代子孙,分别在香港和澳门设立分店,并在香港注册。中华人民共和国成立后,1956年,国家实行工商业社会主义改造,将8个历史悠久的中药厂合并,由于王老吉药厂固定资产和员工数量最多,因而以王老吉命名,称为王老吉联合制药厂,并于1982年改名为广州羊城药厂。羊城药厂于1992年转制,成为以国家股为主体的股份制企业,改名为广州羊城药业股份有限公司。其母公司广州医药集团有限公司于

---

* 本文写作于2013年,未曾发表过。

1997年资产重组,成立广州药业股份有限公司(以下简称广药集团)。2004年3月4日,广州羊城药业股份有限公司更名为广州王老吉药业股份有限公司,实现了名称与其产品真正的合二为一。

不过,虽然拥有悠久的历史和良好的口碑,但由于消费习惯及企业经营等方面的原因,直到2000年前后,王老吉还只是一个在广东、浙南地区销量稳定、盈利状况良好的区域性品牌,销量并不大,全国市场上的知名度也不是很高。

为拓展市场,1995年,广药集团宣布将红罐王老吉的生产销售权益"出租"给香港鸿道集团,允许其子公司广东加多宝生产红罐王老吉凉茶,而广药集团自己生产绿色利乐包装的王老吉凉茶。到了1997年,香港鸿道集团又与广药集团旗下的广州羊城药业股份有限公司王老吉食品饮料分公司签订了商标许可使用合同,约定香港鸿道集团对"王老吉"商标的租赁期限至2010年。2002年至2003年期间,时任广药集团总经理的李益民又与加多宝签订了"王老吉"商标租赁期限延长合同,在两份补充协议中同意加多宝对"王老吉"商标的租借期限分别延长至2013年和2020年。由于当时红茶消费的有限性和企业经营规模的限制,鸿道集团董事长陈鸿道和加多宝并没有把"王老吉"作为自己的主打品牌推向全国。

20世纪90年代末,食品生产企业康师傅和统一先后进入茶饮料行业,为了绕过当时如日中天的"旭日升冰茶"的品牌壁垒,两企业相约以"冰红茶"为产品概念对旭日升的"冰茶"进行品类区隔。经过几年的酝酿,2001年夏,康师傅和统一两大品牌的茶饮料开始红遍大江南北。正是在此背景下,陈鸿道的加多宝进入茶饮料行业。

彼时,加多宝的决策层决定走高端路线以实现突围,但结果是,即使加多宝一直试图从产品本身、品牌传播上找出超脱于康师傅和统一的附加值,却收效甚微。"先入为主"的优势使得康师傅和统一已然在消费者心里树立了一个看不见的"标准价",加多宝既无法在产品端找到明显的差异,又以高于市场公认的价格去出售产品,为其失败埋下了隐患。在不利的市场环境下,加多宝又试图通过提高中奖率的促销方式促进销售,却遭到经销商的一致抵制。加多宝遭遇经营的失败。

茶饮料市场的失败,却让陈鸿道看清了王老吉的机会。此前的王老吉还只是一个介于药饮和饮料之间的尴尬产品——当时深圳、东莞等地居民对王老吉凉茶的印象停在"可以消火,但不能多喝"的传统层面,而浙南(温州、台州、丽水三地)市场则将其看成"有预防、降火功能"的饮料。已经在产品定位问题上吃过一堑的陈鸿道这次吸取了教训。他聘请成美公司对王老吉进行了重新定位——明确了红罐王老吉是在"饮料"行业中竞争,竞争对手应是其他饮料;品牌定位为"预防上火的饮料",独特的价值在于——喝红罐王老吉能预防上火,让消费者无忧地尽情享受生活,并开始大量投放"怕上火喝王老吉"的广告,甚至拍摄了一部讲述王老吉凉茶创始人行医的电视剧《岭南药侠》。至此,陈鸿道可以说是再造了王老吉。

重新打造王老吉的行为收到了明显的成效。公开数据显示,红罐王老吉凉茶从 2002 年销售额不到 2 亿元,到 2003 年就蹿升至 6 亿元,2007 年飙升到 50 多亿元,在 2008 年为汶川地震灾区捐款 1 亿元后,进一步为全国消费者所熟知,而在 2010 年成为广州亚运会高级合作伙伴后,年销售额狂涨,突破了 160 亿元。2010 年 11 月,广药集团启动了王老吉商标评估程序,王老吉品牌价值被评估为 1080.15 亿元,成为当时中国第一品牌。

裂 痕 产 生

在陈鸿道重新打造王老吉之前,加多宝与广药集团大体上还是"共赢"的。一方面,当时的广药集团并没有完整地利用"王老吉"这个非物质文化遗产的计划;另一方面,加多宝对王老吉的改造也会对广药集团自己生产的绿色利乐包装王老吉销售有提振作用;最重要的是,当年加多宝红罐装王老吉的销售额与商标使用费之间的差距还不会让广药产生过多想法。但在 2002 年王老吉重构并走向全国、销售量爆炸式增长之后,广药集团与加多宝之间的裂痕开始出现:从 2008 年起,加多宝和广药集团双方在王老吉商标使用费和商标使用年限上,开始出现分歧。而这一切,还要从 2002 年和 2003 年双方签订的两份脆弱的补充协议说起。

正是在那两份补充协议签订之后不久,一手促成此事的广药集团董事长李益民即被调查出收受加多宝300万港币贿赂,案发后以受贿罪被判处无期徒刑。广药集团据此认定,王老吉商标被李益民"严重贱租"了:公开资料显示,从2000年到2010年,红罐王老吉已从2亿元的销售额增加到了160亿元,而同期加多宝给广药的年商标使用费仅从450万元增加到506万元,即便到2020年也只有537万元。

但加多宝方面却认为,李益民在2002年和2003年签订补充协议时,王老吉还处于品牌重构期,况且2002年之前,红罐王老吉饮料的销售业绩连续几年维持在1亿多元,并没有剧烈变化;广药集团称2002年的补充协议意味着王老吉被"严重贱租"了,是否是在指责李益民没有未卜先知地预料到2010年王老吉的销售额可以狂增80倍达160亿!

但是,广药集团还是坚持加多宝对王老吉的商标使用权只能维持到2010年,此前签订的关于延期至2013年和2020年的两份补充协议无效——意即,从2010年至今,加多宝生产红罐王老吉的行为均构成了侵权,广药集团保留对加多宝的上亿元索赔权。

双方的矛盾还不仅限于商标使用费标准和商标使用年限之争上。就在广药集团与加多宝僵持不下之际,广药集团突然提出的"大健康计划",使双方的矛盾进一步激化。

2011年11月,广药集团宣布开始实施"大健康产业战略",具体举措包括:在全球范围内公开招募新合作伙伴,共享王老吉品牌资源,把王老吉品牌向药酒、药妆、保健品、食品、运动器械等多个领域扩张,希望到2015年将王老吉品牌下属产品的销量提升到500亿元。

消息传出,加多宝立刻指责广药集团"缺乏商业伦理"。加多宝的不满可以理解,毕竟如今王老吉的火爆可以说是加多宝一手打造的,而广药集团的"大健康计划"不但有坐收渔翁之利之嫌,更无形中稀释了加多宝红罐装王老吉的品牌价值——这无论如何都是加多宝不愿看到的。

或许是厌倦了双方之间无止境的口水战,合作的两方终于选择了对簿公堂。

法 律 交 锋

  针对李益民早已因受贿罪被判刑,陈鸿道也早已保释外逃、至今未能抓捕归案,而从2000年至2011年,广药集团的商标使用费仅增加56万元的情况,广药集团方认为王老吉为国有资产,事件已经涉及国有资产流失。因此,从2008年开始,广药集团就与鸿道集团交涉,未果之下,2010年8月30日,广药集团向鸿道集团发出律师函,宣称李益民签署的两个补充协议无效。

  2011年4月,广药集团向中国国际经济贸易仲裁委员会提出仲裁请求,并提供相应资料。5月,王老吉商标案立案,确定当年9月底开庭。后因鸿道集团一直未应诉,开庭时间推迟至2011年12月29日,但当日仲裁并未出结果。

  2012年1月,双方补充所有材料,确定2月10日仲裁。但中国国际经济贸易仲裁委员会(以下简称贸仲)考虑到王老吉的商标价值,建议双方调解,并将仲裁时间再延期3个月至5月10日。而因鸿道集团提出的调解条件是以补充合同有效为前提,广药集团无法接受,调解失败。

  2012年5月11日,广药集团收到中国国际经济贸易仲裁委员会日期为2012年5月9日的裁决书,贸仲裁决:广药集团与加多宝母公司鸿道(集团)有限公司签订的《"王老吉"商标许可补充协议》和《关于"王老吉"商标使用许可合同的补充协议》无效;鸿道(集团)有限公司停止使用"王老吉"商标。该裁决为终局裁决,自作出之日起生效。根据贸仲裁决,2010年5月2日以后鸿道集团以王老吉的名义销售,均属于侵权。

  在5月9日王老吉商标被裁定归属广药集团之后,加多宝展开反击,于5月17日向北京市第一中级人民法院提起了撤销该裁决的申请。几乎与此同时,广药也在广州将加多宝告上法庭,其起诉鸿道(集团)有限公司、广东加多宝公司擅自使用知名商品特有包装、装潢纠纷一案也被广州市中级人民法院受理。

  北京市第一中级人民法院于7月13日作出判决,驳回加多宝母公司鸿道集团关于撤销王老吉仲裁结果的申请,这意味着加多宝将被禁用王老吉商标,本裁定为终审裁定。这也标志着持续445天的王老吉商标案件正式以广药集团的完胜为大结局:王老吉商标租赁早已过期,广药集团收回王老吉商标是合法合理的。

而广药集团诉鸿道(集团)有限公司、广东加多宝公司擅自使用知名商品特有包装、装潢纠纷一案也于2013年1月31日有了最新进展。广州市中级人民法院下达诉中禁令裁定书,裁定广东加多宝饮料食品有限公司等被申请人立即停止使用"王老吉改名为加多宝""全国销量领先的红罐凉茶改名为加多宝"或与之意思相同、相近似的广告语进行广告宣传的行为。

广州市中级人民法院经审查认为,根据本案证据,可以推定或确定"王老吉改名为加多宝""全国销量领先的红罐凉茶改名为加多宝"系加多宝公司投放或使用。名为"加多宝"的凉茶饮料,是加多宝公司近年生产并新投放市场的产品,不存在由其他名称的凉茶饮料"改名"而来的事实基础。而在此之前,红色罐身且名为"王老吉"的凉茶饮料已畅销多年,且处于内地凉茶饮料市场的领先地位。因此,对于相关公众而言,谈及"全国销量领先的红罐凉茶"首先会联想到"王老吉"凉茶。加多宝公司使用上述广告语会在客观上误导相关公众,使后者误以为两者为同一产品或"王老吉"已改名为"加多宝"。法院认为,为避免正在实施的虚假宣传行为对本案原告的合法权益造成难以弥补的损害,有必要禁止加多宝公司及在经营场所摆放相关广告牌的彭某实施上述虚假宣传行为,因此依法作出诉中禁令。

据了解,"诉中禁令"是暂时性的裁定,是对申请人暂时性提供保护。案件的最终结果尚有待观察。

至此,红绿凉茶之争似乎已经告一段落,但是,从双方的表态和不甘示弱可以看出,他们并不甘于放弃自己的权益:一方声称自己拥有王老吉品牌的所有权,另一方则声称拥有王老吉品牌的培育和再造之功。由此可见,围绕这一品牌相关权益的争夺仍将继续。广州市中级人民法院的诉中禁令,只是双方争议的一个暂时性的裁决,最终的结果如何,我们还将拭目以待。

刑法亮剑个人信息保护

你收到过各种推销产品的手机短信吗？你接到过邀请访谈的莫名电话吗？相信许多人会给出肯定的回答。然而，在有些人对这些问题一笑而过的时候，却有不少人正承受着个人信息泄露所带来的痛苦与烦恼。

个人信息滥用是当今世界各国面临的共同问题。在我国，近些年，人们在享受科技发展与网络信息技术普及带来的便利的同时，也正经历着个人信息滥用的困扰。

我们在报刊网络上不时会看到有关明码标价售卖个人信息的网站的报道：只要输入想要搜索的人的名字，就可以立即查到这个人的电话号码、手机号码、家庭及工作地址等联系方式，甚至包括婚姻状况、犯罪记录、银行借贷记录、个人财产记录等个人信息。我们也不会忘记中央电视台3·15晚会披露的山东部分移动通信公司向合作伙伴出售山东及全国手机用户信息的丑闻。这些不过是当今社会个人信息滥用的冰山一角。2007年9月至2008年12月，中国社会科学院法学研究所针对个人信息保护现状专门组成课题组，在北京、成都、青岛、西安4个城市进行调研，并于2009年年初发布了"法治蓝皮书"，其调查结果，可谓"触目惊心"。根据"法治蓝皮书"的披露，目前我国个人信息滥用不仅形式多样，而且已经成为新兴产业，社会上已出现了大量兜售房主信息、股民信息、商务人士信息、车主信息、电信用户信息、患者信息等非法买卖个人信息的现象，个人信息滥用已经成为我国当前严重的社会问题。

信息社会中的个人信息

　　现代社会是信息社会。信息社会也称信息化社会,是脱离工业化社会以后,信息起主要作用的社会。在信息社会中,信息成为比物质和能源更为重要的资源,以开发和利用信息资源为目的的信息经济活动迅速扩大,逐渐取代工业生产活动而成为国民经济活动的主要内容。信息经济在国民经济中占据主导地位,并构成社会信息化的物质基础。

　　信息是一个综合性的概念,个人信息是信息的一个组成部分,相对于信息的庞杂与无序,个人信息在很大程度上具有个人性与特定性,并随着社会的发展不断扩充自己的内涵与价值。

　　信息在一定程度上已经成为个人财产的组成部分。对于一定范围内特定的人,其个人信息经过合理适当的使用,能够为其所有者带来一定的收益,尤其对于一些占用社会资源较多的个人而言,其个人信息的潜在价值更加不可小视。因此,对个人信息的滥用是对公民个人财产权利的一种侵犯。

　　现代社会中,信息不仅是一种财产权利,更是一种基本的人权。一般来说,人权指的是那些人之生存所必需的、基本的、不可剥夺的权利,它是在经济发展到一定程度以后才出现的。人权的内涵也随着社会的发展而不断扩充着,从而为人类的发展提供基本的保障。信息社会中对个人信息权利的保障就是社会发展对人权提出的新要求,也是信息社会中出现的对个人基本权利保护的新课题。个人信息权利应当被视为人权的重要组成部分之一。

　　首先,个人信息权利是公民个人人格权利的组成部分之一。作为公民个人基本情况的反映与体现,个人信息权利直接关系公民的个人人格利益的享有,并直接体现了公民的人格利益,因此,个人信息权是公民人格权利的重要组成部分之一。

　　其次,鉴于个人信息权的人格权利属性,对个人信息的滥用就是对公民个人隐私权的一种侵犯。个人信息不同于个人隐私,两者存在很多重合的地方,个人信息中的许多内容属于个人隐私的范围。因而,对个人信息的保护直接关系个人的尊严,关系个人的生活质量。目前,侵犯个人信息的违法行为已经愈演愈烈,侵权者无孔不入,个人保有个人隐私的空间已经越来越少。在这种情况下,个人信息的保护日益迫切。

最后,对个人信息的滥用是对公民个人自由空间的一种侵犯。个人信息的泄漏会造成个人生活空间被侵犯,造成公民的休息权、自由权被侵害,并进而威胁到个人的安全。现代社会,宁静与自由的生活环境已经越来越难以企及,个人信息的频频泄漏,使得个人的生活空间显得更加逼仄,在一定程度上造成个人生活质量的下降。

个人信息不仅对其所有者来说具有重要的意义,它的使用也会对社会、对经济产生重要的全面的影响。

对于市场经济来说,个人信息是一种基本的重要的市场资源,对于信息的拥有与否在很大程度上决定了市场地位与竞争力强弱。市场经济是由人流、物流以及信息流组成的经济体系,任何一种因素的强弱都直接决定着市场经营的成败。而市场就是由一个个消费者所组成,市场信息其实就是个人信息的整理与汇总,因而对个人信息的滥用会造成不公平的市场竞争,进而干扰正常的市场经营秩序,影响市场经济的正常运转。

对于社会来说,良好的社会秩序是人们正常生活的基础,而对个人信息的滥用则有可能为犯罪分子提供侵入个人生活空间的机会。目前社会上频繁出现的利用公民个人信息进行的违法犯罪行为,已经给社会安全带来了很大的隐患。

由此可见,对个人信息的保护,不仅是对公民个人财产权利的保护,也是对公民人权的保护,更是对社会秩序的保护,是信息社会正常运转与健康发展的基本保障。

保护个人信息,刻不容缓。

个人信息的法律保护

对个人信息保护的呼唤由来已久。现实中对个人信息进行保护的手段也是较多的,经济手段、行政手段、法律手段等,不一而足。而在法律手段中,既有宪法与民事法律方面的,也有行政法律以及刑事法律方面的。

纵观世界各国,对个人信息均给予了较高的重视。尤其在发达国家,个人信息的保护起步较早,法律法规较为全面,保护的手段也较为健全,在现实中也取得了一定的成效。

就法律运作的效果来看,对个人信息的保护方面,欧盟与美国走在了世界各国的前面。从法律保护模式来看,欧盟采取综合立法模式保护个人信息,通过一系列严格完善的法律体系来构建保护个人信息的严密网络;美国则是采取政府引导下的行业自律模式,同时通过分散立法来补充行业自律的空白。无论是哪种模式,都表明在这些国家与地区,对个人信息的保护是较为重视的,相关法律规范是较为健全的,对个人信息的滥用行为进行了有效的惩罚,从而为个人信息的有效与规范使用提供了清晰的界限,并维持了较好的市场竞争秩序。

从个人信息的法律保护体系来看,尽管刑法理论上学者们对侵犯公民个人信息的行为是否需要纳入刑法规制的范围,仍存有争议,但是从世界各国或各地区个人信息保护立法与执法的情况来看,运用包括刑法在内的法律手段规范个人信息使用、打击滥用个人信息的行为是当今世界各国和地区共同的做法。例如,美国《隐私权法》规定:任何由其工作或职务性质所决定,可以掌握或使用那些被本条或依据本条制定之规则或规章禁止泄露的包括个人识别信息之机关档案,而且明知泄露这种档案材料乃被禁止之行为的机关官员或雇员,如以任何方式向任何无权获得之个人或机关泄露上述材料,则应被判为轻罪并处以5000美元以下的罚金。该法还规定:任何人明知且故意以虚假身份向某机关申请得到或得到有关个人的档案材料,应被判为轻罪并处以5000美元以下的罚金。

韩国《公共机关个人信息保护法》规定:违反本法规定泄露无权限处理的个人信息或者将个人信息提供给他人使用等将个人信息用于不正当之目的的,处以3年以下徒刑或者1000万韩元以下的罚金。以欺诈或者其他不当之方法自公共机关处查阅或者接受其提供的处理信息的,处以两年以下徒刑或者700万韩元的罚金。此外,奥地利、瑞典也有类似的规定。

中华人民共和国澳门特别行政区于2005年制定的《个人资料保护法》也规定,如果一项行为同时构成行政违法行为和犯罪,则只以犯罪论处,并详细规定了五种犯罪行为及相应的刑罚措施,最高可判处2年有期徒刑,且可并处罚金。

我国法律也重视对公民个人信息的保护,在宪法、民商法、行政法等部门法律中都有相应规定。如《宪法》明确规定:"中华人民共和国公民的人格尊严不受侵犯。""中华人民共和国公民的通信自由和通信秘密受法律的保护。"由此可见,个人信息权利是我国宪法赋予公民的基本权利之一,它是公民应享有的人格权、人身权的一部分。作为公民的基本权利,个人信息的主体不但有自行处分其个人信息的权利,而且还有权要求他人就该信息履行作为或不作为的义务。从这个意义上讲,尊重并保护他人的个人信息,规范地使用他人信息等行为,就是一种对他人权利、对国家法律的尊重。在民事法律领域,我国对个人信息的保护主要是《民法通则》中具体人格权制度和民事侵权责任两个部分。这些法律规定虽然与个人信息保护有关,但过于原则,并不具有专门针对性,且对个人信息保护的范围过于狭窄,无法适应现代社会发展的需要。具体到刑事法律而言,虽然我国现行《刑法》也涉及侵犯公民个人信息的犯罪,如《刑法》规定的侮辱罪,就与公民个人信息保护相关(故意泄漏他人隐私信息,公然侮辱他人,符合侮辱罪构成要件,则可能成立侮辱罪),但侮辱罪保护的法益是公民个人的人格,并非是针对个人信息滥用行为的专门规定,相对于现代社会中形形色色的滥用个人信息的行为,刑法既有的规定显然力不从心。

面对我国个人信息日趋严重的滥用问题,社会对个人信息保护立法的需求越来越迫切。但是否有必要动用刑法,在理论上却存在激烈对立。持肯定观点的学者指出,用刑事制裁方法遏制泄露个人信息的行为是保护公民基本权利的需要,也是构建和谐社会的需要。但相反的意见却认为,刑法应是其他法律的后置法,只有当其他法律将某种行为定性为违法,且违法程度严重到不动用刑罚不足以遏止的时候,刑法才能将其定为犯罪。目前《公民个人信息保护法》尚未出台,对受保护的公民个人信息范围没有明确的法律规定,也没有哪一部法律将泄露公民个人信息的行为规定为违法。在这种情况下,刑法匆忙将其定罪,恐怕在实践中难以操作。

对于刑法是否有必要将个人信息滥用的行为规定为犯罪,立法机关一直持慎重态度。全国人大常委会法工委刑法室副主任黄太云说:"对这类问题要不要定罪,全国人大非常谨慎,找了很多机关征求意见。经有关部门研究,对这类侵害公民权益情节严重的行为,不少同志认为应当追究刑事责任。"在广泛征求意见后,全国人大常委会法工委在《刑法修正案(七)草案》(以下简称《草案》)中增设了该条款。

从《草案》的规定看,其并没有对现实生活中所有滥用个人信息的行为都规定为犯罪,而是仅将特定领域中的特定滥用个人信息的行为予以犯罪化。《草案》规定:"国家机关或者金融、电信、交通、教育、医疗等单位的工作人员,违反国家规定,将本单位在履行职责或者提供服务过程中获得的公民个人信息,出售或者非法提供给他人,情节严重的,处三年以下有期徒刑或者拘役,并处或者单处罚金。""窃取、收买或者以其他方法非法获取上述信息,情节严重的,依照前款的规定处罚。"《刑法修正案(七)》基本上采纳了《草案》的规定,考虑到实践中单位犯本罪的实际情况,同时规定:"单位犯前两款罪的,对单位判处罚金,并对其直接负责的主管人员和其他直接责任人员,依照各该款的规定处罚。"

《刑法修正案(七)》的颁行,标志着我国公民个人信息的保护步入了刑法层面,正如我国一些学者评价的,我国进入了个人信息刑法保护的高规格时代。

罪 名 解 读

根据《刑法修正案(七)》的规定,理解和适用该条款规定的犯罪,笔者认为,需要注意以下几个问题。

第一,从本罪发生的场合和犯罪主体看,成立本罪具有特殊要求。具体说,对自然人犯罪的,只有"国家机关或者金融、电信、交通、教育、医疗等单位的工作人员,将本单位在履行职责或者提供服务过程中获得的公民个人信息,出售或者非法提供给他人的",或者"窃取或者以其他方法非法获取上述信息的"才成立本罪。就前者而言,显然是特殊主体。对于本罪主体规定是否科学,《草案》颁布后,即引起了学者们的争论。当时就有学者明确指出,对本罪行为主体的范围,《草案》采用了列举式方法来加以明确,行为主体不包括其他单位的工作人员。而现实中,故意泄露公民个人信息的远不止上述单位的工作人员,招聘网站和猎头公司、各类中介机构、市场调查公司、房地产公司等也是泄露个人信息的罪魁祸首。但由于《草案》对此类主体未作规定,因此,该几种单位的工作人员将公民个人信息出售或非法提供给他人的,无法追究刑事责任,这有违公正、公平原则。还有的学者提出,对于滥用个人信息的行为,世界各国和地区的相关法律中通常只强调行为人的目的和动机,或强调获取信息是由其工作或职务性质所决定的,极少对行为人所处的岗位或领域作出限制,建议《草案》将犯罪主体扩大,而不仅局限于上述单位的工作人员。笔者认为,从刑法保护的必要性看,主张将本罪主体扩大的观点是可取的,但是,立法之所以未采纳理论界的意见和世界多数国家的做法,也许是考虑到我国个人信息立法保护的现状。如前文指出,我国目前的民事、行政等法律虽然对个人信息保护有所规定,但并不完备。在民法、行政法等对个人信息欠缺明确立法规定的情况下直接将大量个人信息滥用的行为规定为犯罪,难以符合刑法保障法的性质。而从我国客观现实看,国家机关或者金融、电信、交通、教育、医疗等机构在履行职责或者提供服务过程中,往往需要公民提供个人信息,其掌握有大量公民个人信息,而且,我国法律、法规对上述特定单位和工作人员对公民个人信息保密义务的规定也相对完善,因此,相对于普通领域而言,刑法保护该特定领域个人信息滥用行为更具有迫切性和可行性。若从该角度理解,《刑法修正案(七)》对犯罪主体和犯罪成立范围的规定是合理的。当然,在时机成熟时,刑法将本罪的犯罪主体进一步扩大则是有必要的。

第二,从本罪的犯罪对象看,本罪的犯罪对象是"个人信息"。单从词义上理解,现实生活中"能够识别特定个人的一切信息"都应当认定为个人信息,例如有专家认为,个人信息应该是指所有能识别出个人,或者同个人相关信息相结合而可识别出个人的信息。通常来说,其范围应当包括据以识别个人身份以及反映个人家庭、职业等情况的个人基本信息,如个人的姓名、性别、出生年月、民族、籍贯、职业、学历、联系方式、婚姻状况、收入和财产状况、指纹、血型、病史等。而且,个人信息在不同的法律关系中有不同的解释,例如隐私权中有个人信息,商业秘密中也可以有个人信息,泄露、窃取、收买个人信息行为的客体极有可能会和侵犯隐私权、侵犯商业秘密的客体相重合,这就给单独认定是否是泄露、窃取、收买个人信息带来了困难。个人信息不明确,本条规定的效果就可能打折扣。因此,科学界定本罪中的"个人信息"是一个十分重要的问题。笔者认为,刑法和民法目的不同,法律责任的后果存在巨大差别,因此,不能将民事法保护的所有个人信息都认定为本罪中的"个人信息",这一点应当是明确的。

但是,既然刑法将特定滥用个人信息行为规定为犯罪,在实践中必须解决个人信息的范围问题:哪些信息属于本罪的信息,需要司法解释进一步明确,以便于实践操作。当然,正如我国学者所普遍认识的那样,个人信息外延十分广泛,且在不同的法律关系中有不同的理解,因此,即使司法解释将来对个人信息概念和范围作规定,也只能作出原则性、概括性的规定。

第三,在犯罪客观方面,要求行为人必须违反国家规定,实施刑法规定的特定行为,情节严重。首先,本罪属于行政犯,成立犯罪必须以行为违反国家规定为前提,在没有违反国家法律、法规等规定情况下,即使实施了该修正案规定的行为,情节严重,也不能认定为成立本罪。另外,本罪属于情节犯,成立犯罪必须要求行为达到情节严重的程度。所谓情节严重,从我国当前社会现实看,笔者认为,下列情形应当包括:出售或者非法提供他人个人信息,数量较大的;出售或者非法提供他人个人信息,获取利益数额较大的;因出售或者非法提供他人个人信息使他人遭受财产损失,数额较大或者导致他人人身伤亡的,等等。而在现实生活中,情节是否严重,往往会因个体的差异而表现不同,如我国学者举例指出,手机号码泄密,对于普通人来说,可能仅仅是多收几条垃圾短信,但如果是出镜率高的公众人物,正常的生活则可能完全被打乱。因此,以何种标准判断行为是否达到情节严重的程度?情节严重具体包括哪些常见类型?这关系本罪罪与非罪的界限,实践中迫切需要司法机关尽快给予相关司法解释。

本罪除了上述问题外,在认定是否成立犯罪时,证据收集也面临难题。2008年10月13日至15日在南京召开的中国法学会刑法学研究会年会上,著名刑法学家赵秉志教授针对《草案》的规定就曾指出,本罪在追究行为人刑事责任时,可能面临取证难的困境。特别是如何有效地证明相关单位的工作人员在履行职责的过程中,实际出售或者非法提供了他人的信息,并非一件容易之事。需要形成一定的配套措施,才能使相关刑事法律规范得到实际执行。为此,有学者甚至提出了认定本罪的特殊证据规则。笔者认为,单独为本罪制定和使用特殊的证据规则,在我国是不现实的。当然,为了保证本条文的切实实施,最高人民法院、最高人民检察院、公安部制定一定的配套规定,则完全必要。

最后,必须指出的是,用刑罚的方法规制个人信息滥用行为,对于高规格保护个人信息是必要的,但在目前的我国,对公民个人信息的保护仅凭一条刑法修正案是远远不够的,不可能解决个人信息保护的所有问题。随着个人信息价值的进一步提升,公民对个人空间的进一步重视,人权意识的进一步提高,对个人信息的保护会更加迫切,现有的立法会更加难以应付。因此,在当前和今后一个时期,加强对公民个人信息使用的指导,提升公民个人信息的保护意识,全面完善个人信息保护法律体系,应当是保护个人信息更实际、彻底、有效的措施。

可喜的是,我国正在制定个人信息保护的基本法,据悉,2009年年初,《个人信息保护法(草案)》已提交国务院。我们期盼着该部法律早日颁布,为我国个人信息保护提供更有效全面的法律规范!

(本文原载《中国审判》2009年第5期)

食品安全问题呼唤便利性司法的探索

中国的老百姓们从来没有像现在这样担心过他们餐桌上食品的安全问题。

继2008年因三鹿奶粉等一系列事件而为举国关注之后,食品安全问题在2009年年初便成为两会代表、委员们热议的话题。

2009年2月28日,第十一届全国人大常委会第七次会议以高票通过了《中华人民共和国食品安全法》(以下简称《食品安全法》),以立法的形式回应了民众对食品安全问题的关注。

那么,食品安全何以成问题,并且成为这样一个举国关注的问题?《食品安全法》可以在多大程度上缓解目前的食品安全问题?除了在立法层面取得突破之外,司法在应对食品安全问题中能够并应当发挥怎样的作用?

民以"添"为食

一切皆由食品添加剂引发。

近年来,由食品添加剂引发的较大规模的食品安全问题频频发生。从2004年的阜阳"大头娃娃"劣质奶粉事件,到2006年的"苏丹红鸭蛋"事件,再到2008年9月波及全国、牵涉30多万婴幼儿的三鹿婴幼儿奶粉事件,由食品添加剂或者所谓的"添加剂"引发的食品安全事故一次又一次触动着国人近乎麻木的神经。由添加剂引发的食品安全问题,迅速成为牵动每一个国人切身利益的重要话题。

中国食品添加剂和配料协会提供的数据显示,我国现有食品添加剂种类已达2300多种,2007年全国的食品添加剂总产量高达524万吨,从中获得销售收入529亿元。但其中有国家标准和行业标准的品种不到300种。此外,我国近年来发展较快的复合食品添加剂也没有产品质量标准。另一方面,我国现有食品添加剂生产企业大约2000家,从事食品添加剂贸易的企业有上千家,因为进入这个行业的门槛较低,所以不断有小企业进入,管理难度很大,大多数食品添加剂生产企业处于监管盲区中。

更可怕的是,有许多生产厂家在食品中掺入的所谓食品添加剂根本就不是可食用的添加剂,而是一些对人体有害的化工原料,诸如上面所说的苏丹红、三聚氰胺等,实际上只是化工原料,对人体极其有害,根本不能食用。

然而,食品添加剂不过是中国由来已久、积弊深重的食品安全问题的冰山一角而已,更多的隐患与黑幕仍然是潜伏在水中的暗礁。

中国食品生产企业的标准极为不统一,制定标准的主体既多且乱,安全卫生标准的水平较低。尽管国家一直在努力提高食品生产的标准,但是由于生产水平较低,技术层次存在较大的差距,因而,在食品生产中规定的安全标准与国际通行标准仍然存在较大的差距,例如在1995年施行的《食品卫生法》中仅规定了291条食品农药残留指标,但国际食品相关法规中则规定了2439条,相差非常大,让人触目惊心。

对于食品安全标准的执行及风险评估缺乏有效的规定。在食品标准的执行过程中,风险评估是一项重要且必不可少的制度,要对标准执行的效果与风险进行及时的评估,从而为及时修订标准提供重要的依据。食品安全技术的发展日新月异,新的食品种类层出不穷,因此,固守一成不变的食品安全标准是难以应对民众对食品安全提出的要求的。

我国食品监管存在政出多门、权责不明等问题。传统的分段监管存在诸多问题,有权可争时一拥而上,有责须担时一哄而散,导致实践中监管盲区的普遍存在,提供了食品安全隐患滋生的土壤。

食品安全信息的公布不规范,不少食品在生产日期、生产成分等信息的公布上不全面,公布的形式五花八门,所公布信息缺乏有效的监督途径,消费者知情权得不到有效保障。

对于食品安全问题,真可谓一言难尽。

火山口上的食品安全问题

问题食品已经成了过街老鼠。

2008年出现的一系列食品安全问题,让这只老鼠已经感觉到了雷声般的喊打声。

中央电视台《我的今日之"最"》栏目与新浪网联合进行的一项民意调查显示,96.5%的被调查者表示对他们的食品不放心,这样的比例已经可以用令人震撼、骇人听闻来形容了。

食品安全问题的规模不断扩大,已经从个案发展到波及全国的广泛性群体性事件。现在的情况是,一旦爆发食品安全事件,牵涉的人一般较多,甚至有时候波及某类人群的全体,并引发群体性的恐慌。例如在2008年的奶粉三聚氰胺事件中,全国奶粉生产企业几乎全军覆没,由此影响到或威胁到全国几乎所有婴幼儿的身体健康。

食品安全问题存在的范围不断延展,食品的生产、加工、运输、消费等各环节都有发生食品安全问题的可能,从食品的最初形态到最后的消费环节,都有不安全的因素存在。食品安全问题已经成为一种常态,人们心目中几乎已经没有安全食品的存在。

食品问题直接影响到人们生活的质量。当食品的安全难以得到保障的时候,当食品的安全问题已经影响到人们对食品的选择与摄入的时候,这种问题就取得了与食品的匮乏问题基本等同的地位,并且迅速突破食品的界限,成为一个社会问题。

食品问题直接影响到人们对政府执政能力的评价,也是评价政府执政能力与亲民程度的集中反映,是民生问题的核心之一,这也正是两会代表和委员如此关注食品安全问题的原因之一。

食品问题直接影响到社会的和谐与稳定。我国正处于一个发展的关键时期,也是一个矛盾的高发期,如何及时化解矛盾、有效解决矛盾直接关系社会的安定团结与国家的可持续发展。在这个时期,任何一个微小的社会问题或社会矛盾如果得不到恰当的处理,都有可能被放大,并成为一个影响安定和谐的社会问题,食品安全问题同样如此。因而,食品安全是否能够得到保证,将直接影响到社会的安定与和谐,绝不容小觑。

中国的食品安全问题,已经是一座随时可能爆发的火山。

法律不可承受之重

我国《食品安全法》的出台经历了一个漫长的过程。

1995年10月,针对当时群众反映较为强烈的食品卫生问题,第八届全国人大常委会第十六次会议通过了《中华人民共和国食品卫生法》,以取代以前试行的《中华人民共和国食品卫生法(试行)》,并于公布之日起施行。但是由于此法条文较为笼统,多为原则性规定,对许多问题没有涉及,监管部门责任不清,职责不明,相关制度及惩戒措施缺失,食品的标准不统一、不科学,有关食品安全评价的科学性有待进一步提高,食品检验规定不规范、责任不明确,食品安全信息公布不规范、不统一,导致一些消费者无所适从。随着时间的推移,《中华人民共和国食品卫生法》已经远远难以应付实践中食品安全问题频出的现实。

在这样的形势下,跨越两次全国人大常委会,历时三年,历经四审,《食品安全法》终于获得通过。在《食品安全法》的立法过程中,全国人大常委会组织了13次调研活动,曾向31个省份、28个部委、6个社会团体、16个高等院校和法学研究所征求意见,在此期间,共收到各方面意见11327条。其出台经过之艰难、各方利益博弈之激烈在立法史上是前所未有的。

从《食品安全法》的条文来看,尽管在一些问题的规定上仍然不是很明确,但在许多方面已经取得了突破,诸如在监管主体方面引入国家食品安全委员会作为高层次的协调机构,在惩罚责任方面的加重,在公众反映强烈的明星代言问题食品的惩罚措施等方面,已经体现了民众的呼声,反映了发展的需要,取得了较大的进展。

法律既出,饮食无忧?这只能是一种美好的愿望。目前看来,我们在根除食品安全问题的道路上才迈出了有限的几步。

在上文所述的央视新闻频道与新浪网联合举行的民意调查中,69.6%的被调查者认为仅有法律是远远难以根除食品安全问题的,并对新出台的《食品安全法》持观望态度。应当说,这种观望情绪是对目前食品监管体制的隐患、食品安全问题严重性与普遍性的担忧的一种集中表现。

看一下我们的食品监管的主体,不可谓不多,有农业部门、质监部门、卫生行政部门、工商行政管理部门等,但机构的多头监管带来了诸多弊端,在有利益时争着监管,在要负责任时互相推诿,正像目前广州民众针对市场上瘦肉精屡禁不止的现象发出的感慨:七八个部门管不住一头猪!诚哉斯言!

由此看来,机构的增设只是治理措施的第一步,关键是要对现有的监管体制进行大刀阔斧的改革,整合相关机构的职能,提高执法的效率与效果。《食品安全法》中食品安全委员会的设立是一个可喜的尝试。

法治社会的构成要素中,完善的法律体系只是必要的前提,而不是全部。"徒法不足以自行",任何法律都必须依靠人来执行,在一个法治意识不强的社会中,法律体系可能只是一种摆设,法治不过是一种云端的海市蜃楼,因而,具有较高法治意识的民众才是法治社会最深厚的根基。

从目前我国食品监管方面的法律法规来看,已经形成较为完善的法律体系了,例如在法律方面就有《中华人民共和国产品质量法》《中华人民共和国消费者权益保护法》《中华人民共和国农产品质量安全法》等,涵盖范围较广,但在实际中执行效果并不明显,其原因引人深思。

由此观之,食品领域安全问题频出是一个综合性的社会问题,所谓法律体系的不健全只是较为表面性的一个原因,更深层次的原因还在于缺乏这些法律得以执行的良好的法治氛围,尤其是食品生产商以及广大消费者在法治意识上都还较为薄弱。

在民众的法治意识还不是很健全的情况下,指望依靠民众的遵法与守法意识来实现食品问题的解决是不现实的,因而,强有力的司法与执法手段几乎就成了最佳的选择,通过强有力的高效的司法与执法体系,保证法律的有效执行与良好遵守,一方面能够实现社会的良好秩序,另一方面则能够在强有力的规则设定中塑造民众的法治意识,通过健全的制度设计引导民众的行为并使之制度化、惯例化,通过外力的强制、引导、规范、教育、惩罚等手段实现社会秩序的形成,并进而促进民众现代法治意识的形成。

市场经济是利益驱动型的经济体制。商人在进行生产的同时取得收益的最大化是没有错的,但这必须建立在遵守基本的法律法规与道德约束的前提下。但是,由于我们的制度正处于完善的过程中,在许多方面并不健全,在很多时候,道德约束就是唯一的约束。然而,道德约束是软性的,对问题食品生产商来说,违反道德的成本是很低的,在巨大的利益面前,道德的谴责在他们看来是微不足道的。没有约束的利益追求必然以践踏他人或者社会的福利为代价,在获取自身利益的同时也给他人带来极大的伤害与损失。

有效的社会监管机制的缺失,公正独立的食品安全检测机构的缺失,社会公共道德意识的缺失,都是食品安全问题频发的原因。在这些方面,仅靠法律体系的完善是远远不够的,把希望完全寄托在法律上面,是一种不切实际的想法。

从某种程度上讲,食品安全问题就是一个成本与收益的较量,食品监管问题就是一种成本对收益的遏制。因此,如何加强对食品生产商的成本约束与监控,遏制其不当欲望的产生,制止其超越自己的道德底线,就是食品监管部门的核心任务。而在《食品安全法》出台以后,随着食品安全监管法律体系的进一步完善,问题的核心就自然落到了有关食品安全问题司法解决成本的降低乃至有关食品安全司法制度的完善上了。

便利性司法推进食品安全法治化程度

如何让问题食品商对法律保持着敬畏之心,自动放弃不法行为,彻底抛弃通过问题食品牟利的念头,在当前指望这些商人的道德水准是靠不住的,在良好的商业道德已经式微、商业潜规则成为一种时尚的时候,只有依靠法律的严惩才能杜绝问题食品商们的牟利念头,《食品安全法》的出台只是沿着这条思路迈出的重要的一步。

仅有法律是不够的,法律规则如果不能真正付诸实践,将始终只是一种纸面上的法律条文,并且在一次又一次的失效或者被践踏之后,泯灭民众心中那最后一丝对法律的敬畏,并且最终将这种法治的意识消磨殆尽。

由此看来,在目前食品监管体制尚未理清、监管机构较为混乱、职责较为模糊的情况下,发挥司法机关的积极作用,职能到位但不越位,是一种有效的途径。司法机关可以通过自己的职能发挥有效的威慑作用,当这种威慑作用足够且积极有效及时全面的时候,能够在一定程度上有效预防食品安全问题的产生。

食品安全问题成为司法的重点对象之一,是实践司法为民的真正体现,也是民生司法的内在表现,更是司法服务大局的集中体现。在以前食品安全问题的解决方式中,司法处在一个较为薄弱的环节,并在一个较长的时间内处于边缘的地位,对于司法所应起到的作用,公众关注的焦点大多集中在食品安全犯罪的量刑问题上,而对司法在预防或者惩治食品违法或犯罪行为的具体程序、相关制度以及独特作用并没有给予足够的关注,这与司法在现今社会中的地位有不可分割的联系,也是食品安全问题愈演愈烈的原因之一。

司法若要在构建和谐社会中发挥更大的功能,要在根治食品安全问题上发挥积极而卓有成效的作用,首先必须深入地参与到这一构建过程中去,以一种建设者而非旁观者的身份发挥创造性作用,要切实地为广大人民群众提供触手可及的服务,真正地做到司法为民。只有这样,才能在为人民提供服务的过程中,在与人民群众的独特互动中,发挥自己居中裁判、调处纠纷的职能,恢复失衡的利益关系,重塑社会的和谐。因而,司法便利化成为司法在构建和谐社会中功能性作用发挥的关键所在,也是应对食品安全问题的首要选择。

国家有义务通过自己的积极活动去消除因拥有社会财富的差异而带来的司法资源利用上的实质不平等,使得每个人都能平等地享有"接受司法裁判"和"接近正义"的权利。司法应当作为一种福利而为全体社会成员所共同享有,为此,有效地保障国民的裁判请求权应当成为司法活动的基本目标,国家有必要深化司法改革,以确保国民这一宪法性基本权利的实现。纵观世界,20世纪后半叶以来,各国都在积极进行司法改革,把简易、便利、快捷、低廉作为改革民事诉讼程序的基本目标。对于关系每一个个体切身利益的食品安全问题,国家更应该消除人们在接近司法程序上的障碍。

便利化的司法还可发挥更为积极的建构性功能,可以提升民众的权利意识、主体意识和规则意识,推进社会整体法治化进程。而社会整体法治意识的提升将为消除食品安全隐患提供强大的法治基础与保障,推进食品安全的法治化程度,而这正是实现人们饮食安全的制度环境。

便利性司法的制度设计

在应对食品安全问题这一严重的社会问题的过程中,国家应当提供便利性的司法服务,以灵活的触手可及的司法手段与制度应对频繁出现的食品违法违规现象,发挥司法的威慑作用与教育作用,让司法无处不在,简便易行,从而使问题食品没有容身之地。司法应当以自己的便利性应对食品安全问题,以完善的制度设计遏制食品安全事故频发的势头,真正体现为民司法的本质。

"双轨制"立案机制的建立。在食品安全案件的立案机制上,实行统一立案模式下的"双轨制"。"大立案"模式解决了立、审、执、监分立问题,成为推动法院工作向前发展的巨大动力,但是,如果人民法庭没有立案审查权,而由立案庭统一行使,则会违背"两便原则",造成群众诉讼不便。为此,笔者主张在人民法庭受理案件上,必须坚持"两便原则",实行立案"双轨制",即当事人选择到立案庭立案的,由立案庭负责审查立案后转交人民法庭审理;对当事人起诉到法庭的,由法庭负责审查立案并代其到立案庭办理登记手续。同时,要继续积极探索"网上立案""远程立案"等做法,以体现法庭快捷、高效的特点,方便群众诉讼,使食品安全事故受害者以最快捷的方式进行诉讼。

速裁机制的建立。在涉及食品安全案件的审理机制上,推行简便审理方式与速裁机制。法庭工作要从"公正、高效、经济、便民"的理念出发,积极探索简便审理模式,推进审判机制的改革和完善。在程序选择上,要首选即审(简易审)方式。对法庭案件的审理,首先应考虑适用即收即结的审理程序,充分体现便捷的特点。对当事人无争议的事实可不做法庭调查而直接确认,相互承认的事实不再举证、质证;对法庭调查和辩论不必严格划分,也不要受先后顺序的限制,可以灵活掌握;各方对法律适用无意见的可不进行辩论,直接进入裁判阶段,从而真正做到"即收即审、即审即结、即结即执"。速裁机制的建立,能够减少讼累,节约时间,为方便食品安全案件当事人诉讼提供条件。

简易程序的应用。基于司法作为社会正义最后防线的独特角色定位,司法程序向来以其严谨繁复著称。然而,食品安全司法却有更为特殊的需求。一方面,基层民众法制知识不多,理解能力有限,过于复杂的司法程序只能让淳朴的民众望而却步;另一方面,法院主要遇到的是一些较为普通的食品安全案件,实行简化审理在法律上和实践上也具有可能性。因而,对于大量的食品安全诉讼应在主要适用简易程序的基础上积极探讨各种简化审理的方式,以最低正当程序保障司法的正义,达到解决纠纷、惩戒违法的目的。程序简化的目标是通过简化诉讼的有关规程,来加快诉讼进度,提高诉讼效率。由于程序被简化了,律师的介入常常不必要,从而避免了当事人因请不起律师而无法诉讼的情形。程序简化的另一个结果是法官的活动更积极了。在简易程序中,由于诉讼规程的简化,以及专业法律代理人的排除,法官的诉讼主导地位相应地得到提升。随着法官的诉讼指挥权及自由裁量权的增大,诉讼程序的形式合理性降低,而实质公正的取向居于主导地位。正是通过这种由形式公正向实质公正的转变,简易、小额诉讼制度降低了诉讼程序的复杂性和形式性,避免了当事人因请不起律师或对法律知之甚少而无法诉诸司法、接近正义的情形,从而为普通消费者提起食品安全诉讼提供了最便利的途径。

免费诉讼制度的建立。奢侈的司法服务,对于众多经济较为拮据的食品安全事故受害人来说,意味着另一种意义上的拒绝司法情形。如果没有简易、快捷的程序设置,可能导致当事人放弃利用司法,转而采用其他纠纷解决方式,或干脆放弃权利。诚如日本法学家棚濑孝雄指出的,"无论审判能够怎样完美地实现正义,如果付出的代价过于昂贵,则人们往往只能放弃通过审判来实现正义的希望。"在经济发展水平不高的国情下,对于食品安全这样关系民生的案件,免费诉讼制度是十分有必要的,也是司法亲民的集中体现。

一定程度的举证责任倒置。在食品安全诉讼中引入一定程度的举证责任倒置,对于方便受害者诉讼具有重大的意义。众所周知,由于检测机构与技术手段方面存在的问题,也由于消费者在资金与技术方面存在的劣势,问题食品受害者在举证方面存在诸多不利因素。而实行一定程度的举证责任倒置,增加食品生产商的举证责任,对于便利消费者诉讼,加大食品生产商的责任,强化其安全责任意识具有深远的意义。

结 语

面对日益严峻的食品安全问题,司法不应当沉默,也不能够沉默,应当通过自身制度的变革,以自己的积极行动来化解食品安全危机,为公众提供安全饮食的制度环境与社会环境,真正实践"为大局服务,为人民司法"的承诺,并在构建有中国特色的人民司法制度道路上迈出重要的一步。

(本文原载《中国审判》2009年第4期)

车速与生命的追赶

——恶性交通事故阴影下的交通安全

　　交通事故已成为"世界第一害",是公认的致死率最高的死亡原因之一。在汽车已经成为现代文明标志、汽车已经遍布世界上几乎任何一个角落的情况下,交通的安全是一个任何人都不能回避的话题。然而,由于汽车数量的激增、交通管理水平的参差不齐、汽车驾驶人员素质的高低不等、相关法律法规不太健全等各种原因,交通事故的数量不断上升,全世界每年死于交通事故的人数呈激增态势。交通安全已经是现代社会每一个人都必须直接面对的问题。

　　随着人们生活水准的提高,越来越多的人拥有了在性能与速度等方面具有较突出表现的赛车及其他竞技性汽车,由此在许多地方出现了一类以追求速度的快感为目标的飙车一族。这些人拥有的汽车一般具有较高的机动性能和较快的速度,而他们对驾驶的爱好已经从单纯的代步转向了对炫耀与速度的追求。然而,这种追求使得城市道路的交通安全受到了严重的冲击。

　　2009年7月15日,曾经产生强烈社会反响的杭州"5·7"交通肇事案在杭州市西湖区人民法院公开开庭审理。西湖区人民检察院以交通肇事罪对被告人胡某提起公诉。该案是一起引发社会极大关注的飙车事件。被告人胡某于2009年5月7日晚驾驶非法改装车辆,途中,与同伴驾驶的另一辆车均严重超速行驶,并时有互相追赶,当行驶至一段人行横道时,撞上正在人行横道上行走的男青年谭某,造成谭某颅脑损伤死亡。事发路段限速为每小时50公里。经公安机关现场勘查、委托鉴定,事发时胡某车速为每小时84.1—101.2公里,对事故负全责。7月20日下午,杭州市西湖区人民法院对案件进行了一审公开宣判,以交通肇事罪判处被告人胡某有期徒刑 3 年。案发后,胡某亲属已赔偿并自愿补偿被害人亲属经济损失 113 万。

无独有偶,2009 年 6 月 30 日晚 8 时许,南京市江宁区金盛路发生了一起醉酒驾车导致的重大交通事故,肇事司机张×宝酒后驾驶轿车,在江宁区岔路口金盛路附近沿途撞倒 9 名路人,撞坏 6 辆路边停放轿车,事故造成 3 人当场身亡,2 人经医院抢救无效死亡,另有 4 人受轻伤。张×宝当场被警方抓获后,经抽血化验鉴定,属严重醉酒驾驶。这起恶性事件的发生震动了整个南京城。7 月 1 日,江宁区公安局以涉嫌交通肇事罪对其刑事拘留。7 月 8 日,江宁区公安局正式以其涉嫌危害公共安全罪提请检察院批准逮捕。江宁区检察院认为,犯罪嫌疑人张×宝醉酒驾车,对造成不特定多数人生命健康持放任的间接故意,并造成 5 死 4 伤的极其严重后果,故以张×宝涉嫌以危险方法危害公共安全罪批准逮捕。

值得一提的还有杨×国老人砸车事件。7 月 9 日晚,兰州 74 岁的退休教师杨×国站在兰州市金港城小区北门前的斑马线上,手持砖块,注视着过往车辆,只要有车辆闯红灯,便将砖块砸向该车。老人每砸一辆车,围观的人群中就会传来"砸得好"的声音。受他影响,又有两名老人手持砖头加入到砸车的队伍中去。据不完全统计,当晚被老人砸中的汽车有 30 辆左右。杨×国的砸车行为在社会上引起了轩然大波,许多人为他叫好,认为这样可以有效地制止司机闯红灯;也有人认为他的行为过激,涉嫌违法。新浪网在网上开展问卷调查,截至 7 月 11 日 21 点,共有 335356 人参加,其中 77.4%赞成砸车,19.9%反对砸车,2.7%表示不好说。这是一个令法律人心酸的事例,也值得整个社会深思。

车轮上的国家与车轮下的生命

近年来,随着经济建设规模的不断扩大和交通运输业的飞速发展,全国机动车和驾驶人数量持续增长。据 2009 年 4 月公安部交通管理局统计,全国机动车驾驶人数量为 1.84 亿人,比上一年年底增长 2.05%;拥有机动车驾驶证的人数占驾驶人总量的 67.99%,与去年年底相比增长 2.67%。在这样一种道路交通流量、机动车保有量不断增加,新机动车驾驶人迅速增加的情况下,我国道路交通安全形势异常严峻,全国道路交通事故呈不断上升趋势。仅以交通事故死亡人数为例,1978年为1.9万人,1988年为5.5万人,1998年为7.8万人,2001年突破了10万人,2008年为7.3万人。2009年6月,世界卫生组织发布《道路安全全球现状报告》,调查显示全球每年有127万人死于道路交通事故,其中46%都是行人、自行车或者摩托车驾驶者;而且我国汽车保有量约占世界汽车保有量的3%,但交通事故死亡人数却在全世界最多,占到了世界的16%。交通事故的频频发生,严重威胁着公民的生命、健康和财产安全,道路交通事故已成为严重社会问题,我国也成为世界上道路交通事故最为严重的国家。

不仅如此,实际上,我国道路交通事故的严重程度还远不止表面数字显示的这些,实际情况要比这严重得多。因为在各国统计交通事故死亡人数中还有一个范围问题,我国国家统计局对厂矿、油田、农场、林场自建的专门道路,农村机耕道,机关、学校、单位大院,车站、机场、港口、货场内以及住宅楼群内之间的道路上发生的事故;在道路上进行军事演习、体育竞赛、施工作业路段中发生的事故;军车、武装警察发生未涉及地方车辆和人员的事故;在铁路道口与火车相撞和道路渡口发生的事故;蓄意驾车行凶杀人的案件和自杀、精神病患者自己碰撞车辆发生的事故;车辆尚未开动,发生的人员挤、摔伤亡事故;因地震、台风、山洪、雷击造成的事故,这七个方面所发生交通事故死亡不作统计,而国际上一般标准是只要是警察管辖下的道路上,包括铁路道口等所发生的交通事故死亡都算。这样,如果按照国际标准,自2001年以来,我国每年死于交通事故的人数比现在的数字还要高出许多,应该在10万人以上,平均每天都会有300人以上因为车祸失去了生命!而且交通事故往往涉及面广,每死伤一人,将会有5至10个家庭直接或间接地受到事故的影响。而且事故造成的经济损失也是惊人的,据统计,我国每年因道路交通事故造成的损失,已超过全社会纳入国家统计的非正常死亡和财产损失的总和。

"车祸猛于虎",在触目惊心的数字背后,是生命的陨落,是亲人们的痛不欲生,是家庭永远无法愈合的伤口,也是社会财富的极大损失。在以人为本、保障民生的政府执政理念背景下,每年10多万人的生命代价应该唤醒立法、执法、驾驶员、行人等各个方面的重视,珍视生命,消除隐患,尽一切可能为行车提供安全保障。

车速为何失控？

交通事故数量在中国的急剧上升有着复杂的社会背景，其中最为主要的因素包括以下五个方面。

第一，道路交通安全管理设施不完善。近年来，我国的道路交通设施和安全管理设施状况虽然有了相当程度的改观，但仍然存在很多漏洞，成为道路交通中的安全问题隐患。我们的道路建设远远落后于车辆增长速度，许多道路工程质量不高，路面新建不久往往就会开裂，继而变得坑坑洼洼，既不美观，又影响车辆的运行速度，且修补周期短，需要频繁修补，严重影响道路交通，引发恶性循环。

第二，公民尤其是汽车驾驶人员交通安全意识淡薄，违反交通法规的现象普遍。目前，我们的交通安全管理较为薄弱，公民交通安全意识淡薄，没有普遍养成自觉遵章守法的习惯，行人、非机动车、驾驶员不遵守交通规则的情形随处可见。多年以来，机动车驾驶人交通违法行为就一直是引发交通事故的主要因素。在我国，交通事故每死3个人，就有2个人是因为违章驾驶。违章的原因主要有两个：一是超重、超载、超车；二是疲劳驾驶和酒后驾车。据统计，在因违章造成交通事故死亡的司机中，16岁至40岁之间的占1/2，其中主要是3年以下驾龄的司机。我国交通事故中司机的死亡率占13.4%，行人和骑自行车人占死亡人数的43%。而在国外，交通事故死亡的人主要是司机，法国、德国、美国等国司机的死亡率都超过了50%。因此，我国交通事故中行人身体和生命受威胁的程度远远大于国外。统计数据表明，全国因为酒后驾车造成的车祸致死致残人数，竟然占到了全部交通事故致死致残人数的1/3。

第三，私自改装车辆成为普遍现象，埋下安全隐患。一般机动车出厂时，各项技术指标都须经过严格测试才能保证车辆安全行驶。但目前不少车主为了车辆外表的美观或者性能上的盲目追求，擅自非法改装车辆，如私自改装货车，改变了出厂技术指标，将会导致车辆结构受损，在营运过程中，就特别容易发生钢板断裂、转向失控、制动失灵、轮胎爆裂等事故；有的爱车族私自更换大功率的发动机，在车后加装尾翼，在车前加添防撞杠，甚至进行"大包围式"改装，这些改动改变了车辆的原设计,大大降低了安全性,对驾驶员和道路安全造成威胁。应当明确,汽车改装必须遵守《道路交通安全法》的规定,未经公安部门认可的改装车辆擅自上路是违法的。严格意义上说,目前针对汽车内部系统的改装行为,都是非法的。

第四,相关法律法规对交通事故肇事者的处罚标准过低,司法机关轻罚轻判的现象比较普遍。我国现行《刑法》对交通肇事案件的量刑畸轻,难以起到有效的威慑作用。此外,许多交通肇事虽无人员重伤或死亡,但却有许多轻伤人员,依现行法律规定,不追究刑事责任。比照滥用职权和玩忽职守罪的标准,明显偏低。不仅如此,由于一般交通肇事通常表现为过失犯罪,情节远不如故意杀人、故意伤害严重,主观恶性不大,容易取得人们的同情。而且在司法机关和社会各界流行一种"交通肇事赔了钱就没大事"的观点,认为交通肇事案只要赔偿合理,就可轻判,甚至缓刑拘役。本来法定量刑标准就偏低,再加上以上因素,交通肇事在司法实践中量刑就更低,使肇事者往往得不到应有的惩处,多数肇事者被判处缓刑,难以达到应有的预防效果。例如,南京江宁"6·30"惨案的肇事者张×宝名下有三部车,从2006年8月份到2009年4月份,其中的一辆宝来车共有80次违章行为记录,其中超速就达到39起。而张×宝如此严重的违章行为,相关部门却没有对其继续驾驶进行必要限制,也留下了事故隐患。

第五,相关法律法规的空白与缺位,尤其是没有规定对交通肇事相关行为分别定罪。我国《刑法》第133条没有把醉酒驾驶、交通肇事逃逸、遗弃、不救助等行为作为独立的犯罪行为加以评价,只是依附于交通肇事罪,把这些行为作为交通肇事罪的一个量刑情节。纵观德国、日本、俄罗斯、芬兰等国家和我国港澳台地区,他们一般都将交通事故犯罪分成数种情况来用刑,对醉酒驾驶单独设罪处罚;对危害交通安全的行为设定危险犯,以收预防交通肇事发生的效果;对肇事后的一系列行为,如逃逸行为、遗弃行为、不救助行为等都分别给予了详细规定,如逃逸就被分离出来加以处罚,以交通肇事逃逸罪与交通肇事罪进行数罪并罚。据统计,实践中多达近50%的肇事者在发生交通事故后,为逃避法律责任而选择逃逸,给人们的生命、安全造成了极大威胁。目前的法律制裁手段已经难以有效规范和预防醉酒驾驶、交通肇事逃逸、遗弃等行为,如果任由这些行为状态持续下去,不仅仅会危及交通运输秩序和交通运输安全、侵害公民的健康和生命权利,甚至会危及社会的稳定、危及社会存续所必需的最低限度的社会秩序。仍以南京江宁"6·30"惨案为例,金盛路人流量很大,张×宝在醉酒之后,竟然开车继续高速行驶,在发生了一连串的撞人事故后,肇事车依然没有停下来,还是继续开车逃窜。

对策:与速度赛跑

遏制恶性交通安全事故,是一场生命与速度的赛跑,也是对我们的智慧与国家的法制的考验。在目前,完善各项交通安全法律法规,提高人们的安全意识,刻不容缓。

在道路交通安全设施建设方面,各级政府应该参考国际上的通行做法,结合本地道路交通的实际状况,制订切实可行的设施设置方案,完善各种道路交通设施和安全设施建设,为人们的出行提供安全的道路交通环境。一是道路的设计和改造,不合理的地方要重新设计,有问题的地方要加以改造,并且鼓励大家发现漏洞并及时改造。二是及时设置安全标志,如在某些道口画上停车线、徐行标志,在门口五米处画上不准停车的标志等,既要根据城市建设和道路变化及时设置道路标志,也要随时修补模糊不清的标志,减少事故隐患。

在对非法改装车辆的规范和打击方面,既要加强教育和规范,也要加大打击力度。一是加强对车辆单位、车主和驾驶员的安全警示教育,广泛宣传非法改装车辆的危害,增强车主自律意识。二是加强源头治理,加强对维修企业的管理和资格审查,严格要求维修企业和站点在车主手续不全时不得非法改装车辆。三是交通、公安、工商等相关执法部门加大打击力度,根据2001年《中华人民共和国机动车登记办法》(公安部令第56号)的有关规定,对"未经批准,擅自改变、更换或者改装的,处500元罚款";对于已登记的机动车,"改变、更换或者改装不得变更的事项的,滞留机动车号牌和《机动车行驶证》,责令恢复原状,并处1000元罚款"。对非法改装车辆的维修企业进行行政处罚,并判决其和车主对事故损害后果承担连带赔偿责任。同时增加规定,车主改装车辆,应当事先提出申请,经批准后方可到有改装资质的维修企业进行改装;车辆改装之后,必须通过相应的技术检测才能获准上路。还要严格改装车辆档案,一车一档,并把每次查处情况记入诚信档案,处理情况及时通知到车主,限期整改。

在交通安全普法和违法行为的处罚方面,一方面,要在全社会普及交通安全法规,倡导国民人人懂得交通法规、人人遵守交通法规。另一方面,要加大对各类交通违法行为的处罚力度。对违章的机动车驾驶人,在根据《道路交通安全法》相关规定严格行政处罚的同时,应当建立个人信用档案,实行浮动保险费率,增设终身禁止驾驶和向社会公开违章行为的规定,加大违法者的"违法成本";对违反交通法规的行人与非机动车驾驶人,也应当加大管理和罚款力度,实行当场处罚,适度公示,增加其违反交通法规的成本。

在交通肇事犯罪的处罚方面,应当正确理解和适用宽严相济的刑事司法政策,做到当宽则宽,该严则严。对于肇事者违反道路交通安全法规情节较轻微,事发后认罪态度较好,能够主动报警,及时救助伤者,保护现场,积极赔偿,并得到被害人及其家属谅解,有效化解矛盾,消除社会影响的案件,因其社会危害性较小,属于轻微交通肇事案件,可以积极适用"从宽"政策,依法从宽处理。而对肇事者违反道路交通安全法规,并具有逃逸、不报警、不救助受害者等情节,或者事后态度恶劣、不积极赔偿的案件,因其社会影响恶劣、危害性较大,属于严重交通肇事案件,则应当坚持"从严"政策,加大打击力度,依法从重处罚,努力实现办案的法律效果和社会效果的有机统一。应当注意的是,严重交通肇事罪虽为过失犯罪,但其违反交通法规的行为往往是出于故意,只是对后果具有过失心理,而发生重大交通事故,致人重伤、死亡,或致公私财产重大损失。该罪侵犯的客体是正常交通运输秩序和安全,交通运输安全是公共安全,事关公众生命财产利益,其对不特定自然人、法人或非法人单位都构成严重威胁,故危害广泛。特别是因为酒后驾车、严重违章行驶等,造成重大人员伤亡、财产损失的严重交通肇事罪后果更为严重,社会各界反应强烈。因此,在交通安全成为突出社会问题、现行法律对交通肇事行为惩处力度明显偏弱的背景下,司法机关应当正确认识此类犯罪的实质危害,实事求是地认定犯罪行为侵害的客体,准确判断维护社会稳定和公众安全的价值目标,合理合法地作出刑事处罚,不能按照一般轻微刑事案件,作出刑事和解的宽缓处理。

在交通肇事犯罪刑法规范的完善方面,应当修改现行刑法对交通肇事罪的多样性为集合定罪的模式,借鉴域外立法的成功经验,将醉酒驾驶、危害交通安全的行为以及交通肇事后的一系列行为,如逃逸行为、遗弃行为、不救助行为等予以独立犯罪化。如醉酒后驾驶者精神处于涣散状态,容易困乏,易发生交通事故,对该行为应当直接规定为犯罪,同时吊销驾驶证,令其终生不得再驾驶;规定故意或过失违反交通规则而危害交通安全的危险犯,预防交通肇事发生;单纯的逃逸行为、遗弃行为、不救助行为都会严重侵害他人的生命权利和身体健康权利,破坏正常的交通运输秩序和交通运输安全,耗费大量的司法资源,具有相当程度的社会危害性,故应对这些行为分别规定为不同的个罪,如交通肇事逃逸罪、保护责任者遗弃罪、不救助罪,与交通肇事罪进行数罪并罚,统一司法尺度。此外,还应当将交通肇事罪的法定最高刑由7年提高到10年,对构成特大交通事故和重大交通事故,情节特别恶劣、后果特别严重的主要责任人,应当从重处罚;同时调整量刑起点为1年以上有期徒刑,取消拘役这一主刑在交通肇事罪中的运用,以避免重罪轻判和"花钱买罪"现象发生。

(本文原载《中国审判》2009年第8期)

"肃铅"风暴下的环保理念调整

——由近期几起重金属环境污染事件引发的思考

频繁发生的"血铅事件"

真正毁灭人类的,往往是人类自身。

近期集中发生的几起环境污染事件深刻地体现了这一点。

2009年8月,陕西凤翔发生村民围堵某冶炼有限公司大门事件,起因是工厂的铅锌冶炼产生的重金属污染使得附近居民血液中重金属严重超标,尤其是当地数以百计的儿童血液中铅的含量远远超出正常人标准。

8月18日,湖南武冈被媒体报道发生和陕西凤翔类似的事件,数以千计的儿童血液中被检测出远远超出正常值的铅含量。

就在此前不久,湖南浏阳市镇头镇数千群众上街表达对某化工厂排放镉造成超标污染的担忧。随后的检测结果显示,该化工厂厂区周边500—1200米范围内部分土壤监测点位中,镉含量轻度超标。

类似的事件还发生在山东临沂。7月23日,临沂市环境监测人员监测发现,南涑河出现突发性砷化物超标现象,临沂市环保部门经全流域紧急排查,迅速发现涉嫌排污企业是位于临沂高新区内的×化工有限公司。

在一系列严重重金属环境污染事件发生之后,9月2日,国务院环境保护部在陕西省召开了全国重金属污染防治工作会议,而重金属污染综合治理的有关实施方案也在迅速制订中。

然而,以上几起重金属环境污染事件不过是近年来中国频繁发生的环境污染事件的冰山一角,而上述事件之所以引发较大的关注,一方面是因为网络等新媒体的发展导致的污染事件被快速传播,另一方面则是这些环境污染事件已经直接威胁到当地居民的生命健康安全,人们无法再忍受了。

环境污染事件高发在目前的中国具有现实原因,诸如经济发展水平不高,低附加值、高污染的企业在国民经济中的比重过高,科技水平较低,治理环境污染的能力不够,产业结构不合理,重化工业在工业结构中的比重较高,产业结构严重趋同等现实情况,使得中国目前环境污染高发的态势难以避免,并将持续一段较长的时间。而中国庞大的就业人口与待业人口,以及范围较广的贫困地区与贫困人口的存在,更使得改变目前的产业结构以治理环境污染的目标难以在短时间内实现。

从近年来各地涌现出来的环境污染事件和国家的相关统计数字来看,我国目前的环境污染事件已经对人民身体健康造成巨大的损害。仅以重金属污染而言,2009年4月中国环境科学研究院张金良研究员等人就在《中国环境科学》期刊上指出,从2001年到2007年,经过对多个省份的抽样调查显示,中国儿童血铅超标的比例高达23.9%,几乎每四个儿童中就有一个血铅超标。而在北京这样的大城市中,儿童血铅超标的比例也超过了一成。但美国2006年儿童血铅超标的比例仅为1.21%。

我国目前针对环境污染的诉讼也处于高发阶段,据中华环保联合会披露,我国每年的环保纠纷案件有10多万件,并维持较高的增长速度。另一方面,环境问题也是引发群体性事件的重要原因之一,近年来各地出现的群体性事件背后频频出现环境污染的身影。

环境污染带来的损失已经达到了一个令人震惊的地步,甚至已经逼近国家生态环境的承受点以及人民群众的忍耐底线。据《瞭望》新闻周刊2007年报道,目前我国有70%的江河水系受到污染,40%基本丧失了使用功能,流经城市的河流95%以上受到严重污染;3亿农民喝不到干净水,4亿城市人呼吸不到新鲜空气;1/3的国土被酸雨覆盖,世界上污染最严重的20个城市我国占了16个。而综合世界银行、中科院和环保部的测算,我国每年因环境污染造成的损失约占GDP的10%左右。

令人痛心的是,从近年来我国治理环境污染的现状来看,成效并不明显。

从现实看,我国目前针对环境污染治理的法律法规是比较健全的,相关机构与机制也是比较完善的,但是环境污染治理的成效与民众的呼声相比却相差甚远,从根本上讲,环保理念还没有深入人心,没有化作人们的一种自觉行动。目前的情况是,只有在为数不少的个人真正成为环境污染直接受害者的时候,才能引起个人与当地政府的真正重视,目前全国掀起的"肃铅"风暴也正是在近期几起恶性重金属污染事件发生之后才发动的。应当讲,这是一种浅层次的环境保护理念,也是我国目前环境污染治理收效不明显的最主要原因。

面对频繁发生的各类环境污染事件,我们必须深刻检视我国目前的环境污染治理工作,而要扭转目前的环境污染高发态势,环保理念的调整是重中之重,也是遏制目前环境污染高发态势最具成效的途径。

环境污染的治理与环保理念

中国目前的环境污染问题必须得到及时、大力、有效而且系统的治理,但是究竟如何治理,如何处理环境保护与经济发展之间的关系,需要综合性、全局性的考虑与规划,并不是短时间内可以解决的。

环境污染是一个综合性的社会问题,其他社会问题,例如食品安全问题、流行病问题、气候变化问题等都与环境污染有或多或少的关联,甚至可以说,环境问题是中国目前一系列社会问题的根源之一,也是引发中国目前诸多社会问题的总问题之一。改变环境污染的现状必须运用综合性的观点,而发展观点的转变与环保理念的调整则是目前最根本的问题。

当然,由于环保理念的扭转与树立是一个漫长而曲折的过程,而环境保护则是一个刻不容缓的现实问题,在这种情况下,加强环境保护方面的司法保护是一个迫切的选择。然而,单纯依赖司法手段来解决环境问题,在目前的国情下也是不现实的。在目前,加强环境保护理念的培养和树立与加强对环境问题的法律治理两手都要抓,两手都要硬,任何一方都不可偏废。

在恶性环境污染事件频繁发生的情况下,我们应当发挥司法的能动作用,对重大环境污染事件进行严厉的惩罚,给环境污染的制造者以必要的且巨大的惩罚,以遏制环境污染事件高发的态势。我们应当积极探索环境公益诉讼、集团诉讼等新形式,引入多方力量,以多样化的手段应对不断加剧的环境污染。

然而,在司法资源有限的现实情况下,指望完全通过司法手段来解决环境污染问题是不现实的,而由环境污染带来的综合社会问题也不是司法手段可以完全解决的。因此,必须将中国目前的环境污染整治问题置于整个国家的政策体系中考虑,构建综合性的治理手段与网络。而这一切,都必须建立在具有良好的环境保护意识的群众基础上。

任何法律的遵守与执行靠的都是高素质的具有守法意识的民众,是一批对法律有着执着信仰与坚定信念的民众,否则任何严密的完善的法律制度都必将流于形式,"法律必须被信仰,否则将形同虚设",这一精神体现在环保领域就是民众普遍的环保理念的树立。只有将环境保护的理念化作每一个人具体的实实在在的行动,只有环境保护的理念深入到每一个人的内心深处,将对环境的破坏视为一种罪恶,变事后的惩罚为事前的预防,才能从根本上提高环境保护的水平。

从我国目前的现状来看,民众的环保理念远远滞后于环境保护的客观需要,政府部门的环保理念也在一定程度上落后于环境治理的进程,甚至在某些方面加剧了目前本就严峻的生态环境现状,或者阻碍了环境治理的进程。要变现状,先变思维,环保理念的调整与树立是当务之急。

环保理念的调整

(一) 环保的民生观与政绩观

陕西凤翔、湖南浏阳以及湖南武冈等地发生的"血铅事件"将某些基层政府在面对重大环境污染事件时的被动与无助暴露无遗,说到底就是这些地方政府执政理念与行政方式的失败。

近年来,在以人为本、构建和谐社会等理念的指导下,不少地方的执政方式实现了重大创新,民生、民权理念已经深入不少基层干部的内心。但是,由于经济增长指标的政绩评价标准依然没有改变,追求短期的执政效能的政绩冲动甚至在一些地方得到强化,由此带来执政方式的短视化,"惟GDP至上",追求直观的政绩投入,忽视民生的投入。如此,一些地方确实取得了经济增长的高速度,但也为社会问题的积聚埋下了隐患。近期出现的众多恶性环境污染事件就是这些矛盾爆发的集中体现,也反映了某些基层政府执政方式一定程度的失败,更反映了民众对这些地方政府的不信任。

其实,许多地方的主政者也清楚这一点,只有民生问题才是最重要的社会问题,也只有不断提高老百姓的生活水平,才是地方主政者真正的政绩。然而,要真正做到这一点,既需要地方主政者作出许多牺牲,让出不少权力方面的既得利益,又需要在工作方式、工作重点等方面进行诸多创新,做出更多的探索,这些无疑是巨大的挑战。而更重要的是,目前评价执政效能最重要的标准基本上还是单纯的经济指标,执政理念与行政方式创新的动力还是来自于直观的地方经济增长带来的政绩观。在这样的压力下,诸如"开胸验肺事件""血铅事件"等就难以避免,甚至愈演愈烈。

中国的环境执法机构一般隶属于地方政府,因此导致环境执法趋向软化,缺乏刚性约束,环境执法的力度与导向直接服务并服从于地方政府的执政取向,并且由于地方政府官员的频繁调换,短期化的主政者缺乏对地方发展的长远规划与归属感,牺牲环境以快速取得明显的政绩就成了地方政府官员的理性选择,重视环境保护反而成为一种不理性的执政思路。

例如在湖南武冈"血铅事件"发生之后,地方政府主动封锁消息,并告诫当地百姓"不要乱说话"。再例如湖南浏阳某化工厂被发现砷排放超标之后,其法人代表曾经提出要迁走工厂,但被当地政府挽留,并保证如果出事了政府会出面保护。可以说,如果没有当地政府对污染的漠视与纵容,就不会有严重污染事件的发生与大量村民的身体健康受到严重伤害。这些都是狭隘的政绩观造成的恶果。

当全国各地因环境污染而频繁出现"癌症村",恶性疾病高发,不少地方自然地质灾害频发的时候,很难说民众得到了发展的真正好处,也很难说地方主政者取得了真正的成功。国家环境保护部部长周生贤就指出,"环保出了问题,首先要从经济政策上找原因",一针见血地指出了环保问题的症结。但是,由于政策执行、政绩考核的标准等各种原因,现实生活中很难两全,牺牲的往往是环境,换取的多是"带血的GDP"。

面对不断恶化的生态环境,我们需要冷静思考"唯 GDP 至上"的政绩评价观了。

(二)环保的人权观与执政观

环境权是伴随着人类生活水平的不断提高而产生并不断发展的,是人类获得清洁的空气与饮水等良好的生活环境以及合理利用环境资源的权利。20 世纪是"社会权利"的阶段,它使全体社会成员享受满意的生活条件成为可能。环境权利是社会权利中的重要组成部分,是社会进入新的发展阶段,对人的生活与工作环境日益重视的集中体现,也是社会进步与整体福利水平不断提高的重要保障。

改革开放以后,我国在人权领域取得了举世瞩目的成就。中国认为,人权的发展是人类社会不断文明进步的一个重要标志,是世界和平与发展进步潮流的一个重要组成部分。实现充分的人权是世界各国的共同目标,也是中国全面建设小康社会、在世界上"和平崛起"的重要目标。2004 年,我们正式将"国家尊重和保障人权"写进了宪法,使尊重和保障人权由党和政府的政策主张上升为宪法原则,由党和政府执政行政的理念和价值上升为国家建设的理念和价值,进一步确立了保障人权在中国法律体系和国家发展战略中的突出地位,为中国人权事业的全面发展开辟了更加广阔的前景。

与国家对人权保护的重视相伴发展的是民众权利意识的觉醒与逐步提高,这是社会进步的体现,也是我们建设民主法治社会的目标,民众对环境污染事件的高度关注与强烈反对就是民众环境权利意识高涨的集中体现。

环境权作为基本人权的一种,在基本人权体系中占据着极为核心的地位,一方面环境是人生存的基本条件之一,可以视为人的生存权利,是民众保持健康的体魄、维持基本的生存条件的基本外界环境;另一方面环境权利的提高则是人的生存环境与生活水平不断提升的集中体现。

然而,环境权在中国却处于一个比较尴尬的境地。对于目前的中国来说,人们更多关注的是经济的发展和生活水平的提高。对于环境权利的享有,人们更多的是停留在一种理想状态,是作为一种奢侈的享受来追求的,而不是作为一种基本的生存条件来要求的,这就决定了环境权利的提出在目前多少有点显得不合时宜。

诚然,对于我们这样一个发展中国家来说,解决人们的温饱问题确实具有极为重要的意义,而且是最基础的工作,这是不可否认的。但是,强调人权与解决发展问题绝不是矛盾的,相反,它们在很大程度上是相互促进的。人应当被视为发展的主体,而不应仅仅被视为发展的客体。在当代国际社会,以单纯的国民生产总值作为衡量一个国家的经济实力与经济发展水平,仍然是一项主要的指标。联合国每年都要给出一个按照国民生产总值排列的世界各国实力排行榜。但是这个词本身根本不能回答这样一个问题:对于社会中的不同组成部分来说,以生活质量的指标作为衡量标准的平均生活水平,是变好了,还是变糟了?因此,要想全面地衡量一个国家和地区的经济发展和社会进步,就不能将目光仅仅局限于单纯的经济发展指标,还应当将评测的目光放在人的生活质量、人的地位、人的权利的享受等各个方面,只有全面的发展才是全面的进步。环境权利的水平高低,必将成为衡量一个地区发展水平高低与竞争力大小的决定性指标,这也是我们建设中的环境友好型社会的基本衡量标准之一。

(三)环保的治理观与发展观

横亘在中国目前环境治理面前最大的障碍是如何处理环保与发展的关系。

发展还是环保,在许多人看来,这是一对矛盾的概念,在现实的情况中,在中国的大多数地方,这也确实是一对矛盾的概念。为什么会出现这样的现象呢?

应当讲,这种矛盾是由中国目前的发展阶段决定的,也是由中国的产业结构与发展模式决定的。中国走的是一条粗放式发展的道路,原材料初加工产业、重化工业等高耗能、高污染的产业在中国的产业结构中占据着主导地位。中国在国际上被称为世界工厂,就是这种发展模式的集中体现。这样的发展模式有着中国的独特国情,一方面是传统产业结构的延续,另一方面则是中国科技水平较为落后,走依靠高科技产业发展的道路既不为现阶段的科技水平所容许,也难以解决现阶段庞大的就业人口问题。因此,我们只能在坚持目前的产业结构的基础上探索今后发展的道路。

但是,根据上文所述世界银行等机构的统计,我国每年因为环境污染遭受的损失大约为国内生产总值的10%左右,而我国每年国内生产总值的增长率也只有大约8%左右,两相比较,增长的国内生产总值与损失的国内生产总值大致相等,也就是说,如果我国的环境污染得到了较好的治理,那么,我国的国内生产总值的增长率可能会翻番,这是一个非常乐观的数字。而如果考虑到环境污染对人们身体健康的损害、对地理环境以及气候的潜在威胁与危害,可以说,环境污染造成的损失远远不止这些。

2006年10月,温家宝总理在广西视察时提出,"环境保护也是生产力",这是对环保功能的最大肯定。然而,现实中除了个别已经走上良性循环的地区之外,大多数地区仍然在"唯GDP至上"的政绩考核标准下徘徊在环保与发展之间,发展问题与环保问题,在许多地方依然是一个两难的选择。

针对这个问题,我们应当把环境保护看成中国产业结构调整的重要契机。中国处于经济飞速发展的阶段,面临着巨大的就业压力,完全放弃劳动密集型产业是不现实的,但是如果把发展的重点完全集中在劳动密集型低端产业,对中国实现科技实力提升、赶超发达国家的战略也是不现实的。因此,在积极规划提高科技水平、调整产业结构的过程中,应当以环境保护为重要机遇,淘汰落后产能,实现产业结构的升级与科技水平的提高。

另一方面,对于因环保进行产业结构调整而造成的贫困人口,国家有义务为其提供最低水平的生活保障,维持最基本的生存条件,并积极创造条件使其逐步提升生活条件。从实际情况来看,民众通过污染企业获取的一般也就是最低水平的经济保障,而从长远来看,受污染影响的民众付出的却是后半生的健康和生活质量。因此,在我国的发展已经达到目前高度的时候,尤其是在我国的经济总量即将位居世界第二的时候,对环境污染采取无所作为的态度就是不负责任的行为了。政府应当通过财政转移支付、政府补贴、产业结构调整等手段来促进生态环境保护地区的经济发展,保障人们的基本生活条件,而不是一味地鼓励发展不切实际的重化工业。对于承载国家生态保护功能的地区,政府更应当通过建立生态补偿基金、风险分担机制等政策手段来使这些地区在经济发展中免受环境污染的侵害。

而放眼国际,环境问题已经成为中国在国际上形象不佳的重要原因之一,也是其他国家进行贸易保护主义的新形式。中国因环境问题频遭指责,成为外交上遇到的新阻力之一,也成为中国改善国际环境、保持高速发展的重大障碍之一。

总而言之,对待发展与环保的关系,应当采取一种发展的辩证的观点,通过政府政策的综合运用,在发展与环保之间取得一定的协调,在争取环境优化的基础上取得经济的发展。

(四)环保的国内观与国际观

2009年8月27日,第十一届全国人大常委会第十次会议审议通过了《关于积极应对气候变化的决议》,表明了在全球气候变化与环境治理过程中中国应当起到的作用和担负的责任,也表达了中国面对环境污染时担负起自己的国际责任的勇气。

放眼国际,气候或者环境问题已经成为各国关注的焦点,也是各国在国际交往中不可回避的一个话题,因为环境毕竟承载了人类的较多期望,也直接关系到人类的未来与地球的前景,而地球生态环境的破坏已经达到了几乎难以控制的地步,如果放任这种态势的发展,地球的未来难以想象。

然而,近年来,伴随中国经济发展的是不容乐观的环境污染态势,遍及大半个中国的雾霾、有水皆污的河流污染现实、重金属污染的严重形势,等等,已经到了触目惊心的程度。

因此,我们要从中国发展的国际视野来看待我们的环境问题,这既关系到中国的国际形象问题,也直接关系到中国的贸易条件与国际发展环境,是国家综合国力与竞争力的集中表现之一。

从长远来看,环境问题必将成为国家之间关系的主题之一,也必将成为转变与构建中的新的国际秩序的重要内容之一,如何将本国的环保理念注入国际环境保护秩序的构建中去,以一个负责任的大国的姿态在国际环境保护的过程中发出自己的声音,不仅关系到本国的国际形象与发展环境,也直接关系到本国在新的国际秩序中能够起到的作用。环境秩序是新的国际秩序的重要组成部分,也是新的国际秩序的核心内容之一,从而也是发展中国家尤其是中国参与新的世界秩序构建的重要机遇之一。

我们应当正视来自国际上的压力,既不能被其他国家对我们的指责束缚住手脚,也不能完全无视其他国家的指责,毕竟,我们已经身处全球化的世界,中国的发展不能孤立在世界其他国家之外。如何以中国自己的理念与方式来处理日益严重的环境问题,不仅关系到中国今后的发展与和谐社会的构建以及中国在国际上的地位,也直接关系到中国特色社会主义制度的发展。在这方面,我们应当积极探索,努力走出一条具有中国特色的环境治理与保护的道路来。

面向未来,道路已经清晰,而关键则在于我们的抉择。

(本文原载《中国审判》2009年第10期)

消除校园血案发生的社会根源

近期,校园血案一再发生。在福建南平、广东汕尾、广西合浦、广东雷州、江苏泰兴、山东潍坊、陕西南郑,短短的60天内,数十个鲜活的幼小生命,在顷刻间逝去,这实在是对人性的极大挑战。

血案发生之后,胡锦涛、温家宝等中央领导多次指示,要求维护学校、幼儿园安全。2010年5月3日召开的全国综合治理维稳工作电视电话会议也强调,各地区、各部门、各单位要充分认识加强校园安全保卫的极端重要性和现实紧迫性,切实肩负起维护校园安全的政治责任;党政"一把手"要负总责、亲自抓。校园安全被提升至国家高度,各地亦出台各种安全保卫措施。

安全保卫措施的出台是十分及时而有针对性的。然而,在血案的背后,我们更应该反思的是,为什么这样的悲剧一再发生?在这些残忍的凶手身上,究竟是什么样的动机驱使他们去对手无寸铁的孩子们痛下杀手?这些有意识无特定对象的报复社会型犯罪究竟该怎样避免?

应当讲,近期发生的校园惨案并不是孤立的案件,而只是我国近年来不断发生的报复社会型犯罪中的一种。从2001年深圳市的故意驾驶叉车致人伤亡重大刑事案件,到2002年4月的江西九江连环投毒案,再到2002年9月的南京汤山重大投毒案,类似的案件不断发生。不过这一次,凶手们将罪恶的黑手伸向了弱小的儿童。

2010年5月13日,凤凰卫视播出温家宝总理接受凤凰卫视记者就近期校园被袭事件采访的内容。温家宝总理表示,针对目前的校园血案,不但要加强治安措施,还要解决造成问题的深层次原因。

解决造成问题的深层次原因——这句话真正抓住了解决报复社会型犯罪的关键环节,是真正治标治本的措施,反映了解决这些问题的全局观。

这些报复社会型犯罪的发生都有着自己独特的个人背景,但也几乎都具有一个共同点,那就是凶手一般都是处于社会底层的弱势人员,由于种种原因,长期受到社会的冷落,处于被社会遗忘的地位,种种个人诉求难以得到充分满足,甚至有时候受到社会的歧视。长此以往,心理逐渐扭曲失衡,对社会产生敌意和报复性欲望。

问题的产生是整个社会处于急剧转型与发展过程中出现的矛盾的表现之一。在急剧转型的社会大背景下,个人被时代发展的漩涡裹挟进去,在很多时候丧失了个体的主动性,个人的无助感更加突出。在不断涌现的社会矛盾与纠纷面前,个人的权利诉求并不总是能够得到充分满足,而由于国家的庞大与人口的众多,制度在某些方面存在一些不甚完善之处,个人对自己的处境不满难以完全避免。在这种情况下,某些人心理失衡、产生对抗情绪在所难免。

因此,要解决对社会进行报复的犯罪行为,我们除了采取及时有针对性的预防与控制措施之外,更应该从经济社会发展的大环境入手,消除社会发展的不均衡性,创造更加平等和谐的社会环境,使个人的人格得到尊重,权利得到保障,诉求得到满足。

为此,加强对问题人群的心理疏导,加强对报复社会型犯罪的研究与治理,对症下药,才能够取得立竿见影的效果。

(本文原载《中国审判》2010 年第 6 期)

以权威的司法应对狂热的传媒[*]

这些年来出现的胡斌飙车案、孙伟铭撞车案等一系列案件将司法与传媒的关系又推到了风口浪尖。

司法与传媒是一对由来已久、纠缠不清的概念。对司法而言,传媒是一把双刃剑,处理不好,就会有损司法的权威与公信力;处理得好,则会宣扬法治理念,甚至会在某种程度上促进司法公正的维护,推动社会公平正义观念的树立。

从司法的角度来讲,在狂热的媒体面前保持自身的冷静与理性是十分重要的,但是从中国目前的司法与媒体关系来看,问题的关键其实并不在于媒体与司法的对立与冲突的程度,而是在于经历越来越多的相同案例与司法事件之后,媒体与司法的紧张关系为什么从来没有得到化解,媒体反而是在此类事件面前越来越狂热,公众的情绪越来越紧张,除了网络对民意的无限放大与一定程度的扭曲之外,真正的原因在哪里呢?

应当讲,在"媒体审判"现象频遭指责的同时,将所有责任推向媒体发展的不完善与不健康是片面的,也不是解决问题的根本对策。司法在"媒体审判"面前应当冷静思考,寻找对策,这样或许才能够为这种社会现象的解决提供更好的出路。

从公民个人的角度来讲,在传媒与司法面前始终是弱小的。在现代社会,如何将这种威权面前的弱小与无助转化为个人与社会所认同的公平与正义,如何将这种弱小与迷茫转化为个人权利伸张的过程与公平正义实现的结果,如何

---

[*] 本文写作于 2010 年,未曾发表过。

将媒体的偏激还原为事实的真相与客观公正,这是对司法智慧的考验。而对于司法与传媒均处于快速发展与完善中的中国来说,这种关系的处理更是对司法能力本身的一种考验。

应当讲,在媒体善于炒作,以此吸引眼球面前,司法应该谨守其本质属性,保持理性的基本要求,而不能在传媒的狂热与公众的迷茫中迷失自我,这只是对司法的基本要求,更重要的则是具体司法制度层面的完善与健全。

司法的公开与透明是首要的要求。人们之所以会在邓玉娇之类的案件发生之后群情激奋,最根本的原因就是在传统的政治制度中,制度的运行缺乏透明度,政府信息公开不足,人们难以洞察事实的真相,因而猜测与质疑难以避免。尽管近年来我们在政府信息公开方面已经取得了巨大的进步,但是由于经济发展的不均衡性与制度改革的地区差别与行业差别,更由于普通民众的传统思维惯性,人们对政府信息公开的力度与全面性仍然存在一定的怀疑。这种思维的惯性以及公众的从众心理在很大程度上导致了在公共事件突发之后引发的全民的冲动与对政府信息公开的质疑。

司法的迅速介入是根本保障。迟到的正义不是正义,这句话虽然有失偏颇,但是在飞速发展的社会形势下,却有着一定的现实意义,尤其对威权面前弱小的个人,得不到司法及时的介入,个人的权利得不到及时的维护,失衡的权利关系得不到及时的纠正,就会在很大程度上滋生对制度的埋怨与质疑,也会导致失衡的社会权利关系进一步失衡,甚至会滋生新的社会不公,损害其他人的权利。而传媒的不断介入,甚至会让舆论与事实的真相渐行渐远,或者使得司法在传媒的泡沫与聚光灯中偏离自己客观公正的立场。司法有自己的程序,但是建立应对突发事件的专门程序或机制,及时介入重大事件的调查公开过程,在澄清舆论的误区、引导公众的看法方面必将产生积极的意义。

最后,导致中国目前传媒与司法关系的紧张状况最根本的原因还是司法制度与民众的要求和期待还有一定的距离,司法权威在一定范围内的缺失,司法公信力在一定程度上的弱化,司法公正在一定程度上受到侵蚀,使得公众习惯性地将对司法不公的不满发泄到媒体上,这是民众对司法以及政府公信力一定程度的不信任的集中表现。在司法权威与公信力存在一定弱化的现实面前,传媒的介入难以避免,甚至能够起到一定程度的监督、调查等司法替代性功能。

在这个意义上讲,司法理性不仅仅是根除"媒体审判"的一种基本要求,也是司法本身的题中应有之义,尽管在目前这种理性有时候难以得到有效的实现,但是这并不是解决媒体不当干扰的根本之策。妥善处理中国目前媒体与司法关系,更重要的是从司法程序与司法技术层面、从司法的权威性与公信力的保障方面寻求解决之策,而这些措施也是保证司法理性这个基础的基础。如果司法不能以公正客观权威的形象及时出现在公共事件的场合,那么媒体的取而代之就是难以避免的现象了。

国际

在尊重新闻规律的基础上,在新闻价值与实践价值之间取得最大公约数,这样的国际法治新闻报道才是有价值的报道。

> 编前导语

国际法治新闻报道的比较与研究方法

有一段时间,笔者经常给《法制日报》和《人民法院报》撰写国际法治热点事件的评论。写作的初衷是当时感觉自己的专业是国际法,外语水平和国际法知识都有一定的基础,应当在工作之余发挥一点自己的专长,一方面是学有所用,另一方面则是锻炼自己的时事综述和评论的能力。汇集在这本书里的就是当时的一部分成果。

选题的相关性与接近性

笔者这些文章的选题,一般都是当时的国际法治热点,是媒体上讨论比较多的话题。作为一个新闻人,我从不回避热点事件,但是我的考虑却与一般的学者有所不同。我一般不会局限在事件的单纯综述或者回顾上,而是在综述和回顾的基础上,用国际法或者国际政治的原理与方法进行分析,探析新闻事件背后的法理或者真实原因。这种思路和我在前面国内法治新闻事件中提倡的研究性新闻报道的思路是一致的,即在对热点法治新闻事件进行报道的同时,要深入事件背后的法理或者学理,用哲学、法学、政治学、经济学的方法分析事件的来龙去脉,并在此基础上,从新闻事件中探寻对中国的启示,以及对国际法等在内的部门法发展的素材与动因。

同时,在对国际法治新闻事件进行报道的过程中,我也主张不能单纯进行学理的分析和比较,也要用活泼的语言将事件综述出来,从语言风格和时间类型上寻找和中国的关联性。这是一个比较重要而艰难的过程。不是所有的事件都与中国有关,有的甚至相隔十万八千里,没有任何关联。但是,叙述一个遥远的事件,综述一个与人们的研究旨趣和心理感受相差遥远的事件,从传媒角度看,意义不是特别大,尤其在这样一个纸媒江河日下的时代,国内的热点事件已经鲜少有人关注,何况国外的法治事件。在这种情况下,寻找事件与中国的关联性,无论是人物、相关性、距离甚至是制度或者机制上的类似性与相近性,就是撰写国际法治新闻稿件的头等大事。否则,就会像延安时期毛泽东针对《解放日报》版面编排顺序提出的意见:在一个文盲占绝大多数的地区,用头版及大篇幅对遥远的非洲各国进行报道,其意义何在?诚然如此。所谓新闻价值,衡量的重要标志之一就是相近性和关联性。相隔太远,难以找到距离、制度或者心灵上的关联性,这样的新闻对人们的价值并不是很大。就像现在世界各国纸媒发展都不太理想,但是社区报在各国的发展却一枝独秀,因为其契合了人们心理上的关联性和共振感应需求。对于一个从事国际法治新闻报道的记者来说,同样如此。

分析的学理性和专业性

在媒体融合时代,获取新闻已经不是什么困难的事情,但是弄清楚新闻背后的真相与来龙去脉,却是最迫切的。新闻界有一句话,叫我们离新闻很近,但离真相却很远。说的就是在新媒体时代,由于信息爆炸、获取信息更加容易,在海量信息的冲击下,人们由于缺乏辨别事情真相的能力和水准,导致何为新闻的真相、何为新闻的缘由成为一件更为困难的事情。信息匮乏固然不是好事,但是信息泛滥也绝非一件好事。在单一新闻事件及观点面前,人们由于面对的事件比较单一,能够静下心来认真思考、深入探究;而在新闻事件的报道与分析如雨点般袭来,人们面对令人眼花缭乱的信息时,可能会因为信息的芜杂而失去清醒头脑和认知能力。

在这样的情况下,专业分析的价值就凸显出来。单纯新闻信息报道的价值已经大为减弱,在新媒体面前,传统媒体的时效性及丰富性、多样性均大为减弱,互动性更是自身的短板。而纸媒的长处在此处就显现出来。时间的滞后并

编前导语:国际法治新闻报道的比较与研究方法

不是自身的劣势,而时间的延长提供了深入思考和全面分析的可能,也使得纸媒的价值得以显现。

曾经有一段时间看央视综合频道的国际新闻时,经常见清华大学一个专家为一些国际新闻事件提供专业意见。有几次可以看出,针对热点新闻事件的评论是比较到位的,但是也有几次几乎有一种驴唇不对马嘴的感觉。那时,我就想,如果央视作为一个权威性的国家电视台,仅仅满足于提供一些街头大妈级别的评价意见,就无法匹配其作为国家电视台的级别和地位以及影响力。现在很多人说电视的开机率很低,与这种节目的含金量不高不能说没有关系。尤其是邀请一些专家提供专业意见的时候,不能邀请与相关事件关联性不大的专家,必须要提供专业性的、权威性的意见和评论,这样,才能与自己权威性的地位相匹配。由此,也想到我们在外交上的某些失误,与所谓专家的不专业和不权威脱不开干系。国外不少智库性咨询机构,例如兰德公司,他们在国际事件与形势上的意见真的是让人叹为观止,其专业、其权威、其全面令人叹服。

而我们当前在国际新闻报道上的业余水准及报道手段的不专业,导致在网上的批评和谩骂。实事求是地讲,新闻的客观性和中立性只是相对的,没有绝对的客观公正。我们需要的是在进行报道时恪守基本的平衡性和中立性,不能偏离一个新闻记者的职业操守和专业能力,进行过于狂热的口号式的报道。这样的新闻报道和评论除了能够吸引一些狂热的民族分子的拥趸外,并不能吸引多少人发自内心的关注和认同,反而让人嘲笑其不专业和不客观。

因此,用专业工具和方法对国际法治新闻事件进行分析,在叙述基本事件真相的基础上,用学理分析事件背后的事件,提供相对专业和公正的分析与意见,才是一个客观而公正的媒体的基本工作。回避新闻从业者的基本职业操守,过于沉迷民族狂热式的、口号式的新闻报道,只会适得其反,招人厌恶。

既要时效也要深度

对于国际新闻事件的报道,时效性固然是一个不能回避的话题,缺乏时效性的新闻事件本身的价值已经不是很大,尤其是在新闻价值上,更重要的是,作为新闻记者,及时报道新闻事件就是自己的基本职责。但是,如果仅仅满足于时效性,而没有专业和深度的分析,就会既让自己的报道滞后于新媒体,也可能会让自己的分析黯然失色。

所谓深度,就是要全面综述新闻事件的来龙去脉,要全面介绍事件的原委,在此基础上,要用专业方法和手段分析法治事件,从事件本身的缘由及其在法治发展上的启示入手,让读者认识更高层面上的缘由。由此,深入的、多学科的分析是必不可少的。

在纸媒衰落的国际共同情势下,绝大多数纸质媒体均在收缩战线,缩减版面,有的甚至关门倒闭。在这样的形势下,《经济学人》杂志却逆市上扬、一枝独秀,发展势头很猛。究其原因,很多传媒专家都认为,分析的深入和观点的独到是其取得成功的法宝。在媒体融合的时代背景下,媒体已经不是稀缺资源,而选题的视角和分析的深度则是考验一个媒体的独门秘籍。决定一个媒体能否在市场上生存下去的最核心的竞争力,就是其在选题上的独到性和在分析上的深入性。提供真正有价值的观点和意见、提供富有启示性的观点和信息,是决定一个媒体价值的核心力量。

因此,所谓研究性报道对于国际法治新闻事件的报道同样适用。没有研究报道的精神和方法,没有深入到底的研究精神和毅力,仅仅满足于提供浮光掠影、浅尝辄止的简单信息,这样的媒体与这样的新闻记者则是一个随时有可能被淘汰和替代的元素。

对于记者个人素质的要求同样如此。在媒体融合时代,掌握多样化的报道方式和工具,对于一个新闻记者来说非常关键,但更关键的则是掌握综合性的多学科知识以及全面的数据分析与统计分析技能,在某种程度上,这样的能力更为关键、更为核心。

我们看到,有不少国内的新闻院校,已经在开展新闻与法学、政治学、金融学等专业的联合培养。这样的尝试对于媒体融合时代新闻从业者的竞争力提升意义重大。单一的新闻技能培训已经滞后于变幻多端的社会形势对新闻从业者提出的严苛要求。新闻到底是不是一个需要专业技能和理论总结与提升的领域,至今还存在诸多争论,即使是我这个从事新闻工作十余年的老记者,也时常感觉,一个好的记者对新闻价值和新闻敏感的把握,并不会比一个科班出身的新闻专业学生差多少。新闻院校教育的价值到底在哪里,相信不少新闻专业的学生也心存疑虑。这样的现实,一方面不能不说是当前新闻专业扩招与专业课程设置与教育方式的失败,另一方面则是急速变化的社会形势已经远远超出新闻教育能够提供的能力范围。这不完全是教师和学校的责任,时代的变化太快,实在让学校的教育应接不暇。

因此,如何拯救当前的新闻专业教育、如何为社会提供能力匹配的新闻人才,是一个考验当前新闻教育的严峻课题。万变不离其宗,任何教育的核心都是提供有用的方法和良好的思维方式和能力,如果能够让学生培养起一种对新闻职业的热爱、一种对新闻事业的执着、一种对新闻在社会中责任的认知和认可,就是我们新闻教育的成功,也是当前新闻教育的出路。

在快速变化的社会中提供深入的客观的分析,提供权威性的可信赖的专业意见,这样的新闻就是当前新闻报道的价值。单纯的信息提供已经不是新闻媒体的专长所在,在这样万物皆媒、人人都有可能成为记者的时代,信息的提供与传播已经不是专业机构的特长。由于冗长的审稿流程和发稿程序,传统媒体在时效性上永远不是新媒体的对手。专业媒体的专长就是权威性和深入性,就是其在长期的新闻报道中积累与沉淀的公信力。失去这样的基础,专业媒体的价值就会黯然失色。

由此,呈现在这里的国际热点法治新闻事件的报道集中呈现了作者本人关于国际法治新闻事件报道的基本思路与方法,即在冷静的基础上对关联事件的全面客观深入分析,提供全面的权威性的意见,为国内的法治建设及司法体制改革提供基本的参照和佐证。所谓他山之石可以攻玉,其价值就在于此。没有参照价值的所谓报道,可能还比不上读者所在社区的水管破裂这样的新闻价值大。一言以蔽之,就是在尊重新闻规律的基础上,在新闻价值与实践价值之间取得最大公约数,这样的国际法治新闻报道就是我认为最有价值的报道。

国际编案例写作背景及思路

本书汇集的国际新闻报道主要分为两类,一类是对国际热点新闻事件或者国别热点问题的报道和分析,如关于美国的医改法案,关于索马里海盗的报道等;另一类是关于中国与其他国家之间政治经济交往过程中的纠纷的报道和分析,我们也放在这部分,从国际视野角度来观察此类问题。

这些新闻事件,都是当时世界的热点新闻事件,具有较高的社会关注度,如美国医改法案,如洛克比事件,有的因为国别的重要性而具有较高的关注度,有的则因为事件导致后来的连锁反应而具有巨大的影响力。这些选题,应当讲,符合上述所讲的重要性和关注度的基本要求。

当然,报道这些事件的更重要的原因,则在于这些新闻事件的法律分析,对于中国在相关领域的改革和发展具有一定的借鉴和启示意义。为了扬长避短,更为了报道的价值,我们必须在深度分析和观点的价值方面做出探索。由此,选题的相关性和分析的深度格外重要。

当然,国际新闻报道的客观性是不容忽视的一个重要准则。我们传统的国际新闻报道,过多地从自身角度出发,戴上有色眼镜,用我们的立场和价值观去观察其他国家的国民和事件。这样的观察,虽然有利于我们的理解和接受,但是却难以客观反映其他国家的实际,难免曲解甚至误解这些事件的真相。在一个网络媒体如此发达的时代,我们既然拥有接近国际新闻事件的便利,就没有理由再去断章取义。新闻报道的客观性和中立性是必不可少的。

而选题的广泛性也是值得注意的。法治作为一个宽泛的概念和领域,和社会生活的方方面面都有着不可分割的联系。建设法治国家、普及法治理念、提升法治水准,离不开对社会方方面面的观察和理解。法治是体现在人们的生活中的,因此,凡事皆可以从法治的角度得出自己的启示,也可以得出自己的感悟。将观察的视角局限在法律或司法的领域,则过于狭窄,也不利于法治理念的普及和法治国家的建设。

当然,研究性报道的思路仍然是基础。这一切必须建立在扎实的学理分析和论证基础上。虽然这样的语言风格和报道路径可能牺牲一定的可读性和生动性,但是,结论的扎实可靠可能更为重要。

网络法制在美国：人肉搜索、馒头血案、微软黑屏及其他

2008年的中国网络世界热闹非凡，新的网络用语层出不穷，从"雷""槑"等旧词的新用，到"打酱油""俯卧撑"等词汇被赋予新意，网络词汇以迅雷不及掩耳之势横扫网络，席卷各领域，以至于有媒体甚至推出2008年度《山寨版新汉语词典》，这些在带给人们乐趣的同时，也显示了网络给现实世界带来的巨大影响与冲击。与此同时，网络上一种新的搜索方式的盛行，也让人们见识到网络对人们生活的无孔不入的侵扰，给某些人些许裸露在公众面前的恐惧与惊慌，也给广大网民一种窥视别人、探知神秘的快感。而微软在2008年年中出台的对使用其盗版操作系统的电脑给予黑屏处理的做法则让不少人在体验网上冲浪的乐趣之际，对网络世界中强权的存在与网络暴力的温柔体现有了一种切身的体会。不过，尽管恐惧、愤怒、嫉恨等词汇伴随着近年来的网络发展，但这种痛并快乐着的生活却明白无疑地向人们诉说着：中国的网络世界真是风光无限好！

2008年出现的一系列网络事件，在让人们眼花缭乱之际，也将网络的规范发展问题抛给了社会大众，无序的社会是盲目的、失控的、颓废的，也必将在狂热中迷失自我、走向衰败与没落，网络社会同样如此。而且更因为网络世界的虚拟与模糊，这种规范与治理更加必要，当然也同样意味着高难度与高风险。作为一个发展仅十余年的新事物，网络在给社会带来巨大冲击、给人们的生活带来猛烈影响的同时，也在以它幼稚的面孔考验着公众与社会的耐心与智慧，

并伴随着公众的爱恨交织一起成长、一同悲欢。

那么,在网络滥觞的美国,他们是否也面临着同样的问题?他们的法制在以什么方式规制着这个庞大而令人不知所措的世界?这些问题的答案或许能让我们更好地了解网络,也或许可以促使我们的网络更好地发展。

网络世界是无穷的,同样,网络法制也是纷繁复杂的,加之美国独特的法律制度与浩繁精深的判例法体系,我们对其网络法制的解读只能依靠选取若干角度,从若干层面了解其全貌。管中或许难以窥全豹,但一叶也能知秋意,笔者将以中国近年来网络领域中出现的几个典型事件为折射点,通过政府、网络服务提供商、公众之间关系的全角度分析,了解网络技术发源地美国的网络法制,并以此为镜鉴,透视中国的网络发展,为其健康运转提供一些经验与参考。

网络世界:政府、网络服务提供商、公众之间的博弈

网络世界就是一个小型的社会,或者说就是人类社会的缩影。这个社会同样有着世态人情,有着人生百味,有着罪恶与惩罚,有着刀光与剑影。大体上来说,构成这个社会的主角是政府、网络服务提供商及社会公众。

政府在网上所起的作用主要是对网络进行有效的监管,对网络上的侵权行为提供司法救济,对不符合法律与道德的网络内容进行审查并删除,为网络的发展提供基础设施与运转的良好环境。作为一个监管者与参与者的角色,政府的职能是多样的、模糊的,过多地或者过少地介入都是不恰当的,如何保持监管的恰到好处、利益的适当平衡,是一个亟待探索的问题。而政府是直接以行政手段介入网络,还是以法律形式提供一种无形的界限与规则,也是各国正在探索的课题。

网络服务提供商在网络中扮演的角色是中介与基础的作用,他们通过提供网络技术与各种软件、硬件扩展网络传输的内容、提高网络传输的速度,推动网络的发展,通过赢得更大的访问量等形式来维持自己的生存与发展,并获取更高的利润。

公众则是这个网络社会的主体,他们既是网络内容的消费者,也是网上交易的参与者,既可以成为舆论主题的参与者,也可能成为网络舆论与网络监管

的对象与牺牲者。

在这张由三方构成的社会图景中,各方有着自己的利益取向与博弈路径。对政府来说,主要是通过网络监管实现自己的社会管理政策与道德价值引导取向;对于网络服务提供商来说,提供网络技术服务实现自身利润的最大增长是主要目标,利润的驱使在引诱越来越多的服务商投入这个社会以外,还带来网络技术的进步与网络世界的进一步发展;对于公众来说,获取信息与获得愉悦,是参与网络的主要目的。

在美国,网络技术的发展是比较成熟的,网络社会的三方有着明确的界限,职责分明,分工清楚,没有什么波澜起伏,也没有什么惊世骇案,这与其网络技术发展的历史较长有关,更与政府的较为有力的监管与网络法治的较为完善有关,当然更重要的还是在整个社会秩序井然的风气下,网络世界自发形成的良好的规则与秩序。从本质上讲,正是美国这种良好的、健全的、完善的网络法制清晰地界定着各方的职责,划分着各方的界限,明确着各方的权利义务,提供着任何一方越轨的惩罚措施与另一方的权利救济手段,由此,良好的网络秩序才能得以形成。正是这种严密健全的网络法制实现了三方之间的合理博弈,实现了三方之间权利义务的清晰明确,从而才能实现相对于中国网络世界的闹哄哄的情景而出现"这里黎明静悄悄"的网络世界。

那么,法制是如何在这三方之间实现平衡与协调的呢?

人肉搜索:谁在窥探你的隐私

"中国最有名的侦探机构中的私家侦探很少睡觉,他们一直在无情地追寻猎物,这让国际刑警组织都黯然失色,而且他们还是免费的。"这段刊载于2008年11月23日美国《洛杉矶时报》上的文章,对中国某项新出现的事物进行了震惊并略带戏谑的描写,在隔岸观火之余,仿佛有一种幸灾乐祸的快感。其实,这个很强很无情的事物就是2008年引起网络地震的"人肉搜索"。百度上对这项新事物给予的最新定义是:"这里所讲的'人肉搜索'是区别于机器搜索(即我们中国网民经常用的如百度、谷歌之类的搜索引擎)之外的另一种搜索信息方式……是利用现代信息科技,变传统的网络信息搜索为人找人、人问人、人碰人、人挤人、人挨人的关系型网络社区活动,变枯燥乏味的查询过程为'一人提问、八方回应,一石激起千层浪,一声呼唤惊醒万颗真心'的人性化搜索体验。"

由此可见,这是一项利用现代网络技术最大限度地搜索信息、探知他人详细情况的网络互动参与行动。从被人肉搜索的对象来看,一般都是公众人物或者是因为某些异常举动而成为"网络红人"的普通公民。人肉搜索的迅速流行与受到热捧,引发了公众的知情权与公众人物或普通公民的隐私权之间的矛盾与冲突。

在美国,人肉搜索也是一项较为新颖的事物,但是它的狂热程度不如中国。到目前为止,比较大的人肉搜索案也就是2008年时名不见经传的阿拉斯加州女州长萨拉·佩林在被美国共和党总统竞选人约翰·麦凯恩提名为自己的竞选伙伴后被网友们在网上挖掘到众多信息甚至包括她十几岁时参加选美时的"裸照"等屈指可数的几个例子。

那么,对于具有高度同质性的网络世界而言,为什么人肉搜索在中美两国遇到了冰火两重天的境遇呢?这与美国的法制对知情权与隐私权的清晰界定有着重要的关系。

首先,美国对于公民的隐私权有着较为完善的法律保护。隐私权的概念首先出现在塞缪尔·沃伦和路易斯·布兰代斯于1890年12月在《哈佛法律评论》上发表的《隐私权》一文中。这篇论文成为日后法院判决以及学说论文探讨隐私权的起点。随后随着社会的发展与人们公共生活的扩展以及技术的发展,隐私权保护的需求日益提升。因此,越来越多的法律被制定出来,诸如1970年的《公平信用报告法》、1974年的《隐私法》、1980年的《隐私保护法》、1986年的《电子通讯隐私法》、1991年的《电话消费者保护法》以及近年来的《金融隐私权法》《政府电子邮件与公务记录法》等,形成一张保护公民个人隐私权的严密的天网。相比较而言,我国在这方面的立法几近空白,形成鲜明的对照。

其次,对于公众人物尤其是政府官员,公众有着较为广泛的知情权。在这方面,主要牵涉到公众人物的范围。上面提到的《哈佛法律评论》上的《隐私权》一文指出,隐私权的目的在于在"私人的"和"公共的"两种领域间作出明显的区隔,使个人在"私人的"领域中享有高度的自主。1967年,美国联邦最高法院在"柯蒂斯出版公司诉巴茨案"与"联合公司诉沃克案"中提出"公众人物"概念,并且在其后的一系列判例中逐渐确立了公众人物隐私权的反向倾斜保护规则,实际上也就在隐私权制度的整体框架中确立了特别保护公众人物隐私权的法律制度。

在美国司法实践中,公众人物的一个基本特征就是必须对社会意见的形成、社会成员的言行有重大影响力。至于这种影响力的来源、作用领域则可能是比较广泛的。相应地,对公众人物的认识也有广义和狭义之分。狭义的观点认为公众人物是指"相当级别的国家公务员",把影视明星、体育明星等排除在外;广义的观点则认为公众人物是指在一定范围内被大众所熟悉和关注的人物,包括政治人物、演艺人员、体育明星、企业主等。总的来说,广义的公众人物概念更有可采之处,也就是说,公众人物主要包括政府官员、艺术家、影视明星、体育明星、社会活动家等与公共利益密切相关,对社会公众有重要影响力的人。公共官员和其他公众人物在产生方式、身份地位、对社会的影响力以及隐私权倾斜保护的原理等方面有诸多不同,但本质上都是经常出现在公众视野中,较一般人更为积极地参与公共事务,更加深入地介入公共领域,在社会生活中被广大社会成员所广泛知晓和瞩目的人。

就公共官员而言,能够成为公众人物的不仅包括现任公共官员,还应该包括政治候选人;公共官员也不仅仅是指政府高级官员、国家公务员,还包括一切参与公共职能、与公共利益密切相关的人员,比如党群机关工作人员、国有经营管理者、公益事业工作人员等。当然,并非所有的公职人员都能成为公众人物。对一个公共官员能否成为公众人物的认定主要有两个标准:第一是他的职务涉及公共利益,而不论级别高低;第二是他所涉及的事实直接会引起大众的关切,对公共利益也有直接的影响。

就其他公众人物而言,成为公众人物的主要包括娱乐界、教育界、企业界等各种行业、各种领域的"明星"。他们从事的事业与活动往往与社会公共生活相关,并成为社会公共生活的一部分,容易成为公众关注的热点。

明确了公众人物的范围后,就可以明确公众人物的哪些信息可以且应当向公众公开,明确这些信息的范围,既便于对这些公众人物进行监督,也是这些公众人物承担的社会责任之一。法律的明确是避免这些人物成为人肉搜索对象并避免信息被滥用的首要条件。

再次,对于政府官员的监督的法律体系是较为全面的,媒体的监督也是较为客观自由的。健全的政府信息公开制度使得民众监督官员变得比较简便,而良好的健全的新闻法制在一定程度上使得媒体的监督发挥了积极的作用,在此情况下,人肉搜索并没有多大的市场空间。

最后,美国侵权法制较为完善,责任分担明确,因而民众的法制意识也比较强。具有高守法意识的高素质网民是避免"网络暴力"泛滥的保障,也是保证人肉搜索不致走上歧途的民众基础。

正是这种种原因,一方面使得人肉搜索的所谓公共价值在美国社会没有多少存在的空间,另一方面,网络作为媒体的一种载体或者某种意义上的一种新的媒介传播方式,规范意义上的或者法律范围内的界限清晰的信息知情与公布均是合法的,是得到社会认可与法律承认的。对于普通公民来说,由于信用社会对个人信息公开的需要,也由于道德失控情况下社会监督的必要,一定范围内的信息公开是需要的;对于公众人物,在享受较大的知名度与收益的同时,也承担着公开自己必要信息的义务。在合理的范围内,这些都是法律所允许与肯定的。问题的关键就在于,是否有健全的法律在背后进行着无形的约束,维持着公众知情与个人隐私之间微妙的平衡,使得各方能够相安无事、和平相处。

馒头血案:欢愉下的理性

2005年岁末,一段改编自陈凯歌电影新作《无极》的小短片《一个馒头引发的血案》在网络上受到追捧,并使得馒头血案成为2006年网络上最引人关注的热点问题之一。事情的起因在于2005年陈凯歌的电影《无极》推出以后,因其拍摄理念、表达手法、剧情内容等与观众的预期相差较大,在网上引发了轩然大波与口诛笔伐。一名武汉的小伙子胡某在网上推出了一段改编自《无极》的幽默短片,并以其幽默的解构手法与风趣的表达形式而在网络上迅速走红。随后,陈凯歌向法院提起了诉讼,状告胡某侵犯其电影的著作权,但最后在众说纷纭的争吵中不了了之。在此之后,各种网络恶搞作品层出不穷,并由此引发对网络上如何保护作品版权与是否允许这类恶搞作品存在的讨论。

在大众娱乐非常发达的美国,各种模仿秀、模仿电影、模仿音乐等不断涌现,那么他们对类似事件是如何处理的呢?他们对网上著作权是如何进行保护的?

　　对网上是否允许各种恶搞类作品存在的争论集中在版权法中的合理使用制度上。美国是版权法中合理使用制度最全面的国家,并对我国著作权法的制定与修改起到了积极的借鉴作用。美国第一部版权法制定于1790年,最近几年陆续出台了《数字版权法》(1998年)与《家庭娱乐和版权法》(2005年)等法律,从而构成紧扣社会进步与技术发展的综合性的版权保护体系。合理使用制度是美国版权法中较为详细的部分,判断是否合理使用要综合考虑作品的使用目的和使用性质、作品的性质与类型、使用的部分是否被使用作品的核心部分、使用的后果对作品的商业前景是否产生不良影响、使用的过程是否对作品进行了歪曲并影响到作品的核心内容等,诸如对作品进行合理的评论、为学术研究目的而引用、为新闻报道而利用等行为均不构成侵权。在司法实践中,具体到对作品进行模仿、批评、讽刺等方面,如果不是以商业为目的,在实际中没有使公众对作品产生厌恶、憎恨等极其负面的影响,一般不视为侵权。

　　在实践中,作为一个大众娱乐极为发达的国家,美国网络世界中并没有发生类似中国馒头血案这样引起极大轰动、导致版权所有者与公众之间互生对立情绪的案件,主要在于美国的版权法对于民众对版权的合理使用有着明确的界定与划分,而政府与美国娱乐产业的权利所有者们也认识到,正是这种不逾越法律与道德界限的恶搞才是创作灵感的来源之一。扼杀这种网络解构主义行为、在公众的评论与自己的作品之间构筑一道墙壁,或许能够避免对自己作品的些许歪曲与误读,但最终的结果则会在版权的拥有者与大众之间掘起一条鸿沟,阻碍了创作者与公众之间的交流,其最终结果也就是阻碍了作品再创作的灵感与素材。而在法律框架下的合理使用与一定程度的恶搞,其实是对作品一定程度的再创作,这是建立在对作品的一定程度的肯定与接受的基础之上的,失去了这种互动,也就失去了观众对作品的关注与肯定,并最终失去观众。

　　公众的参与、评论甚至批评,在很大程度上是作者下一次创作的源泉或动力。正是公众的热情参与以及他们对作品的积极回应,促成了美国大众娱乐产业的繁荣。或许正是基于这一点,美国版权法对合理使用制度进行了较为宽泛的定义,为大众对作品的使用提供了巨大的空间。而这种合理使用的空间也在很大程度上促进了创作者的积极性,促使优秀作品不断涌现。

当然,在允许公众对作品进行范围宽泛的合理使用之外,美国版权法对作品的版权同样给予了很大程度的保护。1998年,美国国会通过了《索尼·博诺版权期限延长法》,对大多数作品的版权保护期限进行了延长,进一步加大对作者权利的保护。另外,随着网络技术的发展,美国版权法保护的对象也在不断扩大。由此可见,在网络技术条件下,版权所有者与使用者各自的权利都得到了扩展。这一方面得益于作品传播媒介的创新与新的传播手段的巨大优势,另一方面则是网络技术的发展使得版权的创作与更新变得更加快捷、作品的消费与使用也变得更加"快餐化""娱乐化",如果不对版权进行及时的更新,不对作品的保护模式与使用模式进行更新并放宽界限,就会在很大程度上扼杀公众灵感的快速产生,那个时候,网络就会呈现为一个缺乏思想与灵性的空荡荡的"代码"世界。

从某种意义上说,美国版权法在很大程度上实现了版权与大众娱乐之间的协调与平衡,在版权所有者的利益与公众的版权消费之间实现了良性的平衡,既丰富了网络空间的"全民创作",也促成了版权拥有者丰富创作的肥沃土壤,为文化产业的繁荣提供了巨大的推动力量。

微软黑屏:风雨中前行

"你黑屏了吗?"

这是一句2008年的网络流行语,源自2008年10月20日微软公司的一项行为,这天,微软宣布它将在华推出 XP 系统和 Office 软件正版验证,即 Windows 正版增值计划通知和 Office 正版增值计划通知。盗版 XP 专业版用户的桌面背景每隔1小时将被刷成纯黑色,盗版 Office 用户软件上将被永久添加视觉标记。

微软此举在国内引起了极大的反响与如潮的批判。而微软解释,这实在是无奈之下的被迫之举,是微软公司应对日益猖獗的盗版行为的警示行为,而且此举仅限提示,并不伤害用户电脑的安全与信息。

抛开微软公司此举是否合法、是否合理的讨论,我们可以看到,微软的举动反映了网络发展过程中网络服务提供商与用户之间利益的冲突,网络服务供应商力图获取最大化的利益,而网络使用者则力图以最低廉的价格获取这些服务,由此产生双方之间的矛盾与冲突。

那么,在标榜作为全球打击盗版最有力的美国本土,他们遇到了类似的情况吗?

2008年5月,美国商业软件联盟公布的一份报告显示,2007年全球盗版软件的使用率为38%,美国的使用最低,但也有20%的比率,也就是说,在美国本土,盗版软件的使用也是一种较为普遍的现象,美国也没有做到完全消灭盗版行为。这种现象一方面与正版软件的高额使用费有关,另一方面也与盗版软件在网络上的易获取性有关。谁会拒绝一份免费而可口的午餐呢?

不过相对于其他国家而言,美国盗版软件的使用率是最低的,在盗版软件极其容易获得且成本极低的情况下能够维持这样低的使用率,是一件不容易的事情。他们是如何做到的呢?

首先,美国版权法以及其他一些法律及众多的判例对软件提供了严密的法律保护网。早在1980年12月,美国就修订了版权法,正式把计算机程序列入版权法保护的范围,从而结束了美国法院有关计算机程序是否属于版权法客体的争论。经过几十年的发展,美国已经形成一整套软件保护的法律规则与判例体系,为打击盗版软件提供了基本前提。

其次,强有力的执法机构是重要保障。在美国,联邦调查局和警察机构是美国打击有组织盗版犯罪的主要机构。他们配备有充足的人力与物力,通过先进的设备、高效的执法体系保证了对盗版行为的有力打击。

再次,较重的处罚力度有效地遏制了犯罪分子的作案动机。美国对盗版软件行为给予了较重的定罪量刑,实施较重的处罚,这对犯罪分子能够起到较明显的威慑作用,有效地制止了盗版行为的蔓延。

最后,美国政府的法制在一定程度上实现了网络服务提供商与用户之间的平衡,兼顾了二者的利益。对网络服务提供商的利益与创新动力进行必要的激励,促进网络技术的进一步发展,是社会发展与进步的需要,也是国家创新系统的重要组成部分之一,不能因为限制网络服务提供商的创新模式以及营运模式而导致对企业创新动力的压制。网络媒介的最大优势之一就是提供了技术交流与创新的无限平台,从美国近年来技术发展的过程可以看出,网络在技术创新与突破中发挥着不可替代的作用。从某种意义上说,美国已经是一个建立在网络之上、严重依赖网络甚至是被网络"劫持"的社会,网络已经成为这个国家民众生活不可分割的一部分。今天,几乎每一个美国人都不可想象一个没有网络的生活。网络是技术驱动型的社会,没有技术的持续发展与可靠支持,就会给人们的生活带来极大的不便,因而,如何在限制网络服务提供商滥用支配权利和垄断地位与保护企业利益、鼓励企业技术创新之间取得一定的平衡,是各国网络法制必须面对的棘手问题。利益的兼顾与平衡需要多种机制的保障,尤其是法律机制的保障。我们可以看到,对于网络服务提供商的权利义务,既有版权法、商业秘密保护法、专利法等进行保护,也有反垄断法、反不正当竞争法等进行限制;对于网络用户的权利义务,既有版权法中的合理使用制度的保护,也有版权法中对侵犯版权行为的制裁与限制。可以说,正是这套体系完整的法律体系的存在,保证了双方利益的均衡与协调,也最终避免了网络盗版现象的肆虐与猖狂,并在很大程度上促进了网络技术的进一步发展,为用户提供了更好的服务。这二者利益的协调与平衡,网络法制功不可没。

当然,针对微软垄断市场及滥用市场支配地位的指责一直不绝于耳,针对微软在销售中及在版权保护中出现的种种过于严厉的手段,批评之声不断,法律行动也屡见不鲜。在某种程度上,这与微软在软件开发领域面临的激烈竞争有关,也与其在全球市场中遭受的频繁盗版密不可分。法制只能提供一定程度的保护,微软的自我维权也实在是恶劣环境下的无奈之举。法制在保护与收益之间取得平衡何其难也。或许争论永远也不会终止,或许黑屏只是一种饮鸩止渴之举,但是发展是不会停止的。这样看来,微软们只能在风雨中前行了。

和谐网络:路在何方

由此可见,网络的良好发展离不开对社会公众、网络服务提供商、政府等各方利益的平衡,也离不开发达国家与发展中国家之间利益的平衡与妥协。因而,建设和谐网络的问题就自然落在国内与国际网络法制领域的完善与协调上。

通过若干方面的透视与梳理,我们对美国的网络法制有了一个框架性的认识。在美国的网络法制体系中,各方有着明确的定位,权利义务关系有着清晰的界定,正是这种清晰明确的法律确保了网络世界的井然秩序。

对于网络用户来说,在获取娱乐与信息的同时要承担一定的自律义务,这种自律意识的形成是美国长久以来法制发展的结果。正是这种良好的法律意识、自觉的守法意识,保证了瞬息万变、变幻莫测的网络世界有了一种较为清晰的发展界限与媒介自律。没有一批具有较高素质的网民,没有存在于公众心中自觉的自律与道德界限,任何网络监管都会流于形式,任何网络法制都会顾此失彼。正是这存在于无数网络终端的芸芸众生维护着这片共同的家园,经营着这块繁杂的领域,使其在提供更多便利的同时健康地发展。

对网络服务提供商来说,作为拥有一定垄断地位的主体,他们承担的责任主要是不要利用其地位进行垄断而获取超越公众接受范围的高额利润,不要利用其对信息的一定程度的垄断来进行虚假信息的传播以达到其自身的其他目的,不要对公众的合理的娱乐与使用进行过多的干涉,同时,对不符合国家法律法规、政策以及道德习俗的网络内容要进行必要的整理与过滤。良好的社会责任感是网络技术持续发展的保证,也是商业利益得以保持的基础。

现阶段中国政府展开的清除网络淫秽色情内容的活动,正说明了在利益最大化冲动的驱使下,网络技术与内容提供商不负责任的行为对社会产生的不良影响。不负责任的网络服务提供商,会对社会产生各种消极的甚至负面的影响,反过来也会限制自己的进一步发展,导致其在网络世界中自取其辱、无法容身。

对于政府来说,要坚守自己作为一个居中裁判者与居上监管者的职责与地位,要在另外几方的利益之间取得一定的协调与平衡,力求在网络的创新和发展与公众的娱乐及利益之间取得双赢。

健全完善动态的法制是网络健康良性发展的必要条件。网络世界是一个界限模糊、监管困难、发展迅速、主体众多的动态的社会,如果没有完善的法制与有效的监管手段和方式,将会成为社会动荡不安的重要因素之一,也将给网络的进一步发展与人们的生活带来极大的不便。因此,政府的职责至关重要。

法制固然有自己的缺陷,在规制网络社会方面具有自己的局限性,具有一定的滞后性与盲目性,也有一些网络问题是法制难以解决的。在这种情况下,良好的法制意识对有序的网络秩序的形成就具有极为重要的意义。任何法制都必须通过人来实行,也必须通过人来遵守,因而,健全的法律只是良好的网络法制形成的必要条件和首要条件,而自觉的良好的法制意识则是网络法制形成的基础,没有强有力的威慑机制,没有公众通过长时期熏陶自觉形成的守法意识与尊法意识,网上的违法违规行为就难以得到有效治理,因此,重视法制意识的培养是非常必要的措施,也是网络法制得以有效实施的保障。

网络的发展情况与网络法制的发展情况是一个国家整体法制发展程度的集中体现。相对于美国网络发展的沉稳与有序,我们的网络发展则异象纷呈,这与我们的网络发展时间不长、网络法制及其他法制状况尚不完善有着不可分割的关系,作为在很大程度上游离于政府有效监管之外的网络,它的健康发展直接关系着社会的稳定与进步。因此,在鼓励网络技术创新并鼓励网络媒介的发展之余,我们绝不能忽视网络法制的发展与健全。网络法制建设,刻不容缓。

结 语

网络是没有边界的,网络的发展是人们现有的知识难以预测并完全控制的,因此,任何网络法制都只能在一定程度上满足网络空间各方利益的保护与平衡所需。作为一个后起国家,我们在网络技术的进步、网络使用的普及、网络制度的规范等方面都得到了长足的发展,已经成为世界上拥有网民最多的国家。但是,毕竟我们发展的历史并不长,在许多方面还有不少有待完善与改进的地方,并且网络世界作为现实世界的映射与体现,其发展与规范在很大程度上是现实世界法治发展与完善程度的体现。作为一个发展中国家,作为一个转型国家,作为一个非均衡发展的国家,我们在经济社会发展方面还有很多欠缺。因此,建立在现实政治经济基础上的网络世界的发展必然带有这个社会的深刻烙印,并且直接折射出现实社会的方方面面。因此,正如我们建成现代化社会还有很长一段路程要走一样,在网络法制方面,我们还有很远的路要走。笔者对美国网络法制一些侧面所作的评析,或许能够起到一定的借鉴作用。

(本文原载《中国审判》2009 年第 3 期)

争锋汇率：中美汇率之争溯源

汇率问题，成为牵动中美关系神经的焦点之一。

2010年3月24日，美国众议员筹款委员会举行听证会，就人民币币值是否被低估进行听证，这是自参议员舒默联合百余位议员抛出要求人民币升值的"舒默议案"之后，美国决策当局就是否迫使中国使人民币升值而采取的又一举措，而美国政学各界希望政府向中国施压以要求人民币升值的呼声更是甚嚣尘上。

汇率问题，是自美国总统奥巴马上台以来，继西藏问题、台湾军售问题、人权问题等之后又出现的一个新的尖锐问题，并随着中美政治经济交往的进程逐步升温，成为影响中美之间关系健康发展的又一个障碍。那么，汇率问题为什么会成为中美之间争议的焦点？解决中美汇率之争的首要问题就在于寻找这一现象产生的根源。

国际金融法律秩序成为国际经济法律秩序的核心

金融是现代市场经济的中心，金融是一切经济活动的媒介与核心，按照经济学的基本原理，金融市场的发达程度决定了一个国家的经济发展程度。对于各国的经济竞争来说，金融市场的发展水平与金融监管能力是最重要的指标之一。

金融也是现代国家之间联系与交往的中间环节之一，作为资金融通的媒介，也作为经济发展的核心环节，国际金融交往是国家之间经济交往的媒介与基础,国际贸易、国际投资、国际税收等经济活动均是以金融活动为基础进行的。因此,国际金融秩序日益成为国际经济秩序的基础环节。

国际经济法律秩序是国际法律秩序的重要组成部分之一,而国际金融法律秩序则是国际经济法律秩序的重要部分。战后形成的国际经济秩序多是以国际投资与国际贸易为中心的,相关国际法律文件也是围绕国际投资与国际贸易方面的国际组织形成的。但近年来,随着金融日益成为现代经济的核心,国际金融法律秩序也逐渐成为国际法律秩序的核心与关注焦点之一,越来越成为各国关注的焦点话题,汇率等金融工具与金融政策于是逐渐成为各国角力的媒介,此次汇率之争正是突出反映。

现代社会中,金融竞争力已经是一个国家竞争力的直接体现。在一定程度上,掌握了全球金融的主动权与话语权,就掌握了全球经济的命脉,就能够在国家之间的竞争中处于优势地位,因此,不仅各国日益重视对自身金融经济的培育与发展,金融工具也日益成为各国外交政策的工具之一。利用金融工具进行国际经济交往,是现代国家参与国际经济活动、争取有利于自身经济发展的国际环境的途径之一。金融主权在国家主权中的地位迅速上升,并成为国家争夺全球经济主导权的重要领域。

因此,作为国家之间货币兑换基本比率的汇率,越来越受到各国的重视,并成为国家在国际经济交往中经常运用的政策工具之一。

中美在国际金融法律秩序中的不均衡地位

在当今世界各国中,美国无可争议地处于金融市场发展的第一阵营:美国拥有最大的经济总量,美元是到目前为止"唯一的全球通用货币",美国有最发达的金融机构与金融市场以及最完善的金融监管体系,美国在世界银行及国际货币基金组织等国际金融组织中拥有无可撼动的话语权,美国对国际金融秩序的走向具有非常大的决定作用。

与此形成鲜明反差的是,中国金融市场的发展水平较低,金融机构发展并不完善,金融经济发展很不成熟,自身金融监管水平较低,国际化程度也较差。可以说,在这个时候,我们如果完全放开国内的金融市场,只会在更大程度上导致经济的崩溃与国际经济的进一步失衡。因此,中国采取谨慎的有控制的汇率政策是对国际社会负责任的行为,而完全放开汇率,只会恶化本就糟糕的世界经济。

从国际金融法律秩序形成的基础来看,中美之间的地位差别显而易见。作为最重要的国际金融组织之一,国际货币基金组织(IMF)建立的目的就是为了帮助国家解决国际收支失衡的问题,IMF 的组织与决策机制在第二次世界大战之后的一段时间内运作尚可,但是几十年过去了,这个国际组织还实行着当年以美国为主推行的以缴资多寡为基础的加权表决制度,由此造成美国等发达国家在各项决策中一直享有远远超出其他国家的决策权,组织的代表性与透明度、民主性越来越差,甚至在某些方面加剧了国际金融法律秩序的失衡。例如在 1997 年亚洲金融危机发生之后,IMF 在许多问题的处理上就存在不当的地方,暴露出众多弊端。

可以说,美国在现行的国际金融法律秩序中拥有决定性的话语权,对国际金融法律秩序的形成与走向能够产生直接的决定作用,美国的金融监管政策、方向、能力以及偏向直接影响着世界经济的发展与世界经济秩序的走向。这种以美国为主导的世界金融法律秩序一直是非均衡发展的世界经济的根源之一,并且不断地加剧着这种非均衡发展的趋势。对中国来说,由于在国际金融组织中的话语权较小,一旦美国将中国列为"汇率操纵国",或者将中国的汇率问题提上 IMF 讨论,或者联合欧盟以及其他国家向中国施压,中国就将处于非常被动的局面。

只有实力对等,才能够有平等的对话权,才能够争取对自己有利的发展环境,不然就有可能在国际竞争与博弈中处于被动地位。中美两国在国际金融法律秩序中的不均衡地位,是美国频频以汇率为由对中国发难的直接原因之一。

国际经济法律秩序的保护主义趋向

中美汇率之争也是近年来国际保护主义盛行的另一体现。在中国国际经济地位持续上升、美国在国际经济版图中的影响日益缩小并且深受国际金融危机影响的情况下,中美之间的经济冲突不可避免。在金融危机余波未平的情况下,发达国家难免会出现强烈的反全球化或者逆全球化的行动与政策取向。

在金融危机的侵袭下,国家利益至上的思想盛行,保护主义倾向加剧。从某种程度上讲,国家利益至上的政策导向是国际经济争端的最根本原因。金融危机爆发之后,西方一些大国在国家利益至上的原则下,无视国际法基本原则,漠视他国利益,肆意践踏国际法律秩序,或者无视自己应当承担的国际义务与责任,逃避对自己不利的法律约束,由此导致国际经济争端频繁发生。

另一方面,各国经济管制加强。为应对危机,不少发达国家在检讨自身政策失误的同时,加强了对经济领域的监管,经济自由主义在一定程度上得到收缩,保护主义卷土重来,由此带来国家在对外经济领域的管制加强。此次美国提出的中国汇率问题,可以在一定程度上看做是美国进行国际贸易保护的一种新手段。中国对美国巨大的贸易顺差已经引起美国社会各界的强烈关注,中国巨大的制造业能力也使美国政界颇为警惕,由此,许多美国人认为,通过施压使人民币升值,能够在一定程度上降低美国对中国的巨额逆差,同时缓解美国高企的失业率。

美国拿中国汇率问题大做文章,也是其长期奉行的单边主义外交路线的集中体现。现代国际冲突已经不是简单的利益之争,而是掺杂了过多的政治、经济、文化等诉求。从某种程度上讲,国际法就是国家实现其自身利益诉求、国际社会实现某种程度的制约与平衡的一种国际治理机制。但是,就目前来看,美国依然是国际秩序的制定者与主导者,其在国际法上的单边主义倾向十分明显。一切以自身利益为出发点,无视其他国家的发展国情,无视国际环境的改变,无视其他国家的利益诉求,极力推行自己的发展模式与价值理念,甚至在必要的时候直接对别国的内政指手画脚。在面临"美国世纪的终结"的时候,美国对内对外政策依旧不改,并成为一系列国际问题的始作俑者。

汇率之争是美国由于国际金融危机的冲击、国内发展的不顺利导致失业率上升、企业破产成风等一系列问题相继产生后,为摆脱自身发展的问题,消除自己对中国庞大的国际贸易逆差与债务风险而采取的保护主义经济政策。如果中美之间贸易逆差不变,那么,汇率之争只会进一步恶化。

美国国内政治斗争的转移

中美汇率之争,在某种程度上也是美国国内政治角力的直接产物。在金融危机的影响下,美国面临严峻的就业压力,失业率已经逼近10%,接近国民的承受底线,因此,借迫使人民币升值转移国内矛盾视线,对美国政界不失为一个明智的选择。

另一方面,美国在医改问题上凸显的全民"裂痕",亟待一个新的议题凝聚共识。奥巴马自上任以来力推的全民医改法案,遭到来自共和党与中产阶级的极力反对,国内矛盾重重,虽然最终法案在近期获得通过,但是由此带来的全民意见分歧并没有得到弥合,反而进一步加剧。在这种情况下,挑起中美汇率之争,不失为凝聚社会各界共识的妙招之一。

联系美国社会各界近年来盛行的"中国威胁"等言论,这种将国际问题国内化或者将国内问题国际化的做法,其实并不新鲜,而我们需要的则是对这种手法保持冷静的头脑。

中美汇率之争的前景还不好预测,但是,只要了解美国对中国提起汇率之争的原因,我们就能够对症下药,未雨绸缪,做好充分的准备。对我们来说,加快自身金融产业的发展,提升自身金融监管的水平,联合其他国家改变国际金融组织中不合理的组织与决策机制,建立有利于发展中国家的国际金融法律秩序,坚持自己的立场,阐明自己的主张,亮明自己的优势,我们就能够在这场汇率"战争"中知己知彼,争取对自身最有利的国际环境以及与自己经济实力相称的国际地位和话语权,为国家经济的发展提供有利的外部环境。

(本文原载《法制日报》2010年4月20日)

以色列袭船事件：国际法视角的分析

2010年5月31日，以色列军队袭击了一艘向加沙地带运送国际人道主义援助物资的土耳其商船，造成至少9人死亡。联合国安理会在经过长时间磋商后，于6月1日凌晨发表一项主席声明，对以色列此举深表遗憾。

然而，紧接着，6月5日，以色列军方再次登临检查、扣留并最终驱逐另一艘国际人道主义援助船只。6月6日，以色列总理明确表示拒绝联合国秘书长潘基文就袭击国际救援船队事件提出的调查方案。事态没有丝毫缓和的趋向。

针对此事，各方各执一词，因此，事实的真相现在还难以全部揭示，但是，就目前各方承认的事实来看，以色列的行为已经在一定程度上触犯了国际法的基本原则与规范。

袭船事件背景

以军袭船事件发生的大背景是巴以持续对峙的僵局和以色列对加沙地带不间断的严密封锁。

加沙地带是位于以色列以西地中海沿岸的一个狭长地区。由于其独特的地理位置，加沙地带一直是巴以双方争夺的焦点地区，并长期成为以色列进行封锁的重点区域。

2007年6月，哈马斯与巴勒斯坦民族解放运动（法塔赫）在加沙地带发生冲突，哈马斯夺取了加沙地带控制权。自哈马斯全面控制加沙地带后，以色列关闭了加沙地带通往外界的关口。以色列的封锁造成加沙地带生活用品极度短缺,民众生活十分艰难。2008年12月26日,以色列向加沙地区发动了代号为"铸铅行动"的作战计划,造成至少1414名巴勒斯坦人死亡,5500人受伤。巴民族权力机构主席阿巴斯将当下的加沙地带形容为一所巨大的"监狱"。

由于担心哈马斯利用建筑材料构建军事设施,以色列禁止任何钢筋、水泥等物资进入加沙地带,即使联合国也无法将建筑材料运入。但是,这种封锁并没有收到明显的成效,反而使得以色列的行为在国际上饱受争议。此次袭船事件就是在这样的背景下发生的。

对国际法的漠视与挑衅

袭船事件发生后,以方与援助团队各执一词。以色列副外长丹尼尔·阿亚隆认为这是一次"有预谋"的"挑衅",组织者与"基地"组织和哈马斯有联系,而人道主义援助物资运输团队则认为此事件完全是以色列的挑衅。

尽管目前看来,袭船的缘由及救援船队的真相还难以完全昭示于世人,但是仅就目前发生的大规模伤亡事件而言,以色列袭船事件绝不是一个孤立的事件,它是以色列与巴勒斯坦民族解放组织长期对峙与冲突过程中的一部分而已。从目前各方披露出来的情况来看,以色列的行为在很多方面已经违反了国际法的基本原则,或者说以色列在国家安全的旗帜下公然挑衅国际法的基本原则。

首先,以色列对加沙地带长期的严密封锁对平民的生活造成极大不便,这种将平民的生活与生命作为战争牺牲品的行径,是对人权的极大漠视。国际人权法的各种文件均承认生存权、健康权、适当的生存标准(包括食物、衣物、住所、医疗保健)权利、免受饥饿的权利等,并且规定了缔约国为实现这些权利而工作的义务。应当讲,以方在采取封锁措施时应当考虑到这些权利,且不应当采取剥夺平民这些权利的手段。然而,现实情况远非如此。据不完全统计,150万人口的加沙地带目前有70%以上的居民生活在贫困线以下,一半以上的耕田荒废,失业率高达45%,80%的居民生活只能靠联合国的救济维持,人均收入从10年前的2500美元降到2009年的600美元。加沙地带的人权状况令世人担忧。

其次，根据国际法的基本原则，国际武装冲突法也适用于巴勒斯坦民族权力机构这样的民族解放组织。以色列对加沙地带的封锁与对平民袭击造成的大量伤亡，是对1949年日内瓦第四公约，即《关于战时保护平民的日内瓦公约》的公开违反，是对禁止使用武力的国际强行法的公然挑衅。虽然以色列与巴勒斯坦民族权力机构并没有签订和平协定，处于实际上的冲突与交战状态，但是，对无辜平民大量使用武力已经构成对国家权力的滥用，不仅违反了现有的普遍的习惯法规则，也为现有的国际条约所不容。2009年，联合国1860号决议就针对巴以冲突谴责一切针对平民的暴力和敌对行为以及一切恐怖主义行为，并呼吁成员国支持缓解加沙人道主义和经济困境的国际努力，为在加沙维持可持久的停火和平静提供安排和保证。但此决议并没有得到有效贯彻实施。

再次，以色列在公海上袭击商船，是对联合国《海洋法公约》的公开违反。人道主义援助商船人员回忆，以色列士兵在暗夜中突降客轮，一落到甲板上就开始向熟睡中的志愿者开枪，事件发生在距离以色列海岸大约120公里的公海海域，并没有进入以色列的领海。根据1982年《海洋法公约》第110条关于各国军舰在公海上对有合理根据被认为犯有国际罪行或有其他违反国际法行为嫌疑的商船履行登临权的规定，在截至目前此事件披露出来的情况看，土耳其的人道主义援助船只并没有《海洋法公约》中规定的不法行径，因此，以色列强行登临检查的行为显然是违反国际法基本规范的。

另外，以色列此举是对国际人道主义援助的国际法地位的公然挑衅。从以色列截获商船上所运载的物资来看，基本上都是食品、药品和建筑材料，并没有能够对加沙地带的军事现状构成威胁的杀伤性武器，也没有其他明显的证据表明此船只拥有这样的企图。根据国际人道法的基本精神，在双方处于交战状态时，平民有权利获得人道主义援助。冲突各方和其他各国、各组织对所有救援物资、设备和人员，应准许和便利其通过。尽管遇袭船只的组织者土耳其人道主义救援基金会（IHH）被认为是巴勒斯坦哈马斯的支持者，但是就这次船只的援助目的来看，其仅仅在于提供人道主义援助，缓解加沙地带目前急剧下降的居民生活水准，保证加沙居民基本的生活条件，并没有任何战争目的。因此，以色列违背正常的检查途径与程序，强行对人道主义援助船只进行检查的行为是欠妥当的。

最后，以色列对遇袭船只上平民的袭击，违反了国际强行法的基本精神。从国际救援船队的装备与物资来看，并没有能够对以色列构成重大威胁的武器及装备，在双方的对峙中，国际救援船队也没有首先使用武力，没有对以军构成现实威胁，因此，以色列首先使用武器是超出其合理范围的，造成的巨大伤亡也是难以为国际社会所接受的。不能无区别地打击军事目标和平民或民用财产，是日内瓦系列公约的基本原则，以色列的行为显然已经构成对这些公约的违反。

就目前来看，各方对此次袭船事件的原委还存在诸多争议，但是，以色列贸然袭击运载人道主义援助物资的行为还是在许多方面违背了国际法的基本原则与规范，在国际上已经造成了较大的震动。我们期待事实真相的水落石出，也期待巴以和谈的重新展开与中东和平的最终到来。

(本文原载《法制日报》2010 年 6 月 29 日)

我拿什么拯救你,"猪流感"?

——人类之病与法律之病

祸不单行。

一场世界性的危机尚在肆虐,另一场危机即以铺天盖地之势席卷而来。

2009年4月,就在世界各国尚在为应付世界性的金融危机焦头烂额的时候,一场发源于墨西哥的流感揪紧了世界各国人民的神经。

随后,尽管这种病毒被数个权威实验室确定为是一种人流感病毒、猪流感病毒以及禽流感病毒的混合变异病毒,在目前尚没有太高的致死率,但是,这场起初被误认作"猪流感"但随后被正名为甲型H1N1流感的疫情仍然带给世界各国巨大的恐慌。世界卫生组织于5月12日表示,甲型H1N1流感病毒还可能继续变异成毒性更强的病毒,继而引起流感大暴发。

截至5月12日,全球共有30个国家发现甲型H1N1流感确诊病例5251人,其中61人死亡。但是给各国带来恐惧的并不只是这些冷冰冰的数字,而是当今世界已经高度发达的科技在面临这些病毒以及可能不断出现的变种甚至新病毒时的慌乱与一定程度上的茫然。在高度文明的全球化社会,不确定性仍然是我们面对的最大恐惧。

在全球金融危机带给人们巨大压力的时候,这场尚难以准确预测发展前景的疫情使得人们的神经再度绷紧。各国如临大敌,实施边界封锁、关闭关口、拒绝货物进口、实施人员隔离、进行长篇累牍的宣传,传媒在让我们了解疫情的同时,也以自己的渲染让人们紧张不已。

病毒带来的恐慌从来没有减弱,即使在科技已经如此发达的今天。媒体上长篇累牍的报道与漫天飞舞的预测,病毒名称与组成的不断改变,世界卫生组织数次调整预警等级,各国严密封锁关境并严防病毒流行国家货物进口,全球化带来了全球性的发展,却也带来了全球性的恐慌。

不过,回忆人类历史上几次大的流行病疫情导致的毁灭性结果,诸如1918年肆虐全球造成2000多万人死亡的西班牙大流感,以及近年来发生的疯牛病、口蹄疫、非典型性肺炎、禽流感等一系列疫情给人们带来的恐慌及给世界带来的损失,现在任何准确预测疫情发展的断言都是徒劳的。因而,即使在科技已经十分发达的今天,对传染病也不能轻视,而流感传染人数的持续飙升更在不断加深这种恐慌。

为什么在科技已经高度发达的今天,传染病的发生越来越频繁?为什么在人类已经走出地球、能够将足迹留在其他行星之上的今天,我们对自己身边的病毒还存在认识的空白?面对病毒,人类应该采取什么措施?在这些措施中,法律可以并应该起到什么样的作用?

作为人类治理工具之一的法律,是最为有效的社会治理方式之一,在病毒面前不能袖手旁观。它在减轻病毒带来的恐慌、降低病毒带来的损害并最终消灭病毒等方面发挥过什么作用,有过什么样的经验教训,应当探索什么样的新作用发挥途径等,这些是值得我们思考的问题。

流 感 乱 世

病毒是人类最大的敌人。

这是诺贝尔生理及医学奖获得者 Joshua Lederberg 在经过毕生研究之后所作的断言。

历史与现实不幸证明了这一点。

14世纪中期蒙古军队在征战的过程中将鼠疫传播到欧洲,曾经在短短的5年时间内造成欧洲超过1/3的人口死亡;欧洲殖民者在到达北美后将天花病毒带给了当地的印第安人,使得原先几个拥有数百万人口的印第安部落在天花的袭击下人口骤降到几千人;而1918年的"西班牙流感"则造成世界2000多万人口死亡;等等。这些数字在今天看来依然让人触目惊心。现代人会重蹈覆辙么？即使在科技高度发达的今天，我们依然不能全然断定我们能够避免历史的重演，我们所能做的就是尽自己的最大努力去避免悲剧的重演。命运在我们的手中，但是我们已经走得太远，有许多已经超出我们控制的范围。

现代社会中，人类虽然已经把探索的触角伸向浩瀚的宇宙空间，蒙昧与无知依然无时无刻不在身边萦绕，尤其是对那些肉眼难以辨认的微生物，我们的知识依然匮乏而有限。从目前的现实来看，除了人类故意进行的毁灭行动以外，能够给人类带来最大损害的潜在威胁依然是病毒。无论人类的科技如何发达，病毒依然像幽灵一样无时无刻不在威胁着人类的健康。

甲型 H1N1 流感仍在肆虐。尽管目前看来对我们造成的威胁尚不能与 1918 年的世纪流感相比，但是由于人类数量的激增、环境问题的日益严重以及生物多样性遭到不可逆转的破坏，病毒得到变异的可能大大增加。近年来，新的病毒以更快的速度袭击人类，诸如非典型性肺炎、禽流感、疯牛病、口蹄疫以及各种飞速变异的流感病毒。人类在改变自然的同时，自然也在以另一种方式与面孔来回击人类，并往往带给人类巨大的震撼。

在这种情况下，任何小视目前这场流感的危害性以及今后病毒再次席卷而来并造成更加不可预测破坏可能性的观点都是不可取的。

不少人在这次流感尚没有结束的时候，已经在预测下一次流感发生的时间了。在科技高度发达的今天，不确定性依然困扰着人类。实践告诉人们，对病毒的任何忽视都会导致病毒的肆虐，并带来难以想象的灾难。病毒面前，我们需要更多的智慧。

流行病与法律

流行病与法律是一对虽然模糊但是却相伴而生的概念。在面对病毒威胁的过程中，人类从来就没有放弃过利用自己的所有智慧进行抗争，利用一切工具包括法律工具来对病毒进行反击，捍卫人类的生存与健康。这也是一部人类与自然相互斗争的历史。

法律不是从来就有的。可以说，法律作为一种社会治理工具，它的发展是伴随着人类社会的发展与进步而逐步产生、发展与完善的。没有社会的需求，就没有法律的产生与发展。病毒与流行病对人类的困扰在一定程度上催生了相关法律规范的产生,也促进了人类自发地利用法律来保护自己免受病毒的困扰。纵观人类社会的发展历史,凡是有病毒肆虐的地方与时代,就有人类智慧的闪光,也就有法律的身影与足迹。这是一个逐步发展与完善的过程。

第二次世界大战后,针对流感及其他病毒带来的巨大危害,各国出台了一系列预防与治理流行病的法律法规。关于流行病防治方面的法律规范是一个综合性的体系,既有关于病人隔离与治疗的相关法律规范,也有关于传染病病情信息公开的相关法律规范,既有有关国家紧急状态方面的,也有有关药品生产与保护的知识产权法律方面的。这些法律规范从无到有,从零星分散到日益复杂化体系化,从局限在国内到日益国际化,在各国防治流行病与病毒的传染方面发挥了重要的作用。

人类在面对病毒的时候逐步学会利用法律等社会武器来预防并消除病毒带来的危害。这是一个逐渐深化的过程。人类最初应对病毒的方法就是将病人隔离,这样虽然取得了一定的成效,但由于手段的随意性,也在很大程度上造成许多没有感染的健康人被隔离后活活饿死。后来,人类的措施由单纯的隔离发展到一定程度的组织化应对,如社会化救助与防治措施的出台与制度性措施的建立,直到越来越制度化组织化的病毒预防与治疗制度以及研究体系等,病毒流行造成的人员伤亡数量大大减少。从单纯孤立应急性的措施,到逐步学会利用法律等社会工具建立起一种病毒预防与治理的综合机制再到一种综合性、体系化、长期性的防控措施,经历了一种从无序混乱到单纯隔离等孤立的应对措施再到规模化的应对体系,伴随着人类对病毒了解的逐步深入,人类在应对病毒的法律措施方面也逐渐完善。可以说,人类在联合抗击病毒的过程中表现出了惊人的力量与智慧,由分散行动逐步走向联合治理,从起初无意识的国际联合行动,到有意识地建立一种联动机制与制度化机制,最终到应对病毒的国际组织的建立,这是人类团结应对病毒的抗争史。病毒在一定程度上促进了世界各国的联合与组织化。

在另一个层面,在国际社会联合起来应对流行病的过程中,逐步形成了一项新的人权形式——健康权,这是从基本权利方面对世界各国人民生存权利的保障,也反映了世界各国联合治理流行病的决心与共识,更反映了国际社会应对流行病的组织化程度。在这个意义上说,对流行病的预防与治理已经成为国家的一项人权保障义务。利用国家的全部资源预防与治理流行病,为国民提供基本的健康保障,是现代国家一项不可推卸的责任。一个不能有效预防常见流行病、不能为国民提供有效的医疗环境的政府,常常被认为是一个不负责任的政府。

世界卫生组织在2000年4月建立了"重大疫情全球警报系统"。这个系统将各个机构和网络的人力、技术资源整合,通过制度性协调、合作,对世界突发疾病、传染病进行快速确认,作出反应。这个系统提供了一种合作性框架,向全球各国提供专业技术的支持,对各种突发威胁加以警惕并积极应对。通过这一机制,世界卫生组织在对全球公共卫生问题进行有效治理的道路上迈出了坚实的一步。

国际社会的联合行动在一定程度上减轻了病毒流行带来的威胁。但是病毒流行的现实告诉我们,消除病毒的路程依然遥远。

法 律 之 殇

在流感面前,惊恐是最大的敌人,从某种程度上讲,流行病造成的恐慌导致的社会动荡带来的损害不亚于流行病自身对社会的伤害。从目前病毒引发的全球性的惊恐可以看出,恐慌已经产生,传媒的发达给病毒的预防提供了条件,也给恐慌的蔓延提供了温床。单纯的隔离与封锁只是权宜之计,不能根本解决问题,躲避与回避只会使病毒更加猖狂与嚣张。遇到问题勇敢面对、全力以赴,才是解决问题的长久之计。对恐慌的克服在很大程度上依赖于社会的规则与面对危机的镇静,而法律是提供这种秩序与镇静的工具之一。

法律不是万能的。它提供给我们的只是一种社会治理的工具,提供给我们在面对流行病时的镇定、信心与秩序,使我们能够在流行病面前团结起来,组织全社会以至全球的力量来战胜病毒。法律是一个处于不断发展中的社会治理工具。各国在运用法律治理流行病的过程中,有过太多的迷茫与苦痛,也有过太多的失败与教训。

对法律的漠视是人类面对流行病时曾经有过的最大失误之一。对法律认识不足，对法律具有的作用认识不清，导致社会一定程度的失序，法律的缺失造成的损失与危害经常是触目惊心的，甚至超出病毒自身带来的损失。

即使在世界各国法治化程度不断提高的今天，各国在应对病毒的国内法制方面仍然存在着诸多弊病，诸如对于病毒的应急救助的法律制度、在针对病毒的药品生产的知识产权保护、应对病毒的社会综合防治体系的法律制度等方面，各国依然存在较多的盲点与滞后性，尤其是那些较不发达与最不发达的国家。而相比较零星分散的国内法制来说，应对病毒的国际法制的"碎片化"则更加令人担忧。可以说，在那些无处不在、难以察觉、瞬息万变、难以捉摸的病毒面前，个人是渺小的、脆弱的，在这种情况下，各自为政或者相互隔离都是致命的。我们从人类历史上几次流行病造成的毁灭性打击中可以清晰地看出这一点。

在日益国际化、全球化的今天，病毒已经成为一个国际性的问题。由于人员跨国流动的日益频繁，国际贸易与国际投资的扩展，气候问题的日益严重，病毒已经没有国界可言，任何一国爆发的流行病，如果得不到有效控制，都有可能演变为一场全球性的灾难。因而，面对病毒，不仅需要各国国内的有效防控，而且需要国际社会的通力合作。但是，作为不合理与不公平的国际秩序组成部分之一的国际法律秩序，它在面临严重流行病的时候，同样表现得软弱无力、顾此失彼、疲于奔命。

环境问题是流行病的罪魁祸首之一，这是得到国际社会公认的观点。全球化的发展带来了全球化的环境问题，人类在取得自身发展的同时，也对环境造成了巨大的伤害和不可逆转的改变。而地球生态系统的破坏则为各种病毒的产生与变异提供了温床，也使得病毒的产生与流行病的肆虐更加不易控制。国际环境法制的薄弱与执行乏力对病毒的蔓延难辞其咎。

不公平的世界经济秩序与不均衡的世界发展情况加剧了病毒的扩散速度。旧的世界经济秩序是在第二次世界大战以后形成的，国际经济秩序的主导权几乎完全掌握在发达国家手中。这是一种不均衡的国际经济秩序，它导致的结果就是发达国家的经济优势得以强化并固定化，发展中国家的发展空间进一步缩小，发展的潜力进一步被限制，国内市场被进一步压缩。不幸的是，这种不均衡的国际经济秩序近年来不但没有得到缓解，反而在很大程度上被进一步强化了,导致穷国愈穷,不发达的状况日益加剧。

在全球化飞速发展的今天,世界上依然有着一百多个欠发达国家,依然有数十亿人口生活在贫困线以下。生存环境极为恶劣,医疗条件很差,缺少基本的医疗保健设施与充足的医药,极易成为病毒产生的源头,而且由于这些国家人口较为集中,非常容易爆发大规模的疫情,且极难控制。在病毒防控的世界版图上,欠发达国家是非常薄弱的一个环节。

发达国家医药企业对药品专利的过度保护在一定程度上纵容了流行病的蔓延。预防与治疗大多数流行病的有效疫苗与药品的专利权基本掌握在发达国家的医药企业手中,而由于这些国家对知识产权的过度保护,导致欠发达国家难以以较为低廉的价格获得疫苗与药品,从而在一定程度上纵容了流行病的蔓延。适度放开发达国家高水平的医药知识产权保护,对发展中国家在病毒防控医药生产方面放开限制,是控制流行病国际泛滥的迫切选择。

国际法的"软法"性质与某些大国对国家利益的过度保护,导致国际治理结构的分散化,使得流行病的国际防控更加困难。西方一些大国在国家利益至上的原则下,无视自己应当承担的国际义务与责任,逃避对自己不利的法律约束,导致国际治理结构的分散化与多国中心化,从而造成国际社会在一些重大国际问题上的无所作为。美国等一些大国对治疗艾滋病等流行病医药产品知识产权上的过度保护做法,就是逃避自己应当履行的共同防控病毒的共同责任。某些大国在国际问题上的态度暧昧、缺乏责任感导致国际法进一步"软化",国际治理结构日益分散,流行病等国际问题也难以在短期内得到有效治理。

而国际社会治理结构重要环节之一的国际组织在合作应对病毒的过程中发挥的作用也是较为有限的,没有能够发挥国际组织的协调组织功能。国际组织应当在国际社会的治理中发挥积极的作用,在国际社会公正合理的秩序构建中起到组织者与领导者的角色,但目前包括联合国在内的国际组织在此过程中所起的作用实在有限,这一点我们从各类国际组织在应对病毒问题上的反应迟钝与行动迟缓可见一斑。在国际治理结构非均衡发展与国家利益严重至上思想盛行的现实情况下,指望相关国际组织在短期内对病毒防控发挥巨大作用仍然是一个奢望。

病毒的法制应对

病毒面前,任何一个国家都不能置身事外,侥幸心理只会使病毒更加猖狂。各国需要紧密团结,通力协作,运用各种工具从各个方面进行防控。法律作为最为有效的社会治理工具之一,理应在病毒的防控中发挥更加有效的作用。

在国内,要完善病毒防控的法律体系。在继续完善病毒信息公开法律制度的基础上,加强病毒研究与疫苗、药品生产的技术支持以及知识产权保护法律的完善,构建从病毒预防、公开、隔离、紧急状态直至医疗卫生体制、医药知识产权法律、医药技术创新等各方面的法律体系。在此基础上,更重要的是要完善法律的执行机制,保证法律的有效贯彻落实,确保法律收到实效。对于中国来说,法律实施的效果一直是民众关注的焦点。要想在病毒的防控过程中取得实效,必须保证病毒防控相关法律法规得到有效的落实,而不是停留在纸面上。

而在全球化时代应对流行病,不仅需要各国实现国内的法制完善,更重要的是要消除各国法制发展的不均衡状态,构建防控病毒的国际性法制网络,不留死角,消除病毒产生与蔓延的任何一个途径。

要增进对发展中国家的援助,促进国际社会均衡发展。国际社会的非均衡发展是许多国际性问题的根源,包括国际性传染病的扩散。不消除贫困,不提高欠发达国家落后的生活水准与医疗保健水平,病毒就不可能完全消灭。因此,我们应当将国际社会的发展上升到法制的层面,完善国际发展法制,将对发展中国家尤其是最不发达国家的援助落到实处,争取取得实效,促进这些国家社会整体进步。只有如此,我们才能消除病毒滋生的根源,最大限度地防控病毒的产生与肆虐。

要加强防控病毒的国际联合行动,编织恢恢法网。对付流行病这样高传染性的国际性疾病,必须依靠各国的协同行动,建立联合执法机构。各国应当将防控病毒视作自己的当然义务,在面对病毒的时候,应当毫不犹豫地积极出手,而不应当囿于狭隘的国家利益的局限,推卸自己的责任。只有各国统一思想、协调行动,建立起严密的防控病毒组织和联合执法机构,才能不给流行病留下死角,进而根除病毒问题。

完善防控病毒的国际性立法、强化执法力度是十分必要的。防控病毒与流行病治理的国际性立法虽然不少,但是执法手段简单,缺乏可操作性措施。在病毒对人类的生活仍然造成巨大不确定性与不安稳性的今天,促进国际社会防控病毒的严密立法,加大惩罚力度,构建防控病毒的严密体系,建立防控与消除病毒的国际联合执法与司法机制,加强与各国的司法协助,促进相关国际组织出台联合防控病毒的国际条约与协议,构筑严密的国际防控网络,是十分必要的。

应解决国际法制中存在的不平衡发展的现状,实现各国法制的均衡发展。在诸如国际知识产权法、国际环境法以及国际人权保护法律等方面,改变以往以发达国家为核心的立法状况,对发展中国家给予更多的关注,实现世界各国的共同发展与进步。

最后,应对病毒,要加强国际组织的组织协调作用,使国际治理结构集中并均衡。国际组织应当也有能力在国际社会中发挥更大的功能,它们在集中各国智慧与力量、协调各国关系与矛盾等方面具有不可替代的作用。但当前由于各种原因,国际组织的作用在一定程度上受到弱化,影响力减弱。各国应当在面临国际社会重大问题的时候放弃狭隘的国别之见,以负责任的态度参与国际组织的运作,使其在国际事务尤其是病毒的国际防控中发挥单个国家难以发挥的作用。在这方面,要充分发挥相关国际组织诸如联合国、世界卫生组织、国际红十字会等在病毒的国际防控方面的有效作用,使其能够集中各国的力量,发挥集体的智慧,尽最大努力提高应对病毒的组织化程度,避免各自为政给病毒防控带来顾此失彼的弊端,消除病毒产生的隐患。

病毒面前,科学与合作是最为重要的应对措施。法律作为科学与合作的秩序保证,是基础的基础。身处病毒肆虐的世界,面临随时可能泛滥的疫情,我们手中的法律工具准备好了么?

发展中国家由于流行病的多发性与易发性,在流行病的全球治理中应该发挥更加重要的作用,尤其对中国来说,随着综合国力的进一步提升,中国对国际事务的参与力度日益增大,对国际秩序的形成与改变起着越来越重要的作用,应该在流行病的国际治理中起到更加重要的作用。从某种程度上说,近年来频繁发生的各类危机,也是中国改变不合理的国际秩序、更多地发出自己的声音、更多地参与国际治理的一种机遇。我们应当在公正合理的国际治理结构的构建中发挥积极的作用,应当以一个负责任的大国的姿态参与国际事务,而当下,则应当在病毒防控问题的国际立法、国际行动以及国际援助行动中积极献计献策,争取自己的话语权,贡献自己的力量。

面对人类之病与法律之病,我们到了反思与抉择的时候了。

(本文原载《中国审判》2009年第6期)

全球消费者权益保护的新发展

引 言

　　一年一度的"3·15"消费者权益保护日刚刚过去了。每年的这个时候,消费者的权益都会得到空前的重视,轰轰烈烈的打假、维权、赔偿等消费者权益保护行动隆重上演,广大消费者或多或少感受了一把"上帝"的滋味。然而,"3·15"一过,一切又都恢复原状,该担心的还是担心,该无奈的还是无奈,消费者权益的保护仍旧还是一个令人期盼、任重而道远的艰巨的社会工程。

　　近年来,伴随着民众权利保护意识的逐步上升与政府对消费者权益保护的日益重视,一系列政策与法律法规相继出台,国家食品安全委员会等一些相关机构前后设立,我国消费者权益的保护状况得到了较大的改观。不过,由于历史沉疴较多,加之我国消费者权益保护相关部门的管理体制存在一定的功能错位乃至缺位,相关法律法规也不是很健全,人们的权益保护意识还有待提高,种种原因导致我国目前的消费者权益保护现状还不容乐观,还有不少历史欠账要还,加之科技的迅速发展导致现实中新的问题不断涌现,我国消费者权益保护的道路还很漫长。

　　环顾全球,消费者权益保护是一个越来越受重视的话题。虽然在不少国家也存在着较为严重的侵犯消费者权益的行为,也存在着对消费者权益或多或少的偏视,但是消费者至上的理念已经基本深入人心。尤其在欧美一些发达国家,消费者权益保护已经取得了较为明显的成效,在不少方面存在着值得中国借鉴的经验做法。尤其在经济全球化、科技现代化、社会信息化加速发展的今天,借鉴这些发达国家在消费者权益保护方面出现的最新进展,对我们提升本国消费者权益保护的水平无疑具有特殊的意义。

背　　景

发达国家消费者权益保护的起步较早,作为一项运动,消费者权益保护最早起源于欧洲,而兴盛于第二次世界大战之后。1962年3月15日,美国总统约翰·肯尼迪在美国国会发表了《关于保护消费者利益的总统特别咨文》,首次提出了著名的消费者的"四项权利",即有权获得安全保障、有权获得正确资料、有权自由决定选择、有权提出消费意见之后,消费者权益保护的理念逐步深入人心,各国相继出台一系列法律法规保障消费者的权益,相关消费者权益保护的组织也不断建立,消费者权益保障的水平逐步提升。

在进入21世纪的前10年中,消费者权益保护的环境发生了一些较为明显的变化,这些新变化冲击着传统的消费者权益保护的模式与理念,也对各国消费者权益保护的能力提出了新的要求,迫使各国开始重新审视本国消费者权益保护的现状与能力,把消费者的权益置于更为显著的地位,在某种程度上,消费者权益保护的水平直接拷问着各国政府的领导者,也是一国政府执政能力的直接反映。这些新的挑战主要表现在以下几个方面。

科技的迅速发展使得消费者的知情权越来越难以得到有效保障。由于科技的发展日新月异,新的技术不断涌现,新的产品层出不穷,在这种情况下,消费者在面对这些产品时难免有手足无措的感觉,其知情权、选择权难以得到有效保障。而新产品升级换代过快,其质量也难以得到充分保证,这使得消费者权益受到侵犯的可能性加大,消费的风险上升。

大企业的发展壮大使得消费者的弱势地位更加凸显。全球经济的加速发展使企业的生产经营规模越来越大,大企业乃至超级企业不断出现,例如,在美国,本土汽车生产几乎完全集中在三大汽车制造商身上。在这样的背景下,一批富可敌国的"公司帝国"相继出现,这些企业无论在生产经营领域,还是在社会甚至是政治圈内都有着相当大的影响力与决定力,在某些领域,这些企业甚至能够直接左右政府的决策。在这种背景下,消费者的弱势地位更加突出,如果没有中立的第三方力量的出现和干预,消费者的权益将难以得到有效的保护。

跨境消费的出现与普及使得维权成本加大。全球化的首要表现就是商品与消费的跨国流动,这种趋势在21世纪更是一种普遍的现象。在全球范围内组织生产与销售,在全球范围内消费,这已经是一种不可遏止的世界趋势,任何一个国家都不可避免地卷入这一发展潮流。而跨国消费的直接后果之一就是消费者权益保护跨国性的出现,面对新的生产经营者和新的产品,面对维权的跨国性带来的难度,面对日益复杂的各国消费者保护法律法规,消费者权益保护的难度在无形中大大上升。

新的营销与购物方式不断出现,使得产品的质量更加难以控制,消费者维权的过程更加困难,成本更高。诸如电话购物、网络购物、消费信贷等新的销售方式的出现,在加大销售便捷性的同时,也使得产品的质量更加难以控制。而消费者与经营者、生产者在距离上与空间上的分离,也使得维权的难度加大,导致消费者在很多情况下不得不主动放弃维权,忍气吞声。

进 展

在新的生产与经营方式出现的背景下,欧美国家从政府到民间在消费者权益保护方面相继出现了一些新的进展,为普通消费者的权益提供了较为有效的保障,也在某种程度上促进了这些国家经济社会的全面发展与人民福利的提高。

不断提升消费者权益的地位,甚至将其上升到基本人权的位置,这是国家提升消费者权益保护的最新理念。人应当被视为发展的主体,而不是发展的客体与手段,人的权利的享有与保障是社会发展的终极目标,这种发展的理念已经深入人心,而世界范围内的人权保障运动使得人权的范围日益扩大,内涵逐步丰富,越来越多的发达国家开始将消费者权益作为一项基本的人权加以保护,这在无形中提升了消费者权益保护的力度。

不断扩展消费者权益保护的范围,延伸权益保护的内涵,从肯尼迪总统提出的消费者四项基本权利,到普遍盛行的消费者九项基本权利,消费者享有的基本权利一直在扩展。可以说,对消费者权利的保护,早已超出了基本权利范围,而被赋予了更广泛的内容,如合同解除权、购物反悔权、个人信息保密权、方便救济的权利、不作为诉讼权等,从而实现了对消费者更为全面的保护。

不断完善消费者权益保护的法律法规。当今世界各国尤其是西方发达国家,都制定有较为完善的消费者权益保护的法律法规,而相关法律法规还在不断扩展中,构建了从消费品安全、卫生管理,到竞争和垄断管理、传统的合同法以及侵权法领域,直至商标和广告宣传管理等各个方面,形成了一整套消费者权益保护的严密网络。例如,欧盟早在上世纪80年代就针对大部分蔬菜水果制定了复杂的产品标准,在质量甚至外观上都有着严格的要求,内容之细几乎到了令人"发指"的地步。

消费者维权的手段与方式不断健全,更为便捷,对违法违规厂商的惩罚力度也在不断加大,各种消费者维权机构与组织的设立使得消费者维权的便利性大大提高,触手可及的维权途径也使得商家难存造假的侥幸心理。例如在近期全球性的丰田汽车召回事件中,丰田汽车在美国就可能面临从消费者到州一级乃至国家层面的多层次诉讼,这种惩罚力度使得生产厂家牺牲消费者权益以获益的侥幸心理大大减弱。

不断加大企业的社会责任,促进企业将消费者至上视为企业经营的基本理念与生存根基。在欧美国家于20世纪掀起企业社会责任运动以来,在不断扩展企业履行自己肩负的社会责任内涵的过程中,企业越来越将消费者的权益置于社会责任的最高地位,因为这不仅关系到企业的形象,也直接关系到企业的生存与发展。

各国保护消费者权益的非政府组织不断涌现,对政府监管起到了拾遗补缺的作用。例如英国,在1957年成立了消费者协会之后,近年来又陆续成立了消费者事务研究会、全国消费者组织联合会、全国消费者保护理事会等全国性非政府保护协会。这些组织对于消费者权益进行了多样化的、细致的保护,进一步提升了国家消费者权益保护的水准。

不断重视跨国消费者权益的保护,消费者权益保护进一步国际化。例如,在此次丰田汽车召回事件中,美国政府与民众对日本丰田问题汽车零容忍的态度就是一个很典型的例子,尽管国际上不乏指责美国借机保护本国汽车产业之声,但是,本着对本国消费者负责任的态度,美国的步伐丝毫没有松懈。在欧洲,欧盟早在上世纪70年代后期就开始建立全欧盟范围内的快速警报系统以保护消费者的健康。最近,欧盟委员会又在欧盟27个成员国设立了欧洲消费者中心,这一网络主要有两大功能:让消费者了解自己的权利,使欧盟消费者保护政策在各成员国得到执行;帮助消费者解决消费纠纷。建立一个"无忧欧洲"正是欧洲消费者中心的口号,这也使得欧盟境内的跨境消费能够得到更加有效的保护。在国际上,1960年成立的国际消费者联盟组织(后改名为国际消费者协会)至今已有100多个国家和地区的220多个消费者组织加入。世界性的保护消费者活动也受到了联合国组织的重视。国际消费者协会的代表已成为联合国经社理事会、工业发展组织、粮食组织和贸发会议等机构中的顾问和联络员,代表消费者的利益,参加有关会议和政策的制定工作。这个组织的有效运转大大促进了世界各国制定并实施《消费者权益保护法》的工作,促进了世界范围内消费者权益保护的水准,从而使全球消费者保护运动进入了一个更加蓬勃发展的阶段。

20世纪70年代以来,消费者保护立法呈现出国际化的趋势,一些国际公约被制定出来并有效发挥作用。目前,消费者保护的国际性公约主要包括:1972年海牙国际私法会议通过的《关于产品责任法律适用的公约》,1976年欧洲理事会通过的《关于人身伤亡产品责任的欧洲公约》,1977年欧洲理事会《产品责任法公约》,1980年联合国《控制限制性商业行为的多边协议的公平原则和规制》,1985年联合国《保护消费者准则》,1985年《欧洲经济共同体产品责任指令》以及欧洲理事会《消费者保护宪章》等。这些国际公约的出现,进一步促进了消费者权益的全球性保护。

结　语

纵观世界各国的消费者权益保护的最新发展,我们不难发现,越来越多的国家已经或正在将消费者的权益置于整个社会权益保护的最重要位置,尽管在现实中,由于种种原因,还存在不够完善的地方,但是,消费者至上的理念已经深入人心。消费者权益的保障水平直接决定了经营者的生死,直接决定了政府在民众心目中的地位与形象,从而也是政府提升执政水平的直接努力方向之一。在消费者权益保护方面,我国政府的态度一直是很鲜明的,也采取了许多实实在在的措施,并且取得了不小的进步。我们相信,随着我国法治的逐步完善,随着我国市场经济体制的逐步健全,随着我国社会道德水平的普遍提升,我国的消费者权益保护机制一定会更加完善。

(本文原载《人民法院报》2010年3月19日)

谁将是下一只黑天鹅：世纪骗局"麦道夫案"解密

华尔街的这个冬天有点冷。

就在人们因为股市崩盘、次贷危机、企业破产等一系列事件而惊魂未定之际，2008年12月11日，华尔街又传来一声惊雷，华尔街的传奇人物、纳斯达克股票市场公司前董事会主席伯纳德·麦道夫因涉嫌证券欺诈被警方逮捕，并同时被指控通过一只对冲基金给投资者造成至少500亿美元的损失。即使人们的神经因为不断升级的股灾而有点麻木，但是这个消息的传来仍然让人们惊慌失措，投资界更是哀鸿一片。

麦案黑幕

由于面临客户近70亿美元的资金赎回请求，2008年12月10日晚，伯纳德·L.麦道夫投资证券公司总裁麦道夫向他的两个儿子坦言，自己其实"一无所有"，一切都"只是一个巨大的谎言"，第二天，他的两个儿子毫不犹豫地向警方供出了他们的父亲，一场世纪骗局随之浮出水面。

在华尔街，伯纳德·麦道夫是一个传奇人物。他出身于以精明善贾著称于世的犹太人家庭；他是一个高级社交场合的常客，频繁出入于纽约、华盛顿、芝加哥等地的高级社交圈子；他是一个慷慨的慈善家，曾捐助多家慈善机构以帮助以色列国家以及特殊奥运会等；他是一个信誉良好的投资家，20年来他所经营的投资证券公司一直稳定地向它的客户支付着10%左右的年投资回报；他是一个和蔼可亲的老板,喜欢带朋友和同事乘坐他那艘55英尺长的渔船"公牛"……

然而,随着黑幕的逐渐揭开,人们才发现麦道夫原来只不过是一个并不高明的世纪骗局的导演者,但其蹩脚的伎俩却使投资者们蒙受了史上最大的投资损失。

麦氏骗局其实很简单。简而言之,就是以高资金回报率为诱饵,诱使投资者投资,并用后来投资者的投资偿付前期投资者的回报。在实际操作中,麦道夫投资证券公司采取的主要投资策略就是在股票和股票期权之间进行对冲。公司的主要收入来源是远远低于行业标准的管理费和一部分证券经纪收入。投资者将资金投入到麦道夫公司的交易平台上进行交易,由麦道夫使用其"专利策略"进行操盘,从而获取稳定的高回报。其客户包括许多富豪、众多的对冲基金、大型机构投资者以及欧美的一些大型银行。

在实际经营中,麦道夫始终保持着高度的神秘感。其公司的资产管理部门和交易部门分别位于公司办公大楼的不同楼层;公司的所有账目、文件、交易记录等都被麦道夫锁在保险箱里,财务状况从不对外公开;麦道夫公司招聘员工最重要的要求就是忠诚,专业知识似乎只是次要的;公司的主要部门都由其亲属掌管,外人很难插手;等等。

现在看来,正是这种刻意营造的神秘感成就了麦道夫二十年来的骗局。无论其外表多么光鲜、形象多么高大、手段多么高明,到头来终究是用来欺骗投资者的外衣;当光环褪去、荣华尽失时,人们才发现,一切只不过是一场美妙的骗局。那些所谓的光辉形象,不过是用来继续欺骗顾客的招牌,也是其生意越做越大的基础;但当金融风暴来临时,人们才发现,这样的基础实在是太脆弱。

最后一根稻草

麦道夫案受害者的阵容可谓极其豪华。除美国本土,此案还波及英国、法国、瑞士、西班牙、日本等国的金融投资机构。其中,经初步估算,美国费尔菲尔德-格林威治投资管理公司蒙受了75亿美元的损失,高居受损榜第一位,特里蒙特对冲基金公司损失33亿美元,西班牙桑坦德银行损失28.7亿美元,奥地利梅迪西银行损失21亿美元,等等。就连中国身价最高的职业经理人唐骏也在此次欺诈案中受损不少,据称,他通过私人理财机构打理的个人财产在此次欺诈案中大约受到了300万美元的损失。伴随案件真相的逐步展开,这张受害者的名单必然还会一直开下去。

可以说,在金融市场已经颓势显尽、投资者信心一落千丈的情况下,麦道夫案的发生已经成为压倒骆驼的最后一根稻草,昔日华尔街投资机构的光辉形象、欧美各国严谨而饱受推崇的监管机构的口碑几乎在一夜之间荡然无存,人们的信心开始崩溃,对未来的迷茫迅速从资本市场蔓延到消费以及生产市场。随后人们就看到,欧美各国迎来了一个"没有圣诞树的圣诞节"、一个曾经是美国先进生产及欧美文明代名词而今却濒临破产的汽车产业、一个将"今天你失业了么"挂在嘴边的"悲惨世界"以及一个危机四伏、争端频起的国际贸易格局。

如今的美国民众已经纷纷改变自己的消费习惯,往常出手阔绰、敢于将明天的甚至明年的钱大胆地挥霍一空的超前消费观让位于精打细算、一省再省的消费理念,以前被英美人鄙视为吝啬鬼形象的法国人,其消费观如今受到了追捧;但消费理念的转变对建立在消费基础上的美国各行业的打击是巨大的、深远的,也直接构建了危机由金融领域向产业领域传导的链条,导致美国在这条路上越走越远、越陷越深。

"警察"在哪里

对于"麦道夫案"这么大的欺诈案件,难道在事发前就没有一点征兆,难道麦道夫真能够做到滴水不漏、百密而无一疏?

智者千虑,必有一失。其实"麦道夫案"在真相大白之前,市场上已经出现了众多质疑与指责之声。早在1992年,麦道夫因经手的部分资金涉及非法证券买卖一度面临美国证券交易委员会审查,但调查不了了之。美国证券交易委员会的检查人员在2005年对麦道夫的公司进行审查时发现了三起违规操作,2007年又进行了一次审查,但是均未向监管机构提请采取法律行动。曾经是麦道夫竞争对手的哈利·马克伯罗斯仔细研究了麦道夫的投资策略后认定其投资收益结果是虚假的,并在1999年给证券交易委员会的信中写道:"麦道夫证券公司是世界上最大的庞氏骗局。"此后9年间,马克伯罗斯不断向证交会举报麦道夫,但都没有促成对其的调查。

由此引发一个问题,在出现了重重质疑之后,在高风险的金融市场中,在经济形势辗转波折之际,麦道夫的投资公司居然能够不可思议般地保持着10%的投资回报率,而不招来监管机构的关注与调查,这不能不说是一件怪事。其因何在?

对美国金融监管体系与制度的盲目自信或许是对"麦道夫案"发生的最好的注脚。美国是世界上最大的经济体,也是世界上最大的金融帝国,其金融资本占世界的最大比重;美国也拥有相对于世界其他国家而言最完善的金融监管体系,完善的金融法规、高素质的金融从业人员、较规范的行业自治组织、经验丰富的行业监管人员、健全的监管机构等,构建了严密的金融监管网络。美国政府也自诩其监管体制是世界上最完美的。

然而,金融资本的发展瞬息万变,令人难以捉摸,在其面前,人类的智慧只能够无限接近而不能穷尽其堂奥。或者可以说,金融资本是一把双刃剑,它既能促进资金的有效流动、实现资源的最优化配置、推动经济发展与社会进步,也能够在短时间内将国家甚至全球经济拖入深渊、使社会停滞不前甚至倒退若干年。然而,由于资本的逐利本性、资本流动的跨国性、资本操作的隐秘性以及金融监管边界的模糊性,任何一个国家对金融资本的控制力都是有限的。因此,任何夸大一国的监管能力的言论无疑都是盲目的、肤浅的,而当金融资本失控的时候,反过头来才发现自己的无知与浅薄。

对深奥繁杂的证券投资组合的盲目推崇也是公众一味追随麦道夫并最终走上不归路的重要原因之一。金融市场发展几百年来,各种繁杂的投资组合不断涌现,令人眼花缭乱、目不暇接,遑论对其有深刻的了解了。可以说,美国的商学院培养了世界上最优秀的金融投资人才,华尔街也集聚了世界上最天才的一个群体,在利益的驱动下,他们推出了一种又一种投资方式、一个又一个金融产品,在投资前期可能还会对这些金融产品的风险进行一定的评估,然而到了最后,出于对自身智慧与能力的盲目乐观,以及对自身对金融市场风险的所谓洞察能力与控制能力的充分自信,在推出新的金融产品的时候,根本不考虑其风险评估,也不建立在任何产业资本的基础之上,其实质几乎就是一种数字的组合或数字游戏。当然,由于普通的投资者对这些所谓的投资组合几乎没有什么辨认能力或分析能力,其短期的高回报率必然带动广大投资者们的盲目热捧,使其对这些高深而神秘的投资组合策略产生一种盲从的推崇,并进而在盲目的跟进中迅速地累积风险。

然而,在这些投资者津津乐道于自己的金融操作能力的同时,也给市场带来了巨大的风险。并且由于这些投资组织的繁杂与"高深",也给对这些投资组合的监管带来巨大的难度,造成这些金融资本一旦失控就像脱缰的野马,短期内非人力所能控制。

由此看来,正是由于美国证券监管机构的盲目乐观和疏忽大意,以及对复杂的投资组合产品监管能力的欠缺,最终导致了监管的失效,给市场造成了巨大的损失。麦道夫案的发生,美国金融监管机构难辞其咎。因此,国际货币基金组织总裁多米尼克·斯特劳斯-卡恩就发出了这样的感慨:"存在窃贼并不奇怪,问题是,警察在哪里?"

谁将是下一只黑天鹅

在澳大利亚发现黑天鹅之前,根据生活经验和自己的观察,欧洲人都认为世界上所有的天鹅都是白色的,并用黑天鹅来指代不可能存在的事物。然而,现实中却有黑天鹅存在着。在这之后,人们用黑天鹅来代表那些具有意外性、冲击性及事后可预测性的事物。

以此观来,麦道夫案就是金融市场上的一只黑天鹅。它的出现完全是在人们的意料之外的,具有十分巨大的冲击性和破坏力,然而事后才会发现,如果之前稍微加以注意就会发现麦案的漏洞和破绽,可以轻易地预测到这次欺诈的发生。

当然这只是事后的反思。我们无法让时间回转,也无法选择自己的际遇。我们所能够做的就是尽量使制度健全,避免黑天鹅的出现,或者在它出现的时候将损失降到最低。

然而,世界上没有十全十美的制度,任何制度也只能渐臻完善,对于金融市场监管制度来说同样如此。人类的知识是有限的,尤其在预测未来这方面尤其如此。金融市场的发展瞬息万变、金融产品日益高度复杂、金融资本的流动日益国际化,但制度的发展与形成总具有一定的滞后性,如此也使得我们在掌控金融资本方面变得更加不可预测。无论制度如何健全,在人类逐利的本性驱使下,金融资本的流动总有难以控制的一面。因此,谁将是下一只黑天鹅,或许我们永远也难以准确回答。

对于我们来说,如何避免下一只黑天鹅出现在中国,或者推迟这只黑天鹅出现的时间,或者在它一旦出现的时候最大限度地降低其造成的损失,是目前应当深入探讨的问题。而麦道夫案这只黑天鹅则为我们提供了前车之鉴。

麦道夫案的中国土壤

尘埃虽未落定,反思应当先行。

中国有滋生麦道夫案的肥沃的土壤。

中国金融市场的发展只不过是近二十年来的事情,在改革开放的大潮中产生并迅猛发展,为国家的经济发展提供了资金融通的中介与润滑作用,已经成为中国特色社会主义市场体系的重要组成部分,为资源的有效配置与市场效率的提高发挥了积极的作用,也为产业资本的发展提供了坚实的基础。但是我们也应当看到,相比西方发达国家金融市场数百年的发展历史来说,我们的金融市场发展还是很不完善的,金融市场监管水平还处在较低的层次,金融从业人员素质还不高,金融产品的种类也不多,风险还很大,金融市场的法治化程度还较低,行政干预色彩较为浓厚,凡此种种,造就了独具特色的中国金融市场。

中国的金融市场经历了一个超常规的发展历程,在取得巨大成绩的同时也孕育了巨大的风险。尤其是近年来,举国上下对金融资本的推崇已经达到了狂热的地步。对于普通民众来说,金融市场可以提供一个公平竞争、愿赌服输的场所,可以提供一个省却辛劳、一夜暴富的梦想;对于实业资本来说,金融市场可以提供一个资本无限发展、永无止境的生存空间,可以提供一个不受行政干预、公平竞争的发展环境。于是乎,股市繁荣、房市高涨、金市暴升。纵观近几年来中国各行业的发展,繁荣的几乎都是银行、证券、房地产等金融或类金融产业。

在此情况下，投资者纷纷出手了，投机者及浑水摸鱼者也粉墨登场了，相应地，中国金融市场的风险也在急速地积聚，市场的发展也呈现出令人难以捉摸的现象。以至于近年来，中国金融市场中上演着一幕又一幕惊世骇案，远到庄家吕梁案、蓝田公司欺诈案、德隆操纵证券交易价格案，近到黄光裕涉嫌操纵股票市场案等，一案更比一案高，给中国的金融市场带来了深刻的伤痕，也凸显了这个市场的无序与监管机构的无助。

另一方面，对于大多数国民来说，金融市场还是一个"熟悉的"陌生事物。虽然中国股民的数量已近 1 亿人，但是真正懂得金融市场运作的毕竟只是少数，大多数国民只掌握金融市场知识的皮毛。然而，在全民的投资狂热中，也被自觉不自觉地卷进来，成为金融市场的参与者之一，只不过大多数很快就成为市场中的溺水者，成为市场风险的牺牲品而已。

无序加以无知，成为滋生麦道夫案的肥沃的土壤。

反思与重构

殷鉴不远，贵在重防。

中国在这次席卷全球的金融危机中没有幸免。

中国的金融市场与金融体系的发展仍然处在一个较低的水平上，中国金融行业的对外开放仍然处在逐步开展中，中国金融市场中金融产品的种类仍然较少并缺乏类似欧美金融市场中的"高端产品"，这一系列在平日饱受诟病的因素却导致了中国在这次波及范围极广甚至有可能步 1929 年世纪大萧条后尘的金融危机中勉强能够"独善其身"，最大限度地减少了金融资产的损失，挽救了投资者以及普通消费者的信心，为经济保持平稳快速增长保持了足够的后劲，这不得不让人感叹祸福相依以及市场的变幻无常。

当然，危机是刚刚揭幕，还是离谢幕不远，目前谁都无法准确预测。亡羊补牢抑或未雨绸缪，以欧美各国在麦道夫案上所表现出来的金融市场发展的经验教训以及各国监管机构与制度的得失为前车之鉴，对我们健康地发展本国的金融市场、完善本国的监管机构与制度、避免受到金融危机的进一步波及并避免金融危机向实体危机蔓延来说，是十分有意义的。

资金的本质是一样的,逐利是其天然的本性,因而,金融的发展具有高度的国际性与同质性,尽管可能由于发展水平的不同而存在一定程度的差异,但是在发展的趋向、产品的结构、监管的方式、法律法规的选择以及具体技术性指标的监控上,都表现出高度的同质性。因此,如果监管不当,麦道夫案完全有可能在中国上演。但在此之前,我们应当借鉴出现麦道夫案的得失,及时构筑金融监管的严密网络,尽量避免类似案件的出现。

身处初步发展中的金融市场,中国的投资者尤其是中小投资者,可以说是非常可怜、非常无助的一个群体,他们在金融市场的风口浪尖中被无情地蹂躏着、践踏着、剥夺着,随着金融市场的变幻无常而悲喜交加。在这个市场面前,任何所谓精确的预测都是徒劳的,任何所谓可靠的回报都是虚幻的。然而,过高的风险必然损害投资者乃至普通民众的信心,进而妨碍市场的健康发展,也不利于整体经济的持续协调增长。因此,通过监管机构的良好监管与风险控制,增强人们的信心,是国家肩负的一个重要而义不容辞的职责。

另一方面,对于中国众多的机构投资者来说,涉足金融市场的经验还有欠缺,在纷繁复杂的金融市场中贸然出手,后果必然是不堪设想的。远到2004年的中航油投资期货巨亏,近到国家外汇投资公司投资美国黑石基金巨亏以及中信泰富外汇合约巨亏案,中国大型企业在国际金融市场上大胆出手却折戟而归,一再向人们显示,金融市场是高度专业化的市场,没有专业化的知识及高端人才的储备,贸然出手必然招致惨败。这些投资措施给国家也造成了巨大的损失。

由此可见,无论是单个投资者或者普通民众,还是大型的机构投资者,都需要一个健康发展、风险适度的金融市场。但是,现实离我们的理想还有较大的距离。研究麦道夫案,对比差距,寻找漏洞,进而对症下药,是摆在国家面前一个艰巨的任务。

反思这几年来我们金融市场中出现的各类案件,其原因无外乎相关法律法规不健全、监管能力有限、监管存在空白区等。而我们应当做的,也就是在这几个方面。

首先,健全金融市场监管的法律法规。金融市场的法治化是一个漫长而急迫的任务。法治化的金融市场是运作规范、风险适度的资金融通的场所,也是一个良性发展的市场。目前,我们迫切需要健全与金融市场良性运转相关的法律法规体系。我们可喜地看到,相关的法律法规正在迅速地制定与完善中。尤其是在 2008 年 12 月 3 日,最高人民法院出台了《关于为维护国家金融安全和经济全面协调可持续发展提供司法保障和法律服务的若干意见》,在明确了"金融是现代经济的核心"的基础上,提出了人民法院要为维护国家金融安全和促进经济全面协调可持续发展提供有力的司法保障和优质的法律服务,在严厉打击金融犯罪活动、依法制裁金融违规行为、保障证券市场的稳定运行以及加强与金融监管部门的协调配合、防范系统性风险等方面发挥积极作用。这项司法解释的出台,对于提振投资者信心、界定投资规则、给予事后救济、明确监管责任等具有积极意义,也是创建良好的金融市场法治环境的重要举措。我们相信,随着这项司法解释以及其他一系列措施的出台及实施,中国金融市场监管中的一些痼疾,诸如调查难、取证难、诉讼难等问题必将得到有效的解决。

其次,构筑金融监管的严密网络,完善联合执法机制。在这方面争议最大的是证券监管机构是否应被赋予准司法权的问题。关于这个问题,理论界与实务界争议颇多。笔者认为,是否应当赋予证券监管部门准司法权,唯一的评价标准就是是否有利于对金融市场进行有效的监管,是否能够及时发现市场违规违法行为并进行有效制止,而不是在这些行为发生之后才去采取行动。就目前看来,赋予证券监管机构以及其他金融市场监管机构一定程度的准司法权,扩大其监管金融违法违规行为的权限职责,并构建由中央银行、银行监管机构、证券监管机构、司法部门等机构参与的联合执法机构,应当是提高金融市场监管能力的有效途径。变司法机构的事后救济为多机构的主动出击,必将最大限度地提高金融监管的水平与有效性。

再次,加大对金融违法违规行为的制裁力度。中国金融市场上违法违规行为一再发生,与对这些行为的打击力度不够、这些行为的制裁成本不高有着密切的关系。诸如证券集团诉讼制度的付之阙如、刑事制裁力度的不够等,使得违规违法成本与所得相差太大,在一定程度上纵容了违规违法气焰的嚣张和行为的蔓延。因此,对违法违规行为进行准确界定、加大制裁惩罚力度、创新司法救济方式等,给违法违规者足够的威慑力,可以在一定程度上减少这些行为的发生与蔓延。

最后，加大金融人才的培养力度。人才是发展的根本，从某种程度上来讲，我们与国外金融市场的差距就差在人才上，在金融监管上尤其如此。没有通晓国际金融市场规则与金融监管制度和法规的人才，就不可能从根本上提高我国金融市场的发展水平。低水平的稳定不叫稳定，而只能叫停滞。止步不前没有前途，也不符合我们以经济建设为中心的方针政策，因此，必须以培养或引进高端人才为契机，带动我国金融市场整体发展水平的提升。从某种程度上来说，肇始于美国的这场金融危机对于加速高端金融人才的回流是一件好事。对于提高我国金融市场的国际化程度、提升我国金融监管的水平来说，更是一个极好的机遇。上海等地已经采取了相应的措施，这是一个良好的信号。

在愈演愈烈的国际金融危机面前，或许每个国家都难以躲避危机的侵扰；但只有冷静思考、沉着应对，才能够化险为夷、转危为机。反思麦道夫案的深刻教训，是我们提升金融监管能力的一个契机。只有在危机中知道得失，在失败中看到希望，我们才能够给自己以机会，避免下一只黑天鹅的出现。

(本文原载《中国审判》2009年第2期)

美国医改法案:在期待与争议中启航

2010年3月23日,美国总统奥巴马签署医疗保险改革法案,这标志着自3月21日备受争议与关注的医疗保险改革法案与预算协调法案在美国众议院以微弱多数获得通过后,这项自奥巴马总统上台以来就力推的全民医疗保险法案获得了阶段性胜利。但是,围绕着医疗改革法案的争议却丝毫没有减少。

美国是到目前为止西方发达国家中唯一没有实行全民医疗保险的国家,全国约有5000万人没有医疗保险。然而,美国的医疗投入却十分巨大,近年来政府每年投入的医保资金高达2万亿美元,而效率却较为低下。美国政府预计,今后医疗开支平均每年将增长6.2%。照此趋势发展,到2020年之后,美国财政收入将难以支付庞大的医疗开支。因此,美国现行的医疗保健体系长期以来一直饱受批评,改革已经迫在眉睫。而此次医改法案的通过,必将给美国医疗保健体系乃至整个社会带来深远的影响。

对于同样正在进行医疗体制改革并且遭遇不少困难的中国来说,美国医改法案的通过所反映出的美国全社会在重大社会立法领域的充分辩论、谨慎前行、注重全民、保护弱者等一系列利益考量,具有不少启示。

"世纪创举"

美国在20世纪初时,西奥多·罗斯福总统就尝试进行全民医疗保险的计划,然而由于困难重重,且当时美国的经济实力并不强大,只好作罢。从那以后,富兰克林·罗斯福、肯尼迪、约翰逊、里根等历届总统均进行过类似的尝试,均因阻力过大,不得不知难而退。20世纪最后几年,克林顿总统也曾经进行过医保改革的宏伟计划,并一度取得重要进展,但是,改革方案却最终在国会遭到否决。

奥巴马这位在上任之初就高喊"变革"的总统,确实给美国政坛带来一股新的气象。美国医改法案的提出,正是奥巴马政府着力于改变美国现实社会状况的一种务实的举措,而它的通过,正一步步将美国近百年来的梦想变成现实。

医改法案实施后,美国社会医保的受惠面将大大增加,医疗保险的覆盖面从85%扩大到95%,接近全民医保。法案要求所有的企业必须为其员工提供医疗保险,否则将会受到罚款;65岁以下的所有公民必须强制性地参加医疗保险。

法案实施后,美国的经济增长也将由此得到较大推动。美国国会预算办公室评估报告显示,医改法案在今后10年内可以减少赤字大约1320亿美元。美国医改方案若能成功推行,将建立起一个全新的医疗系统,能够减少政府医疗支出,减轻企业医疗负担,从而释放经济活力,并且,每年还可带来数百亿美元的额外增长。

可以说,不管美国此次医疗保险法案的实施前景如何,奥巴马针对社会福利体系的改革都必将在美国历史上留下自己的印记。不少媒体就将奥巴马此次针对美国医疗体系的改革与美国历史上1935年社会保障体系的确立以及1965年医疗补助法案的通过相提并论。可见,这项改革法案的出台对美国社会的影响是深远的,甚至被人称为"世纪创举"。

争 议 不 断

然而,伴随此项医改法案的却是美国民众的巨大争议与分歧。且不说在法案的讨论过程中出现的诸多反对声音以及由此带来的反复,仅仅从法案的通过率就可以看出,在3月21日众议院的表决中,反对票高达212票,且共和党议员全部投反对票,赞成与反对的阵营泾渭分明。这一点深刻地反映出不少美国民众对此项法案的迷茫与一定程度的不信任。

党派利益分歧是首当其冲的因素。共和党奉行保守主义,认为政府对经济的干预和对社会问题的涉入必定会对个人自由造成威胁,惧怕且不信任强权政府,极力反对政府征税。而全民强制医疗保险在很大程度上对个人的自由权利造成了损害,而其庞大的开支计划也使得民众对由此而来的巨大征税可能心存阴影,因而不可避免地遭到共和党议员的一致反对。民主党则奉行自由主义,主张社会平等与公平,认为政府权力的扩大是消除社会积弊的手段。两党政治理念的差异直接导致了在涉及全民福利待遇的民生问题上观点泾渭分明。

政府与市场之争是第二重因素。美国的医疗保险是典型的以商业保险为主的模式,市场化程度很高,而政府强力介入医疗保险市场,不仅是对商业医疗保险机构利益的直接分割,更是对医疗保险市场的直接干预,这当然受到了来自市场的强烈反对,尤其是商业保险机构的全力反对。应当讲,美国此次医改法案,改变的不仅是医疗保健的投保模式,更是对美国医疗保险体制的重大变革,涉及政府与市场在医疗保险领域权益的直接划分。因此,遭到以商业保险机构为代表的既得利益者的强力反对是很容易理解的。

自由权与福利权之争同样是重要因素。福利权越来越成为一种基本的人权,成为国家对国民应承担的基本责任之一,保障每一个人的基本生存权与发展权、福利权越来越成为衡量一个政府执政能力与水平的直接指标。然而,从另一个方面来看,为了维持较高的福利,政府就必须加大征税的力度,就会直接介入民众的诸多消费领域,直接干预民众的生活方式与消费模式,从而不可避免地造成民众自由权利的限制。要取得社会和谐稳定可持续发展,就必须在民众的自由权与福利权之间取得一定的协调,在自由权与福利权之间进行一定的取舍。而在一个自由主义传统根深蒂固的国家,福利权的扩张在带来民众基本生存权利提升的同时,也造成民众自由权利的受限,这不能不引起民众的一定怀疑。不少普通民众也对此项法案的通过持怀疑态度就是一个明显的证明。

艰难启航

应当说,医改法案的通过只是奥巴马政府重塑美国社会福利制度的第一步。目前,由于美国社会针对此项法案的复杂态度,其实施必将遭遇种种困难。首先是巨大的开支计划对政府的考验。9400亿美元的巨额投入虽然可能带来民众医疗水平的改善,但是其对美国巨额财政赤字的缓解效应却并不是那么明朗。在金融危机尚未完全消退、财政赤字居高不下的情况下,如此巨额的财政投入难免让人心存疑虑,对奥巴马政府综合配套改革的能力也是一个巨大的考验。

其次是强制参险的计划遭到不少民众的反对。根据医改法案,政府医保社保项目工资税从原先提议的 0.5% 上调至 0.9%,这意味着年收入 20 万美元以上者的税负将增加至 2.35%,因而遭到占美国人口 70% 以上的中产阶级的反对。基于自身利益考虑,商业保险公司、私人医生、小企业联盟也加入了反对阵线。

最后,一些州也对此项法案持反对态度。由于美国宪法中并没有关于全民医疗的强制规定,而且美国联邦与州的权利划分十分明确,因此,法案通过后,已经有 13 个州的检察长准备联名提起诉讼,目的在于终止联邦政府的违宪逾权和篡夺州权的行为。

不过,虽然目前看来美国医改法案的实施还会遭遇不少争议与困难,但是对这一关乎大众福祉的基本立法,我们还是祝愿它一路走好。

(本文原载《人民法院报》2010 年 3 月 26 日)

恐怖主义：国际社会的毒瘤

美国再遭恐怖袭击

2013年4月15日下午，美国重要城市之一波士顿发生爆炸。到目前为止，已确认包括1名8岁男童在内的3人死亡，至少134人受伤，其中17人伤势严重。这场爆炸案发生在一场马拉松比赛的终点线附近，前后有两次爆炸发生。从事后公布的现场画面可以看出，爆炸引发了巨大的混乱与恐惧。

就在这两场爆炸发生几十分钟后，波士顿肯尼迪图书馆附近又发生一起纵火案。虽没有证据显示这两起事件之间有着紧密的联系，但是，恐怖的气氛再一次笼罩在城市的上空。

4月16日，美国总统奥巴马称，美国政府初步认定波士顿马拉松比赛现场发生的爆炸袭击为恐怖主义行为，并已展开调查。

而就在波士顿的爆炸还在令许多民众唏嘘不已之时，美国德克萨斯州的化肥厂又发生爆炸，截至4月20日，事故已造成20人死亡，随着搜救人员在化肥厂及周边地区展开搜救行动，预计死亡人数还将继续上升。而受伤的人数现在已达160多人。在现场救援的5名消防员也被证实已经死亡了。

德克萨斯的爆炸案还没有定性为恐怖袭击。但是，这几起接连发生的事件，已经将恐怖主义的气氛投向美国民众乃至世界其他国家。许多人将这几起袭击与美国2001年发生的"9·11"事件联系起来。在十余年前的那场恐怖袭击中，共有2998人遇难，其中2974人被官方证实死亡，另外还有24人下落不明。而被袭击的不仅包括纽约市的标志性建筑世界贸易中心，还包括五角大楼,甚至恐怖分子还将袭击目标投向了美国国会大厦。

"9·11"恐怖袭击事件对美国及全球产生了巨大的影响。这次事件是历史上继第二次世界大战期间的珍珠港事件后,第二次对美国造成重大伤亡的袭击。这次事件是人类历史上截至2001年底为止最严重的恐怖袭击事件。美国政府对此次事件的谴责和立场也受到大多数国家的同情与支持,恐怖主义受到国际社会的一致谴责。该事件也导致了此后国际范围内的多国合作进行反恐怖行动,反对恐怖主义的国际性共识得以形成。

由于美国的特殊地位和信息技术的发达,美国遭遇恐怖主义袭击的消息迅速传至世界每一个角落,再次将恐怖主义的阴影投向各国民众心里。对恐怖主义的关注再次上升为世界性的话题。

恐怖主义的现状

恐怖主义是国际社会中某些组织或个人对非武装人员有组织地使用暴力或以暴力相威胁,采取绑架、暗杀、爆炸、空中劫持、扣押人质等恐怖手段,通过将一定的对象置于恐怖之中,来达到某种政治目的的行为。2004年11月,联合国秘书长的一份报告形容恐怖主义是"意图造成平民或非战斗人民死亡或严重身体伤害以达到恫吓人民或胁迫政府实行或取消某些行动"的行为。恐怖主义事件主要是由极左翼和极右翼的恐怖主义团体,以及极端的民族主义、种族主义的组织和派别所组织策划的,一般意在达成宗教、政治或意识形态上的目的而故意攻击非战斗人员(平民)或将他们的安危置之不理。恐怖袭击通常以这种手段将心理影响的程度和受影响的时间提到最高,他们的每次行动都是一个"演出",影响许多的观众。恐怖分子会袭击国家的标志性物件,以展示威力及试图动摇敌对国家的根基,对政府造成负面的影响,从而提升操纵恐怖活动的恐怖组织的声望及其意识形态。

在刑事法律上对恐怖主义的定义多种多样,有些定义还将非法的暴力和战争包括在内。一般来说,犯罪组织以相似的手段来勒索保护费或执行沉默守则并不被视为恐怖主义,不过如果由具有政治动机的组织来实施这些行动也有可能被视为恐怖主义。恐怖主义一词带有政治及情感上的含义,其精确的定义便很难辨识,从学术研究上可以找到多达 100 多个恐怖主义的定义。可以说,恐怖主义的概念具备争议性,很难进行精确的定义。被袭击对象常常根据袭击自己的对象、受袭击的程度、影响的范围甚至一定的政治目的来定性恐怖主义。

国际恐怖主义的真正形成是在第二次世界大战之后,到 20 世纪 60 年代末真正成为一种国际性的现象。在此期间,恐怖主义的活动热点是在殖民地、附属国或刚独立的民族国家。这一时期的恐怖事件明显增多,手段日趋多样,劫机、爆炸、绑架与劫持人质都有,袭击目标和活动范围已经超出国界,越来越具有国际性,逐渐形成了国际恐怖活动。

20 世纪 70 年代以后,恐怖主义组织已经形成一个较为松散的国际网络。据美国著名的智库兰德公司的有关资料显示,80 年代全世界共发生了近四千起恐怖活动,比 70 年代增加了 30%,死亡人数则翻了一番。另据有关专门研究国际恐怖活动的机构统计,在 1970 年到 1979 年的 9 年间,因遭恐怖活动丧命的人数多达 4000 人,年均 400 余人;1988 年发生了 856 起国际恐怖活动,死亡人数多达 660 人,其中中东地区因民族矛盾比较复杂,共发生 313 起,占全世界恐怖事件的 36%,是恐怖活动的多发地区。

进入 20 世纪 90 年代以后,恐怖活动有了明显的变化,老的恐怖组织开始逐步退出历史舞台,新的组织开始出现。从联合国发表的一份关于"全球恐怖活动状况"的报告中可以看出,1997 年全球恐怖活动再次增多,高达 560 起,死亡 420 人。报告称:"国际恐怖主义活动中死亡的人数增加了。因为恐怖活动日趋残酷地袭击无辜平民并使用爆炸力更大的炸药或炸弹。"与此同时,报告强调:"恐怖行为更具隐蔽性和杀伤性。"事件发生后,很少有人像过去那样站出来声称对事件负责。这是 90 年代国际恐怖主义的一个最为显著的特点,因为他们发现保持神秘也是一种武器,其恐怖作用高于以往的声张。像美国驻东非使馆在 1998 年 8 月 17 日被炸至今还没有人声称对其负责就是一个例子。

而随着全球化的进一步发展以及其他各种原因,进入 21 世纪以来,恐怖主义进一步发展,形势更加恶化。这种趋势在美国遭遇"9·11"恐怖袭击时达到顶峰,美国遭遇战后最大的一次袭击,并随后引发了两场规模巨大的战争,甚至在一定程度上改变了中东地区的政治格局。

恐怖主义的新发展

当今世界,恐怖主义活动范围已从西欧、中东、拉丁美洲三大热点地区向全球各地区和国家蔓延,已有100多个国家不同程度地受其危害。在1968年至1997年期间,国际恐怖活动的三大热点地区依次是西欧、中东、拉丁美洲,这些地区发生的恐怖主义事件占全球总数的3/4以上。著名的恐怖组织有原联邦德国的"红色旅"、法国的"直接行动"、美国的"地下气象组织"、英国的"北爱尔兰共和军"、西班牙的"埃塔"等。东亚国家当时发生恐怖活动的数量较少,从事恐怖活动的主要有日本的"赤军"等左派激进组织,以及东南亚的印尼、菲律宾、泰国的一些伊斯兰极端势力和分离组织。但从80年代开始,亚洲国家的恐怖活动大幅度增加并保持继续发展的趋势,国际排名从第五位上升到第四位,90年代仍保持这一地位,到了2001年,亚洲已排第二位,占全球恐怖活动总数的19.54%。

除范围不断国际化、普遍化外,恐怖主义的打击目标也不断扩大,由外交、军事、政府扩展到商业、一般平民和公共设施。尤其是"9·11"后,美国发动针对伊斯兰教极端势力的全球性反恐战争以来,东南亚穆斯林聚居地区的人民反美情绪高涨,针对西方人的恐怖袭击事件不断增多,严重影响一些国家及地区的政治稳定和经济发展,成为国际社会密切关注的地区安全问题之一。

恐怖主义的手段也不断多样化,由传统的绑架、劫持人质与暗杀等方式到使用爆炸、袭击、劫持以及生化武器和网络恐怖主义等。此外,当前恐怖主义的活动策略也在不断变化,手法越来越野蛮、残暴,甚至于不择手段。

另外,恐怖主义还总是同民族分裂主义和宗教极端主义、无政府主义等极端主义交织在一起。在世界上的很多地区,恶势力之间相互重叠,集中表现为国际恐怖主义。其具体活动是反社会、反人类,以绑架、暗杀、爆炸等极其残忍的手段制造大规模的恐慌。同时,还与毒品买卖、武器走私、贩卖人口等跨国的有组织犯罪相联系,成为一些国家和地区长期动乱的主要原因之一。

对于现代恐怖主义泛滥的趋势与现状,原因是非常多的,诸如一些国家在外交政策上奉行的单边主义导致的国际关系的紧张与对立、文化差异导致的宗教冲突加剧、世界发展不平衡趋势的进一步发展、一些地区民族矛盾的恶化、科技发展导致恐怖活动易于开展并难以监管等,都在很大程度上导致了恐怖主义的进一步蔓延。

处于国际化程度不断加快的世界,中国也面临着恐怖主义的威胁。因此,全面认识这一世界性的问题并拿出相应的对策,是十分必要和紧迫的。从刑法、国际法以及法律社会学的角度展开对恐怖主义的全方位研究,将是我们持续关注的焦点。

(本文原载《中国审判》2013年第5期)

奥巴马的和平奖：国际法律秩序重构的期待

"意外"获奖

人人都渴望获奖。

但是如果当连获奖人自己都纳闷为什么能够得到这个奖项的时候，不知道人们会有什么感受。

如今，这个戏剧性的事件降临到了美国总统奥巴马与享誉世界的诺贝尔和平奖身上。

2009年10月9日早上，当美国总统奥巴马从睡梦中醒来的时候，他身边的工作人员告诉他，他刚刚获得了2009年度诺贝尔和平奖。自竞选总统以来一直好运相伴的奥巴马在极其意外之余连呼"惭愧"。

随后，这个"意外"的消息迅速传遍了世界，不出意料，赞美之声与质疑、否定、嘲笑、讥讽之声不绝于耳。

诺贝尔和平奖旨在奖给"为促进民族团结友好、取消或裁减常备军队以及为和平会议的组织和宣传尽到最大努力或作出最大贡献的人"，也可以授予符合获奖条件的机构与组织。从历届诺贝尔和平奖获得者来看，既有一些真正为世界和平作出巨大贡献的杰出人士，也有一些人选很难让世人认可。可以说，伴随诺贝尔和平奖的争议与赞美几乎不相上下。

应当讲，诺贝尔和平奖的评选本身是西方世界的一种游戏规则，是以西方国家的价值观为基本评价标准的，大可不必寄予过多的期望，冷静看待十分必要。不过，作为在国际上具有一定影响的评选活动，它本身在一定程度上还是反映了国际社会的政治走向与国际形势的变迁。因此,尽管存在诸多争议与质疑之声,我们还是可以从美国近期的外交走向中寻得一些奥巴马获奖的理由。总体上而言,奥巴马政府在改善非均衡发展的国际法律秩序中所作出的积极举措或许是引起诺奖评委们关注的重要原因。

单边主义与失衡的国际法律秩序

世界持久和平的基础是国际社会的稳定与均衡发展,而公正合理的国际法律秩序则是国际社会和平与发展的根本保障。第二次世界大战之后,世界虽然经历了东西方对峙的冷战时期,也经历了东欧剧变带来的世界局势的急剧变幻,还经历了局部地区冲突恶化带来的一定程度的国际形势僵局,但从总体上来看,和平与发展已经成为世界秩序的基调,全球化与和平的趋势不可逆转。之所以如此,第二次世界大战后形成的国际法律秩序发挥的均衡制约作用功不可没。

但是,我们也应当看到,现有的国际法律秩序也存在较多的问题。纵观世界,虽然和平与发展成为主题,但是全球发展中的问题仍然不少,地区冲突依旧不断,世界非均衡发展的状况越来越严重,全球变暖等环境问题日益严重并已威胁人类的生存,若干大国之间的军事存在对世界仍然构成潜在的威胁,恐怖主义对世界安全局势构成严重的冲击,世界并不平静。

对于上述问题的形成,现有国际法律秩序的非均衡性是主要原因。而作为第二次世界大战之后世界上延续至今的唯一的超级大国,美国对非均衡的世界法律秩序的形成起到了关键性的影响,它近年来的一系列举措甚至加剧了世界的分裂与国际秩序的失衡。

纵观近年来美国的对外政策,它在国际法上的单边主义倾向十分明显,在几乎每一个领域,美国都丝毫不放弃维护其自身利益的赤裸裸的立场,极力输出其价值观念与发展模式。作为世界上唯一的超级大国,美国拥有最强大的政治经济军事科技文化实力,与此相伴的是美国对主导世界发展的领导地位的坚持与陶醉,"美国例外论"的优越感处处流露,而布什政府甚至几乎完全抛弃了美国以前对外政策中就较为薄弱的多边外交取向,这一点在 2002 年 9 月出台的《美国国家安全战略》文件中显露无遗。

美国政府近年来对国际组织与国际法表现出了相当明显的蔑视。国际公约作为国际法的主要渊源之一,在国际法律秩序的形成与体系中居于核心地位,但美国却是一系列重要的国际公约的局外者。美国是世界上为数不多的目前尚没有批准关于气候变化的《京都议定书》《禁止一切形式歧视妇女公约》《联合国儿童权利公约》以及《公民权利和政治权利国际公约》与《经济、社会和文化权利国际公约》等一系列重要国际公约的国家之一,也是世界上为数不多的没有批准创立国际刑事法院的《罗马规约》并不断地诋毁和削弱国际刑事法院运转效力的国家,美国甚至扬言准备退出关于限制弹道导弹防御的《反弹道导弹条约》。这些游离于重要的国际组织与国际公约、怯于承担国际责任的举动对世界和平与稳定构成了极大的威胁,使美国受到了国际社会的一致谴责和抗议。

美国的行径也带来了巨大的教训。例如在震惊世界的"9·11"事件发生之后,美国才意识到其与中东地区乃至全球的紧张关系。2004年,一项民意调查显示,在4个接受调查的国家中,有3个国家(巴基斯坦、约旦和摩洛哥)超过一半的民众对本·拉登持有赞赏态度(另外一个国家是土耳其)。

可以说,对这种单边主义行径带来的非均衡发展的国际法律秩序,不仅发展中国家十分失望,就是一些发达国家也颇多非议。例如在美国拒绝批准《京都议定书》之后,欧盟诸国就对美国狭隘的国家利益观进行了严厉的抗议与批评。

"变革"与期待

以倡导"变革"为主旨的奥巴马自上台以后一改布什总统执政时期的"美国例外论"立场,给美国政坛带来一股清新的气象。在外交上,奥巴马坦言"美国一个国家无法解决世界问题",倡导恢复以联合国为主的多边外交,重视发挥国际组织的作用;他力促以色列和巴勒斯坦领袖重新和谈,主张同缅甸和朝鲜展开新的外交努力,承诺与伊朗建立往来,着力改善与古巴的外交关系并已采取相应措施,着力与俄罗斯展开务实外交,避免单纯的对抗;他极力主张从伊拉克撤军,恢复中东和平进程;他表示要与伊斯兰世界重新开始,共同开创新的未来;他在联合国大会上表示,要为实现"世界无核化"而努力;他承认欧洲在世界的"领导地位",愿意一起建立伙伴关系;他承认美国在拉丁美洲的政策失误并承诺改善与拉丁美洲各国的关系;他主张重启有关气候问题的国际谈判,表达了美国在改善全球环境方面应当担负的责任。

纵观奥巴马上台以来的一系列外交举措与政策方向,可以体现出美国政府努力做到对国际法律基本原则的尊重与行使,对国际法上和平解决国际争端原则的遵循以及对国际法重要渊源之一的国际组织决议的尊重并积极参与。可以说,以"变革"为竞选主旨的奥巴马给人们带来了改变国际法律秩序的无限期望。他们对合作共赢的国际法律新秩序重构的努力,虽然并未收到实际的效果,但却与布什政府的对外政策形成了鲜明的对比,因而得到了世界人民的一致欢迎。

可以说,世界人民改变目前的国际秩序的愿望太强烈,而不少国家也对美国寄予了较高的期望。从现实看,美国既是一系列重大国际问题的制造者,也是这些重大国际问题的关键解决者,这是对美国的国际地位与实力的一种反映与肯定,也是对美国应该为变革这个世界作出更大贡献的一种渴望。奥巴马在就任总统之后不久就获颁诺贝尔和平奖,正是各国民众对美国今后在公正合理、合作共赢的国际法律秩序重构中应当起到关键作用的一种期盼。

正如诺贝尔奖评选委员会赞扬奥巴马为"加强国际外交和人民之间合作所作出的非凡努力",给世界带来"更美好未来的希望",如果国际法律秩序能够在美国奥巴马政府所倡导的努力方向和价值理念的影响下,更多地走合作共赢、互利发展的道路,为世界的和平与发展发挥更大的作用,则奥巴马的获奖未尝不是一件有利于世界各国的好事。

我们期待着。

(本文原载《法制日报》2009年10月20日)

利益还是人道，暴徒还是英雄*

——洛克比空难审判案的前世今生

一个老人，二百七十条人命，三个国家，二十年监禁，亿万人关注。

阿卜杜拉·巴塞特·阿里·迈格拉希，一个57岁的垂垂老者，近期成了英国、美国、利比亚三国外交关系的焦点。

2009年8月20日，苏格兰司法部长麦卡斯基尔宣布，由于被关押的1988年洛克比空难"制造者"麦格拉希罹患晚期前列腺癌，身体日益恶化，所剩时日无多，出于人道主义原则，并经过利比亚官员与苏格兰司法部门的协商，决定提前释放。麦格拉希回国后受到了英雄般的欢迎，成千上万的人涌向机场迎接他们心目中的英雄，利比亚领导人卡扎菲的儿子亲自到机场迎接他，卡扎菲本人也亲自接见了他。然而，在大洋彼岸的美国，民众却群情激愤，一致谴责苏格兰政府与司法部门的这个举动，认为他们将这个空难制造者、双手沾满美国人鲜血的暴徒释放的行为是极为错误的举动，是对正义与人道的嘲弄，是对死去的人们的一种亵渎，而利比亚给予此人英雄般的礼遇则更是对美国的公然挑衅。而美国政府部门与媒体更是普遍认为这项释放决定背后隐藏着巨大的经济利益，是英国政府为了在利比亚获取更多石油利益而作出的一项让步与交易，美国民众在一致谴责苏格兰司法部门的决定之外，还呼吁抵制英国商品。随后英国首相布朗断然否定了这些指责，并认为这是苏格兰司法部门的独立决定，英国政府无权干涉。一时间，英美之间口水横飞。

---

* 本文写作于2009年，未曾发表过。

一个普通的老人，何以引发英国、美国、利比亚三国民众之间如此巨大的民意反应，又何以引发三国政府之间截然不同的说辞？在这项释放决定背后究竟有没有所谓的"石油交易"，对三国的外交关系有没有影响？

让我们透过这场热闹非凡的口水战，将视线拉回 21 年前的那场空难以及随后引发的国际政治动荡与激荡起伏的国际诉讼。

正义的审判还是"葫芦案"

1988 年 12 月 21 日晚，苏格兰小镇洛克比，人们正沉浸在睡梦中。突然，一声巨响将全镇的人从睡梦中惊醒。伴随着这声巨响的是包括小镇 11 个居民在内的 270 条人命，以及全世界的震惊。

这是一架从伦敦起飞的美国泛美航空公司的波音 747-121 型客机，机上载有 259 名乘客与机组人员。事故随后被查明是由机上的一枚隐藏在便携式录音机内的小型炸弹爆炸引起。由于机上 189 人为美国人，因而被认为是一场针对美国的恐怖袭击。经过情报人员数年的地毯式搜索，空难制造者被锁定为利比亚阿拉伯航空公司的前保安主管阿卜杜拉·巴塞特·阿里·迈格拉希和他的助手阿明·哈里法·费希迈。而美国政府官员认为制造飞机坠毁这样的恐怖活动如果没有政府最高层人士的支持是无法实现的，因此矛头直指利比亚最高领导人卡扎菲。随后，美英两国通过意大利驻利比亚大使馆向利比亚递交了起诉书和通缉令。

利比亚对此采取了强硬立场，拒绝交出所谓的嫌疑犯。而西方国家早已认定利比亚是一个恐怖主义国家，恨不得把卡扎菲也推上被告席，怎能同意由利比亚自己审判所谓嫌疑犯。联合国安理会第 731 号决议已赋予它们引渡罪犯的权力，因此，它们声明，在利比亚面前只有两条路：要么遵守安理会决议，引渡人犯；要么不执行安理会决议，等着制裁。利比亚选择了后者。1992 年 3 月 31 日，安理会通过了第 748 号决议，要求利比亚在 4 月 15 日前交出嫌疑犯，否则世界上所有国家都要从 15 日起中断与利比亚的空中联系，实行武器禁运，直到利比亚交出嫌疑犯。利比亚继续坚持自己的强硬立场。4 月 15 日制裁正式生效。这一天，所有从利比亚出发的航班都遭到拦截，被迫返航。法国、瑞典、日本、德国等国驱逐了利比亚的外交官。制裁对严重依赖石油出口的利比亚经济造成了毁灭性的打击,并且一直持续到1998年。这一年,难以坚持的利比亚终于做出让步,同意交出两名犯罪嫌疑人,但是坚持必须在中立的第三国进行审判。1998年2月,国际法庭作出裁决,认为有必要听取利比亚的申诉。英美也同意在荷兰审理该案。经卡扎菲同意,利比亚在1999年4月5日将嫌犯移交苏格兰。

中立地点位于荷兰,在前美国空军基地宰斯特营成立苏格兰法庭。根据英荷两国签订的协议,审讯期间苏格兰拥有该处地方的主权,在苏格兰法律下管治。在各方同意下,1998年8月,联合国制裁暂停(但非解除)。审讯于2000年5月3日开始,共有三位法官:萨瑟兰、麦克林和高斯菲尔爵士,没有陪审团——这是利比亚方面的条件。法庭于2001年1月31日达成裁决。迈格拉希罪名成立,被判终身监禁,建议最少服刑20年。法庭没有解释为何在炸弹袭击当日迈格拉希身在马耳他或他何以使用假名往来不同地方,但他没有采取自辩,故很多人认为他的利益受损。费希迈被判罪名不成立,并在翌日回到利比亚的家。2002年3月14日,迈格拉希的上诉被驳回。他被移送到位于苏格兰格拉斯哥的巴连尼监狱。在那里他住在一个特别修建的公寓式囚室,内有数个房间,狱方供他阿拉伯食品。他说自己是误判受害者,他的支持者视他为第271个洛克比受害人。社会一直有呼声要求上诉及让迈格拉希接受服刑。非洲联盟一个委员会批评对迈格拉希定罪的基础。2002年6月,纳尔逊·曼德拉探望迈格拉希以示同情。2002年10月,据报告,利比亚政府为死难者提供27亿元赔偿,约每人1000万。2003年8月15日,利比亚正式对袭击承认责任——尽管其声明毫无悔意表示。一些人认为承认责任不过是为解除制裁所做的例行公事,而不是真心认错。2003年9月12日,联合国终止对利比亚15年的制裁。

尘埃落定之后,激愤消去之余,人们冷静思考才发现,洛克比空难的审判从一开始就充满迷雾。各国民众对空难的猜测始终存在着多种版本。

在审判中,检方始终无法提供任何直接的证据来证明炸弹是在马耳他被放上机的,而这一案件的主要证人吉阿卡(两被告以前的同事)却是一个见钱眼开的人。另外,法庭还被告知,相关机构也向原德意志民主共和国情报机构"斯塔西"出售过同类型的定时器,玛丽时装店店主作证时也说,那天到店里买衣服的男子看上去比迈格拉希老,个头也比他大得多,但法官对这些置之不理。2007

年 6 月 28 日，苏格兰刑事案件审判委员会也提供了一份长达 800 页的异常详细的报告。目前，报告的大部分内容还处于保密状态。其中最核心的内容是有关洛克比空难定罪的 6 个疑点，表明最终的判决可能是错误的。其中就对一个关键证人证言的可靠性表示了怀疑，这个证人曾经几次更改了他的证言。

在坠毁现场找到的与破案有关的重要物品之一是一件 T 恤衫，上面印有黎巴嫩真主党的标志。但官方从未承认过有这样一件 T 恤衫，更没有对此做任何解释。

在案件发生前后的国际政治纠纷中，伊朗与叙利亚的关系或许要更直接一点。就在洛克比空难发生之前 5 个月的时候，美国空军在伊朗领海内击落一架伊朗民航客机，机上 290 人全部遇难。事后，美国人百般抵赖，不仅不予任何赔偿，还指责自身受到了客机的威胁。这场空难在伊朗国内以及国际社会上引起了巨大的谴责。伊朗发誓要让天空"飘满血雨"，并决定给予任何给美国以报复的人或组织 500 万美元的报酬。

在案件的审理程序上，历经近 12 年的调查和准备才艰难开庭的洛克比空难案原预计需 1 年多的时间才会出现最终结果，但洛克比空难案的审理进行了不到 9 个月，实际庭审只有 85 天。这一程序大大出乎许多法学家和遇难者家属的预料。2002 年 3 月 14 日，迈格拉希的上诉被驳回。他被移送到位于苏格兰格拉斯哥的巴连尼监狱。

针对案件的裁决，部分法官提出异议，甚至有法官认为判决本身就没有达到苏格兰刑事证据中赖以定罪的"排除合理怀疑"的水平。客观地讲，在案件存在这么多疑点的前提下，法庭匆忙作出裁决，而且没有赋予当事人充分的辩护权与上诉权，很难让人没有更多的猜测，可以说，案件的审判并没有揭露事实的真相，关于此案的怀疑与猜测在此之后一直不绝于耳，各种版本的说法层出不穷，从另一个侧面反映了国际社会对此案审理过程的不信任。应当承认，在违背基本诉讼程序的情况下进行的审判，本身就面临着严峻的国际政治形势与美国受害者家属的强大压力，其自身的公正与合理性很难保证。与其说案件的审判是还了受害者一个迟到的公平与正义，毋宁说迈格拉希是国际政治漩涡中一颗任人摆布的棋子。

案件背后的国际政治博弈

一场空难引发如此之多的争议与外交风波,只因此案背后纠缠着过多的国际政治纠葛,是英美与利比亚国际政治冲突的集中体现。

美国与利比亚的矛盾由来已久,但它们曾经确实是一对亲密的朋友。20世纪60年代之前,美国与利比亚的关系还算良好,美国在利比亚有着大量的利益存在。1969年9月1日,受风起云涌的反帝反殖民族解放运动的影响,27岁的卡扎菲率领"自由军官组织"发动政变,推翻了伊德里斯王朝,接管利比亚政权。具有强烈民族主义、社会主义意识的卡扎菲上台后,下令关闭了美国设在利比亚的军事基地,把美国作为"头号敌人",不断拉近与苏联的关系,大量购买苏联武器,聘请苏联军事顾问,还将原由美国使用的惠勒斯空军基地转交给苏军使用。美国对利比亚的这种倒戈行为极为不满,对卡扎菲更是恨之入骨,双方关系开始紧张。从1972年开始,两国维持代办级外交关系,1979年,双方虽然没有宣布断交,但却撤掉了使馆。1979年12月,为了支持伊朗的反美斗争,2000名利比亚人在美国驻利比亚大使馆前举行示威,并烧毁了使馆大楼。1981年8月18日,美国海军第六舰队军舰闯入利比亚宣布为"死亡线"的北纬32度30分以南的锡德拉湾,引诱利比亚飞机出击,以便借口"自卫"进行军事报复。当天,美国海军的喷气式飞机击落了2架利比亚苏制米格-23战斗机,借口是这两架飞机曾向美国飞机开火。1982年,美国宣布禁止进口利比亚石油及向利比亚出口石油技术和设备。自此,美利关系严重恶化。

1970年6月11日,利比亚收回了美国在利比亚的惠勒斯空军基地,这是当时美国在海外最大的空军基地,美国人的恼怒可想而知。1971年12月,利比亚实施国有化措施,美国又是首当其冲。此后,卡扎菲逐渐与苏联关系密切,这更是美国不能容忍的。1979年,美国和利比亚相互撤回大使馆人员,但尚未彻底断绝外交关系。1981年8月,美国曾在利比亚的锡尔特湾向利比亚的空中实力挑战,结果利比亚失败了。1986年,美国借口利比亚在柏林向美国军人采取恐怖主义行动,于1986年4月15日对利比亚动了"外科手术",结果卡扎菲虽幸免于难,但其养女却被炸死,双方积怨甚深。

不过,随着利比亚在 2003 年宣布对洛克比空难负责并愿意支付赔偿之后,利比亚与西方国家之间的关系得到改善。在利比亚政府伸出橄榄枝之后,2004 年,英国首相布莱尔即率团访问了利比亚,并签署了巨额合作协议。随后,法国、意大利等国领导人也相继访问利比亚,一时间,利比亚与西方各国的关系急剧升温。而美国国务卿赖斯也在 2008 年 9 月访问利比亚,掀开了利美关系的新篇章。

西方国家与利比亚的关系之所以在长期僵化之后急剧升温,除了利比亚领导人卡扎菲改变了以往与西方各国对抗的一贯立场、主动伸出友好之手外,最重要的原因还在于西方各国尤其是美国近年来反恐重任升级,其国际安全战略亟需进行调整,迫切希望改善与中东各国特别是阿拉伯伊斯兰世界各国的关系,为自身创造良好的世界环境,减轻其在全球进行反恐活动的重负。在这种情况下,西方各国当然不会对利比亚伸出的橄榄枝视而不见。

利益还是正义

那么,为什么苏格兰政府要选择在这个时候释放迈格拉希?其背后到底有没有不可告人的秘密?

司法不是在真空中运行的,它总是在一定的社会环境与政治形势下作出的,尤其是国际案件的审判,更是掺杂着复杂的国际政治利益与外交诉求,而国家的利益与民众的诉求并不总是一致的,个人的利益在某些时候要服从于国家的利益与政治需要。可以说,在国际审判中谋求完全的公平与正义不过是一种理想化的追求。

国际法的本质是国家之间处理国家之间政治、经济、文化关系的规则,它与国际政治、国际关系存在着千丝万缕的联系,它的价值在于为国家的对外交往提供一种工具,也是维持国际平衡的一种工具。然而,国际法律秩序的有效运转和功能发挥的基础在于国家之间的平衡,如果国际政治与国际关系存在较大的失衡,那么国际法律的运转就会失去平衡,难免与国家的利益诉求纠缠在一起。

在迈格拉希获释后不久,美国人就指责此案背后隐藏着不可告人的交易,是英国政府以公正换石油的一种外交交易。

利比亚蕴含着丰富的油气资源,被称为"浮在石油之上的王国"。目前利比亚的石油探明储量是360亿桶,居世界第八位;天然气探明储量是1.3亿立方米,居非洲首位。石油出口是利比亚国家收入的主要来源,占其外汇收入的95%和财政收入的75%以上。

由于与伊朗的关系恶化,加上利比亚是离欧美石油使用大国最近的输出国之一,当今利比亚在国际能源版图中的地位越来越重要,加上利比亚独特的地缘政治价值,欧美各国改善与利比亚的关系、加强与其合作的愿望越来越强烈。

早前就有消息传出,英国石油公司与利比亚国家石油公司签署了为期7年的开发和开采协议,根据协议,英国石油公司将投资250亿美元用于开发利比亚石油和天然气资源。

另据《星期日泰晤士报》揭露,英国政府早在两年前就已决定,释放洛克比空难凶手迈格拉希,以照顾英国的石油利益。

利比亚领导人卡扎菲的儿子也宣称,利比亚与英国政府存在着石油合作方面的交易,此言一出,更加引发了人们的无限想象,也置英国于极为尴尬的境地。

既然已经罹患前列腺癌,所剩时日无多,何不做一个顺水人情,既落一个人道主义的美名,又为今后与据有巨大油气资源的利比亚的经济合作中取得先机,获取巨大的筹码。孰轻孰重,英国人自然十分清楚。然而,英国人或许低估了美国人的正义感,也对利比亚人的保密责任寄予了过高的期望。

2007年,时任英国首相布莱尔曾出访利比亚。访问期间,英国能源巨头——英国石油公司与利方签下了价值9亿美元的勘探协议。2009年7月意大利G8峰会期间,布朗首相还会见了卡扎菲。当时,布朗的发言人表示,英、利两国关系发展势头"强劲",并将愈来愈"强劲"。

不过,英国是否可以向苏格兰司法机构施压?另一方面,同样作为空难主要受害国的英国,释放迈格拉希为什么没有在英国民众中引发如潮愤怒?可能不能简单地用政治交易来解释。毕竟,同样作为英美法系的苏格兰地区内,法治理念同样深入人心,将这一行为单纯解释为商业交易的考量,也许是过于简单地考虑了。

苏格兰政府坚称,他们已征询了假释委员会以及监狱管理者的意见。司法部长基于正确的理由,做出了正确的决定。苏格兰政府发言人也指出,"基于人道主义的释放"不是美国法律体系的一部分,但却是苏格兰法律的一部分。

现在的情况是,英国政府与苏格兰司法大臣坚称释放迈格拉希并没有掺杂任何经济考量,完全是出于人道主义考虑,而英国司法大臣与利比亚政府则承认是利益在释放迈格拉希的过程中发挥了巨大的作用。两方的明显反差使得英国政府十分尴尬,甚至决定推迟原定于年底访问利比亚的英国王子的行程。正义与利益之争已经脱离了释放一个垂垂老者这样一个简单的问题,上升为检验英美与利比亚国家关系与文明融合程度的一块试金石。

单边主义的审判与单边主义的国际法

透过层层迷雾,穿过历史的尘埃,通过对洛克比案进行条分缕析,我们可以看出,这绝不是一起简单的空难案,而是掺杂了太多的政治纠葛、文化差异、文明冲突的国际政治冲突的缩影。

现代的国际冲突已经不是简单的利益之争,而是掺杂着过多的政治、经济、文化等诉求。从某种程度上讲,国际法就是国家实现其自身利益诉求、国际社会实现某种程度的制约与平衡的一种国际治理机制。和平与发展成为当今世界的主题,虽然冲突难以避免,但是大的战争已经很难爆发,国际法律起到了一种制约的作用。

在国际社会,没有绝对的公平与正义,每个人、每个国家对公平正义观的评价是不一样的。但是,脱离均衡的国际政治力量的国际法律规范难免会在实现公正合理的国际秩序的道路上渐行渐远,美国在今年来的一系列案件的过程中就明显表现出了这一点。

为什么洛克比空难案在证据不确凿的情况下匆忙做出判决,在审判中几乎完全依赖美国情报人员提供的证据,而在审判做出以后没有赋予麦格拉西上诉的权利,这种明显违反程序的做法引起了诸多非议,这本身就是当时紧张的国际政治局势与美国国内严峻对抗的集中反映。

我们将目光放到近年来美国参与的一系列国际审判过程中去看,例如前南问题中国际刑事法庭对米洛舍维奇的审判、伊拉克法院对萨达姆的审判,美国在政治上频频施压,甚至在许多时候抛开其盟友,极力维护自身的价值追求与

利益还是人道,暴徒还是英雄

利益导向。如果我们将目光再投向近年来发生的另外几件国际审判,就会发现美国在此类案件中奉行的双重标准,最典型的莫过于1976年10月发生的古巴空难,在机上73人全部遇难之后,美国却对涉嫌策划并制造空难的波萨达和博施两人庇护有加,并且始终拒绝解密与空袭有关的数百页文件。这种态度与做法与其在洛克比空难发生之后的大张旗鼓形成了鲜明的反差。

从某种程度上说,美国依然是目前国际秩序的制定者与主导者,其在国际法上的单边主义倾向十分明显。无论是在国际政治领域还是在国际经济秩序领域,这种单边主义的取向暴露无遗,而美国也丝毫不掩饰他们对这种价值取向的偏爱与坚持,在几乎每一个领域,美国都丝毫不放弃维护其自身利益的赤裸裸的立场,极力输出其价值观念与发展模式。

在国际法律领域,美国的单边主义立场也十分明显。在一系列国际组织的建立尤其是国际法院的建立过程中,美国竭尽全力将其司法理念灌输其中,在近年来组建几个国际问题临时审判庭的过程中,美国的立场更加孤立。

美国的行径带来了巨大的教训。例如在震惊世界的"9·11"事件发生之后,美国才意识到其与中东地区乃至全球的紧张关系。2004年,一项民意调查显示,在4个接受调查的国家中,有3个国家(巴基斯坦、约旦和摩洛哥)超过一半的民众对本·拉登持有赞赏态度(另外1个国家是土耳其)。这个现实令美国人震撼,但这种对美国的反感情绪不仅存在,而且还在一个较为广泛的范围内存在,甚至还在逐步扩张。

或许,笼罩在洛克比上空的疑云永远也不会散去;或许,迈格拉希究竟是一个暴徒还是一个无辜的替罪羊,历史也难以给出确切的答案;或许,苏格兰司法机关的释放决定究竟是一个人道主义的充满仁慈的决定还是一个掺杂利益之争的肮脏的交易,真相并不那么重要。但是,在充满强权政治的国际社会中,均衡与正义如果始终难以实现,那么下一个迈格拉希或者下一个洛克比空难就在不远的将来。

索马里海盗：国际治理的失衡与中国的选择

海盗，对我们大多数人来说是一个既陌生又遥远、既恐怖又神秘的概念；近年来，《加勒比海盗》等一批电影给我们留下了一层模糊而浪漫的海盗形象。然而，在多数人的脑海中，海盗仍然是一个仿佛被历史湮没的群体，人们只能在小说与电影中寻找他们强悍的身影。但就在最近，伴随着电视与网络对索马里海盗问题的集中报道，海盗们似乎在一夜之间逃出地狱、重返人间，成为国际社会关注的焦点。各国政府已经被迅速蔓延的金融危机折腾得万分恐慌的神经进一步绷紧，而各国民众被金融危机拖累到沮丧与失落的情绪则由于受到海盗们频繁出现的身影、不断升级的胃口以及愈战愈勇的决心、迅速壮大的规模的刺激而急剧亢奋起来。

自20世纪90年代索马里海盗在渔民中逐渐产生之时，有关索马里海盗抢劫勒索的规模升级的报道就不断出现。索马里海盗何以在短时间内迅速超越具有悠久传统、臭名昭著的马六甲海盗而引起全世界关注？

索马里，作为一个位于非洲之角的世界最不发达国家，20世纪90年代曾经因疯狂的内战引起过国际社会的关注，此后一段时间内一度沉寂下去，似乎被国际社会遗忘；如今，这个遥远的国家以这样一种形象"重返地球"，再度活跃在国际社会舞台上，让我们不得不在对这个国家的民众生存状况倾注更多的担忧的同时，惊叹他们吸引国际社会眼球方面的能力与决心以及推陈出新的方式与途径。当然，在感叹之余，我们不能不反思一下索马里海盗出现与不断壮大的根源，以期能够及时拿出行之有效的治理方法，压制并杜绝、根除索马里海盗问题，还国际社会一个宁静的环境。

海盗：由来已久的国际问题

海盗，是一个折磨国际社会由来已久的问题；甚至可以说，海盗问题是伴随着世界海上活动的产生而产生的，伴随着世界海上运输的扩大而扩大。这个行当的悠久历史至少已有几千年了，以至于在近2000年之前希腊历史学家布鲁达克就对海盗给出了一个明确的定义，他把海盗称为"那些非法攻击船只及沿海城市的人"。

海盗的猖獗是在国际海运发展壮大以后，一方面从事海运的船只越来越多，各国船只活跃的海域逐渐扩大，海盗的目标越来越多，活动具有了便利性；另一方面，国际贸易的扩展与国际海运的发达也使海盗行当更加有利可图，高额利润的驱使使得越来越多的人投身这项可以一夜暴富的事业，海盗问题遂成为一个国际性的问题，日益引起各国的关注。

在国际范围内，16至18世纪中期是海盗们的"黄金时代"。在这个时期，由于新大陆的发现和新航线的开辟，国际贸易变得异常火热，由此，海盗行当一下子变成暴利行业，遂在全世界尤其是贸易航线的沿途疯狂蔓延。巨额利润的诱惑和装备的精良使得海盗们的野心急剧膨胀。而更令人震惊的是，某些国家为了在国际商业竞争中保障自己的竞争力，居然对海盗发出了"私掠许可证"，允许本国的海盗对他国的商船进行掠夺以补偿本国在相应领域的损失，演化到最后甚至发展到用海盗武装来加强本国海军的地步，这种对海盗行径"合法化"的政府行为在很大程度上鼓励了海盗行当的发展，导致海盗在合法外衣的掩护下愈演愈烈，终成燎原之势。这个时期涌现出一批日后成为小说与电影中频繁出现的热点人物的海盗巨头，诸如著名的"黑胡子"爱德华·蒂奇、基德船长、"黑色准男爵"罗伯茨等。

18世纪后期以后，西欧各国经济的发展呼唤良好的国际贸易秩序的建立，为了平衡各国之间的利益，需要公平与和平的国际法律秩序与国际治理结构。在这种情况下，鼓励或者允许海盗的发展就不是一件利于国际贸易发展的事情。尤其在当时，西欧主要国家的经济都是贸易驱动型的，对正常的贸易秩序的依赖程度越来越高。因此，打击海盗成为促进本国经济与贸易发展的当务之急。政策的转变,伴随着蒸汽机在船上的使用以及武器装备的升级换代,各国打击的决心与力度直线上升,海盗们的黄金时代一去不复返了。严厉的打击导致的结果是从18世纪后期开始,海盗活动逐渐减少并一度销声匿迹,上演了一段海盗版的"百年孤独"。

进入20世纪以后,国际法律秩序日益完善,对海盗的国际立法不断增多,打击力度更趋严厉,在很长一段时间内人们只能在小说与电影中寻觅海盗们孤独的身影。但第二次世界大战以后,由于国际军火交易的规模日益庞大与缺乏有力监控,在某些政局不稳的国家范围内,或者一些国家控制的死角区域,一些装备有现代化武器与交通工具的海盗们开始重新出现,并形成困扰当今国际社会的五大海盗活动热点区域:东南亚水域、西非海岸、索马里半岛附近水域、红海和亚丁湾附近水域、孟加拉湾沿岸等。现在国际社会每年都会出现几百起海盗事件,其中东南亚每年发生的海盗攻击事件一度占到全球海盗事件的1/3还多。然而,最近,索马里海盗们的身影与呼声及引起的国际关注已经远远超过马六甲地区,国际社会为之一震。在国际法律秩序日益完善、各国打击力度日趋严厉的今天,索马里海盗们竟然能冒天下之大不韪、频繁出手,实在令人匪夷所思。而对于他们的"战绩",我们只能用"举世震惊"来形容:

2008年9月25日,一艘乌克兰货船被劫,船上载有33辆T-72型主战坦克和大量弹药;

2008年11月15号,世界第二大油轮——沙特阿拉伯的"天狼星号"被劫,船上载有两百多万桶原油,价值高达1亿美元(船上所运载的原油占了沙特阿拉伯每日石油输出量的1/4,消息传出后,全球油价应声上涨1美元,升至每桶58美元,其后才稍微回落);

2008年11月18日,索马里海盗在一天之内连劫三船:一艘泰国渔轮、一艘悬挂香港旗帜由伊朗船运公司运营的货轮以及一艘希腊货轮,其连续作战能力令人震惊!

据总部设在马来西亚吉隆坡的国际海事局统计,2008年前10个月索马里海域已经发生了87起海盗袭船事件,占全球同期海盗攻击事件总数的40%以上。这个数字在近期已经被迅速刷新。更让人吃惊的是,12月10日有消息说,海盗们在索马里哈尔迪尔港召开了三天的秘密会议,决定成立所谓的"行动委员会",以便扩大活动范围并应对国际打击。也就是,索马里海盗们要改变以前各自为战的状态,采取"有组织有纪律"的作案方式了。

在这种情况下,许多国家的船只被迫绕道好望角,这样导致海运费用大幅度上升,同时也导致海运保险费用成倍增长,而预期的交货日期也被迫一延再延,以至于西欧一些国家的民众发出了"何时才能收到圣诞礼物"的质疑。在金融危机蔓延全球、各国经济普遍不景气的境况下,这使各国本已颤颤巍巍的经济增长火车头更加前景堪忧。

在国际法律秩序日益完善、各国打击力度日趋严厉的今天,索马里海盗们竟然能冒天下之大不韪、如此猖狂地频繁出手,实在令人匪夷所思。

无辜的索马里政府

其实,出现了这样让国际社会关注的臭名昭著的海盗问题,索马里政府是很无辜的。

索马里位于非洲东北角的索马里半岛,北濒亚丁湾,东临印度洋,战略地位十分重要,是海湾产油国家石油输往西欧与美国的必经之地。索马里的经济以畜牧业为主,是世界上最不发达的国家之一。索马里也是非洲政局最不稳定的国家之一。20世纪90年代以来,索马里原有政权被推翻以后,全国陷入军阀武装割据、全国四分五裂的状态,经国际社会多次调停均无结果。进入21世纪以后,索马里虽然选举产生了十年内战以来的首届议会及总统,但由于各种原因,政府对全国的控制极其薄弱,全国仍然处于军阀割据的分裂状态,甚至出现过同时有三个人宣布其为这个国家的总统但又都没有得到国际社会承认的闹剧。索马里基本处于无政府状态,各种政府机关形同虚设,法律体系与司法机关简直就是奢侈品。

在混乱的国内局势下,政府对海盗的漠视或者无能为力甚至是互相勾结,在很大程度上助长了海盗们作案的决心和勇气。进行海上抢劫,海盗们不仅可以改善生活,有的还在当地兴办学校以及慈善机构,从而颇受当地人欢迎。因此,在索马里不少地方,海盗们不仅见容于当地居民,而且在一定程度上"它甚至已成时尚"。由此,索马里海盗的规模在世界金融危机愈演愈烈的国际形势下,逆势扩大,并有逐渐蔓延的趋势。

在这样的国内环境下,一方面国家基本没有打击海盗的决心和军事力量,另一方面,海盗们受到法律制裁的风险几乎为零,加之索马里临近国际海上石油运输生命线,海盗们的抢劫对象极其丰富,因此,索马里一时成为海盗们的乐园与天堂。面对如此情境,索马里政府是有心无力,对被劫船只亦是爱莫能助,在国际上背负这样的恶名实在是很无辜。

国际社会:很受伤却很无奈

尽管频遭索马里海盗洗劫,但国际社会其实也很无奈。其一,索马里地处国际海上石油运输生命线的咽喉部位,经过苏伊士运河到西欧与美国的船只必须经过索马里海域。苏伊士运河是世界上最繁忙的国际运河,每年通过运河的船只有两万多艘次。而如果船只改从非洲南部的好望角通过的话,增加数以万计的运输成本不说,在海盗们依赖精良的设备不断扩大"营业"半径的情况下(有的已经将作案触角伸到200海里以外的海域甚至别国的领海),改道的风险依然很大。可以说,在目前的情况下,索马里是一个几乎绕不过去的关口。其二,海盗们装备精良,他们经常驾驶配有卫星定位系统和通讯设备的船只出海,携带轻型武器或者反坦克火箭发射器和手榴弹等,熟练爬上过路的货轮勒索钱财,而这些武器对于经历了20年内战的索马里来说,几乎"随手可得"。另外,由于索马里连年遭受战乱影响,当地大小海盗团伙的装备和训练水平竟然比国家的军人还好。他们往往能得到家乡居民甚至是政府内部人士的帮助,有些海盗头子甚至宣称,将把获得的赎金用来为家乡人民建设道路和学校,颇有一点"劫富济贫"的味道。在这种情况下,对付海盗必然要付出更高的成本,而且也是防不胜防,难以首尾兼顾。其三,索马里的海盗们主要在其国家的领海内活动,一遇到打击就迅速龟缩到国内的陆地上去,而根据国际法的规定,一国军舰在进入他国领海内时一般要经过他国批准。在这种情况下,进入索马里领海对海盗进行打击就有一些麻烦,这也导致了海盗们的肆无忌惮与有恃无恐。其四,索马里海盗的猖獗也与美国、俄罗斯等军事大国的放任不作为有关。经过这一条航线的俄罗斯船只并不多,而由于众所周知的原因和欺软怕硬的成本考量,索马里海盗们基本不攻击挂有美国旗帜的船只,这样,这些军事大国对索马里海盗问题基本上持一种不积极的态度。而其他国家的军事力量还远远没有达到在如此远和如此广的海域内进行海盗打击的能力和水平。例如,巨型油轮"天狼星"号被劫至今,各国尚没有救援计划。其现实情况是有救援能力的不愿伸出援助之手,而有救援之心的又没有救援之力。这样一来,海盗们的勇气在无形中得到了助长。其五,在对海盗进行治理最根本的索马里国内,国际社会不愿投入更多的精力,导致即使在海上对海盗实施了打击也只是治标不治本的举措,不能从根上铲除海盗产生的土壤。20世纪90年代美国曾经介入过索马里国内事务,但以遭受严重挫折告终,加上冷战的结束导致索马里战略地位下降,而且索马里国内基本没有什么自然资源,美国自此基本不再插手索马里国内事务,任凭其内战频仍、海盗滋生,亦不闻不顾。某些大国的放任不管态度也在一定程度上鼓励了索马里海盗们的抢劫意愿。

从以上可以看出,国际社会各国对待索马里海盗的各有盘算的态度、索马里国内的失控政局以及海盗们的强大与灵活作案方式使得国际社会对索马里海盗问题束手无策。

治理海盗：决心较大，效果较差

海盗是一个由来已久的行当,而对海盗问题的治理同样也是一个历史悠久的课题。由于种种原因,对海盗问题的治理经历了一段从空白到自发、放任再到严厉直至有组织、法治化的过程。

在海盗产生的最初期,海盗的抢劫行为是零星的、小规模的、个体的,难以引起国家的注意,对海盗的控制仅限于个体的对抗,并没有上升到国家或者法律的角度。随着世界地理大发现与新航线的开辟,海盗问题日益严重,并逐渐走向有组织团体作案的形式,对世界各国的危害逐渐加大,因此,各国对海盗问题逐渐重视,开始采取一些国家层面的措施来对付海盗的行为。但这时的对抗行为仍然局限于个体之间的对抗,并没有组织化、规模化,并且由于国际贸易秩序的无序化,国际贸易恶性竞争的结果导致"掠夺令"的出现,海盗甚至一度合法化,在这个阶段,国家与海盗的界限十分模糊,何谈对海盗问题的治理。然而,随着西方主要国家相继进行工业革命,大规模国际贸易的进行必须要求公正合理有序的国际环境,因此,对海盗的打击与治理成为当务之急。于是,西方各国不仅在国内加大打击海盗的力度,在国际上也通过联手合作等方式通力打击海盗行径,对海盗的治理逐步走向组织化的阶段。而进入20世纪以来,伴随着国际组织的壮大与国际社会法治化的发展,对海盗问题的治理逐渐成为一种国际性的课题。1937年9月14日的《尼翁协议》认为,海盗是一种"恐怖主义"的行为,并将该罪行列入国际犯罪之内,使之成为国际社会最早认同的典型的国际犯罪。而最重要的关于海盗的国际文件是1982年通过的《联合国海洋法公约》,此公约对海盗做了较为宽泛的定义,并将其明确为一种国际犯罪,应当受到世界各国的严厉打击。《联合国海洋法公约》及其他一系列国际文件的通过,反映了各国对付海盗、解决海盗困扰的巨大决心,海盗在国际上已经成为一个人人喊打、人人可以得而诛之的群体。

可以说,各国对海盗问题的关注不可谓不大、决心不可谓不强、力度不可谓不广、措施不可谓不多、方式不可谓不新,但遗憾的是,其结果不可谓不差。为何恢恢天网依然难以根除海盗问题,个中原因耐人寻味,可以说是一个牵涉很广的国际问题。笔者认为,索马里海盗问题其实是一个国际法治理结构失衡的问题,是国际社会不均衡发展的结果。不摆脱这种不均衡发展的格局,索马里海盗问题就不能得到根本解决。

我们看到,索马里作为世界上最不发达的国家之一,处于被世界遗忘的角落,在不平等的国际经济秩序中他们是弱者,是不公正的国际治理结构的被动接受者,在国际社会中没有自己的话语权,难以改变约束国家发展的失衡秩序。这种秩序在很大程度上是在殖民地时期依靠武力与掠夺形成的。包括索马里在内的广大亚非拉发展中国家在独立后不得不接受这样的国际经济秩序,尽管有过抗争,尽管也有过改进,但现状不容乐观,南北差距仍在扩大,世界的发展仍在失衡,强者愈强、弱者恒弱,这种状况在非洲表现得尤其明显。欧美国家妄图将这些国家依旧作为他们的原料产地与初级产品加工地,永远处于产业链的低端,自己则获取超额利润。尽管多年来加大对发展中国家经济援助的呼声日益高涨,但发达国家依旧是雷声大雨点小,不见多少实际行动,在实际中取得的效果仍然是微弱的。经济的落后导致政局的不稳,政局的不稳反过来加剧经济的滞后,形成恶性循环,导致索马里这样的基本处于无政府状态的国家,以至其国内问题丛生、海盗横行。可以说,不平衡的国际治理结构尤其是不平等的国际经济秩序是索马里海盗问题日益严重的根本原因。

另一方面,国际法的"软法"性质与某些大国对国家利益的过度保护,导致国际治理结构的分散化。西方一些大国在国家利益至上的原则下,无视国际法基本原则,甚至以本国法律原则为国际法基本原则,漠视他国利益,肆意践踏国际法律秩序,或者无视自己应当承担的国际义务与责任,逃避对自己不利的法律约束,导致国际治理结构的分散化与多国中心化,从而造成国际社会在一些重大国际问题上的无所作为。具体就索马里海盗问题而言,美国等一些大国对其打击力度不够、放任其发展的做法,就是逃避自己应当履行的各国打击海盗等国际犯罪的共同责任。某些大国在国际问题上的态度暧昧、缺乏责任感导致国际法进一步"软化",国际治理结构日益分散,海盗等国际问题也难以在短期内得到有效治理。

作为当今国际社会治理结构的重要环节之一的国际组织在这场海盗之战中发挥的作用也是较为有限的,这也是国际组织作用有限的集中体现。国际组织应当在国际社会的治理中发挥积极的作用,在国际社会公正合理的秩序构建中扮演组织者与领导者的角色,但目前包括联合国在内的国际组织在此过程中所起的作用实在有限,这一点我们从它们对待索马里海盗问题反应的迟钝与解救行动的空白可见一斑。在国际治理结构非均衡发展与国家利益严重至上思想盛行的现实情况下,指望国际组织在短期内发挥巨大作用仍然是一个奢望。

国际联合治理:援助与打击并重

对于海盗问题,要想在短期内收到奇效也不是不可能的事情,但这必须依赖于各国的通力合作,必须编织法网、重拳出手、严厉打击、不留后患,必须从国际层面入手,进行均衡治理。

首先,要增进对发展中国家的援助,促进国际社会均衡发展。国际社会的非均衡发展是对国际和平的最大威胁,是国际社会中重大问题的重要根源。没有均衡发展就没有世界的持久和平与持续发展。因此,我们应当将对发展中家尤其是最不发达国家的援助落到实处,争取取得实效,促进这些国家社会整体进步。

当然,对发展中国家尤其是最不发达国家的援助绝不能仅仅局限在经济援助上,而应当提供全方位的援助与指导,授人以鱼不如授人以渔,在尊重各国实际情况与人民意愿的基础上,在政治文化经济等各方面提供全面的指导与帮助,使这些国家走上自主发展的道路,摆脱低水平发展的恶性循环。国内经济的良好发展与人民生活水平的持续提高,加上稳定的政局,是解决海盗问题的根本途径,是既治标也治本的方法。

其次,要加强打击海盗的国际联合行动,编织恢恢法网。对付海盗这样的无规律有组织的无孔不入的国际犯罪,必须依靠各国的协同行动,建立联合执法机构。各国应当将打击海盗视作自己的当然义务,在面对海盗的时候,应当毫不犹豫地积极出手,而不应当囿于狭隘的国家利益的局限,推卸自己的责任。只有各国统一思想、协调行动,建立起严密的反海盗组织和联合执法机构,才能不给海盗问题留下死角,不给海盗们以生存空间,进而根除海盗问题。前几年给国际社会造成严重危害的马六甲海盗在沿岸各国的协同打击下已经大大收敛,这就是各国协同行动收到良好效果的范例。

再次,要完善打击海盗的国际性立法,强化执法力度。对待海盗的国际性立法虽然不少,但是对于海盗的界定范围过于模糊、狭窄,执法手段简单,缺乏可操作性措施,对海盗的惩罚力度也略显微弱。在海盗力量更加强大、装备更加精良、训练更加有素、作案更加残忍、组织更加严密的情况下,应当使国际立法更加严密,扩大海盗界定的范围,加大对海盗打击的范围,将为海盗提供外围服务的人员也纳入打击的范围实属必要;要加大惩罚的力度,在特殊情况下允许各国军舰进入领海范围内实施打击;为探讨建立打击海盗国际组织的可能性提供法律依据。通过国际社会立法,为打击海盗提供法制化保障。

最后,要加强国际组织在解决国际社会重大问题上的作用,使国际治理结构集中并均衡。国际组织应当也有能力在国际社会中发挥更大的作用,它们在集中各国智慧与力量、协调各国关系与矛盾等方面具有不可替代的作用。但当前由于各种原因,国际组织的作用在一定程度上受到弱化,这不是一个健康的发展方向。各国应当在面临国际社会重大问题的时候放弃狭隘的国别之见,以负责任的态度参与国际组织的运作,使其在国际事务中发挥单个国家难以发挥的作用。例如在索马里海盗日益猖獗的情况下,联合国安理会已经通过决议,授权外国军队在索马里政府同意的情况下,进入索马里领海打击海盗活动。这项措施虽然目前还没有显现多少实效,但我们相信对解决索马里海盗问题还是会起到一定积极作用的。我们期待更多行之有效的措施的及时出台,以免国际社会在金融危机愈演愈烈的情况下再受海盗问题的更大冲击。

中国:勇敢面对,多管齐下

中国船只也是一个频频遭到索马里海盗们光顾的群体。面对与日俱增的威胁,我们是束手无策,还是勇敢出击?

2007年,中国已经成为世界第三贸易大国;中国每年通过苏伊士运河的船只约有1000艘,年通行费用约1.6亿美元;中国从阿拉伯和海湾国家进口的石油约占其石油进口总量的51%。由此可见,索马里海盗是一个中国绝不能回避也绝不容小觑的问题。而最近索马里海盗们已经将魔爪伸向了中国船只:2008年9月17日,一艘中国香港货轮在索马里附近海域遭劫持,船上共有25名船员,其中24人是中国公民;2008年11月3日,又一艘中国渔船在肯尼亚沿海海域被劫持。

在索马里海盗问题愈演愈烈的情况下,联合国安理会已经授权各国派出军舰打击海盗的侵扰,保护本国船只安全通过索马里海域,最近又将这种授权延长1年。目前,北约、欧盟、俄罗斯、印度、韩国、美国等已经或者宣布准备向索马里以北的亚丁湾派出军舰,以打击该地区日益猖獗的海盗活动。而中国政府也在2008年12月20日宣布将向亚丁湾及索马里海域派出2艘驱逐舰和1艘补给舰,以保护航经该海域的中国船舶、人员安全,保护世界粮食计划署等国际组织运送人道主义物资船舶的安全等。这是一个可喜的信号,既是对中国航运安全的较好保障,也是中国以一个负责任的大国形象积极参加国际事务的良好表现。当然,治理海盗绝不仅仅只有派出军舰这样一条道路,或者说,在国际社会联系日益紧密、国际法治化程度日益提高的今天,作为一个国际地位日益提升的大国,我们应当采取多样化的措施。

首先,可以在联合国安理会会议上提出相关议案,在征得索马里过渡政府同意的基础上,各国向索马里国内派出维持和平部队,帮助索马里过渡政府维持国内已经陷于失控的政局,帮助其逐步建立合法有序的政府。应当说,任何一个国家对索马里目前的无政府混乱状态都不应该袖手旁观;在全球化的今天,城门失火是难免要殃及池鱼的。因此,作为联合国安理会常任理事国的中国政府,应当积极为打击索马里海盗问题建言献策;应当发挥我们在联合国中的地位与影响,通过有利于索马里政局恢复重建的相关议案,进而从根本上治理其国内严重的海盗问题。治理索马里海盗问题,重点在海上,根本在陆上,因此,各国联合帮助索马里稳定政局是治理海盗的根本举措。

其次,中国军舰应当在索马里海域与其他国家的舰队进行联合行动,构建打击海盗的严密网络。就目前而言,单独的军事打击对于那些作案灵活、武器先进、孤注一掷、四面出击、神出鬼没的海盗来说,治理成本是很高的,而当务之急则是加强国际联合打击的步伐,构筑治理海盗的天罗地网。各国派出军舰分布于索马里附近海域,相互交流信息,统一补给,统一行动,联合监控,对遭受打击的过往商船,不论是否属于本国,均给予保护。只有这样,才能扩大打击海盗的领域和力度,而不致顾此失彼,难以首尾兼顾。而参与国际舰队的联合执法,也是我们积极参与国际事务、树立自身威信、增强国家的国际影响力、锻炼军队的远洋作战能力的良好机会,怎能轻易错过?

再次,参与对索马里国内的经济援助,帮助其经济发展。只有经济得到发展,人民生活水平得到提高,才能消除海盗产生的温床。利用中国在国际上以及在相关国际组织中的地位与影响力,尽快通过对索马里进行经济援助的议案,并将这些措施落到实处。

最后,参与打击海盗的国际联合执法与司法体系,加强与各国的司法协助,促进相关国际组织出台打击海盗的国际条约与协议,构筑严密的国际打击网络。就目前而言,各国必须立即采取措施,进行联合执法,切断索马里海盗们的资金与武器来源。加强对国际军火交易的监控,控制军火的具体流向,尤其是向发展中国家及不稳定国家的流向。

中国是一个在国际上有重要影响力的发展中大国,我们在公正合理的国际治理结构的构建中应当发挥积极的作用,应当以一个负责任的大国的姿态参与国际事务。对于索马里海盗事件,我们不能也难以置身事外,我们应当在海盗问题的国际立法、国际打击行动以及国际援助行动中积极献计献策,争取自己的话语权,贡献自己的力量。长期以来,我们对发展中国家尤其是非洲各国给予了大量的援助;我们相信,在面对更大挑战的时候,我们一定会勇敢地站出,积极地应对。索马里海盗问题是一个参与国际均衡治理结构构建的良好机遇,我们一定要抓住时机,争取在国际社会中发挥更大的作用与主导权。

(本文原载《法制日报》2009年1月9日)

美国、欧盟和加拿大诉中国汽车零部件进口管理措施案述评

2008年注定是汽车行业不平静的一年。

就在欧美各国政府就是否对本国汽车生产厂家进行救援以帮助它们应对国际金融危机冲击、避免被兼并甚至破产厄运的时候,WTO上诉机构于2008年12月15日在日内瓦公布了自2006年3月开始的美国、欧盟和加拿大诉中国汽车零部件进口管理措施案的终审裁决,裁决维持了争端解决机构认为中方做法违反世贸规则的结论,中国在这次贸易纠纷中败诉。

这是中国加入WTO后在WTO争端解决机制中遭遇的第一起败诉案件。虽然目前裁决还没有最终生效,但是解析此案以及此案裁决可能对中国汽车生产企业产生的影响,对于在国际金融危机蔓延并逐渐波及中国的情况下,中国如何采取措施提振经济尤其是通过刺激汽车等支柱产业的发展来化解国际金融危机的冲击来说,无疑具有重要的参考价值。

争端缘起

近年来,我国有不少企业利用我国进口整车汽车和进口汽车零部件关税税率上的差距(进口整车征收25%的关税,进口零部件征收10%的关税),先进口零部件,然后在国内组装销售,以此来规避进口整车需缴纳的较高关税。为了打击这种逃税现象,堵塞税收流失的漏洞,并进一步推动我国汽车产业的发展和规范汽车市场,我国于2005年4月1日开始实施《构成整车特征的汽车零部

件进口管理办法》(以下简称《办法》),并且为了配合《办法》的实施,海关总署制定了《进口汽车零部件构成整车特征核定规则》,国家发展和改革委员会制定了《汽车产业发展政策》。根据这些文件的规定,进口全散件或半散件组装的汽车、进口车身、发动机两大总成装车、进口车身和发动机两大总成之一及其他三个总成以上装车、进口除车身和发动机两大总面以外其他五个总成以上的装车、进口零部件的价格总和达到该车型整车总价格的60%以上,均被认定构成整车特征,须按整车税率缴纳关税。

一石惊起千层浪。在这些措施出台以后,欧盟、美国、加拿大等认为中国的做法存在税收方面的歧视嫌疑,意在鼓励中国汽车厂商提高零部件国产化比率。

裁 决 过 程

1. 磋商程序

2006年3月30日,美国和欧共体向中国提出了磋商请求,认为中国上述有关汽车产业的政策和措施对来自美国、欧共体和加拿大汽车零部件的进口产生了不利影响。欧共体认为,在中国的以上有关措施下,如果汽车零部件达到整车的60%,则与整车征收同样的关税,这与WTO及《中国入世议定书》的以下条款相冲突:

(1)《关贸总协定》第2条第1款,第3条第2款、第4款、第5款,以及第3条第1款所包含的原则;

(2)《与贸易有关的投资措施协定》第2条第1款和第2条第2款以及本协定附件列表中的第1款;

(3)《补贴与反补贴措施协定》第3条。

(4)《中国入世议定书》的义务,特别是《中国入世议定书》第1部分第7.3款和与《中国入世议定书》第1部分第1.2款有关的中国入世工作组报告第203款,以及工作组报告第342款。

欧共体认为中国已经损害了欧共体根据《中国入世议定书》的利益,特别是与《中国入世议定书》第1部分第1.2款有关的工作组报告第93款,以及工作组报告第342款。

美国认为,中国的措施违反了以下条款:

(1)《与贸易有关的投资措施协定》第2条;

(2)《关贸总协定》第2条和第3条;

(3)《补贴与反补贴措施协定》第3条;

(4)《中国入世议定书》。

美国认为,根据上述协定,中国已经损害了美国的利益。

2006年4月13日,根据WTO《关于争端解决规则与程序的谅解》第4条第4款的规定,加拿大代表致函中国代表和争端解决机构主席提出了磋商的请求。根据《关于争端解决规则与程序的谅解》第1条和第4条、《关贸总协定》第22条、《原产地规则协定》第7条、《与贸易有关的投资措施协定》第8条、《补贴与反补贴措施协定》第4条和第30条的规定,加拿大认为中国的有关措施损害了加拿大的利益,并对外国投资产生了不利的影响,使得国内厂商处于有利的地位。

随后阿根廷、澳大利亚、巴西、日本、墨西哥以及泰国作为第三方加入了磋商程序。

2. 专家组程序

由于磋商未果,2006年9月15日,欧共体、美国和加拿大分别请求进入专家组程序。2006年10月26日,根据《关于争端解决规则与程序的谅解》(以下简称DSU)第9条的规定,争端解决机构设立了专家组。随后,阿根廷、澳大利亚、巴西、日本、墨西哥以及泰国作为第三方加入了专家组程序。美国、欧共体和加拿大请求世贸组织总干事确定了专家组的组成人员,2007年1月29日,专家组正式组成。

鉴于本案的复杂性,专家组一直推迟公布报告,直到2008年7月18日才公布了专家组报告。

专家组认为,这个案件涉及中国汽车零部件进口的措施。在专家组程序中,美国、欧共体和加拿大提出了自己的请求,指控中国颁布的政策和措施(如前所述)违反了WTO的有关规定(如前所述),并要求专家组建议中国使本国的措施与WTO的规定相一致。

随后,中国提出了反请求,要求专家组拒绝美国、欧共体和加拿大提出的请求,并指出,在目前的案件中,请求专家组查实备受争议的措施的内容与《关贸总协定》第 2 条或者第 3 条的不一致,而且这些措施与中国承担的《关贸总协定》的义务不一致属于《关贸总协定》第 20 条的例外。此后,双方就这一问题展开了辩论。欧共体认为,中国作为 WTO 的成员方,承担了 WTO 协定下的国际义务。通过降低汽车零部件关税和除去国内部分的要求来开放本国的市场。尽管在《中国入世议定书》中,中国提出,如果国产的汽车超过了进口汽车零部件的某些最高标准,就会对进口汽车零部件征收不同的关税。这种措施会使得进口汽车零部件更加昂贵,与国产汽车相比,缺少竞争力,并鼓励在当地生产汽车零部件。因此,欧共体认为,这些措施构成了对进口汽车零部件的歧视,并鼓励使用国产汽车。由于中国汽车市场是一个价格敏感性的市场,对进口汽车零部件征收附加关税,则会使得其失去竞争力。紧接着,欧共体相继论证中国违反 WTO 的有关协定(包括《与贸易有关的投资措施协定》、《关贸总协定》、《补贴与反补贴措施协定》和《中国入世议定书》)。

美国在答辩中,指出中国采取的措施有利于国产汽车零部件,而不利于进口汽车零部件,其目的是为了对国内汽车产业提供保护。这些措施包括对进口汽车零部件征收 25% 的税收,而对相同的国内产品则没有征收。美国进一步指出,这些措施显然与中国承担的 WTO 协定下的义务相冲突,尤其是直接或者间接地组装汽车的零部件的比例,必须来自于国内。

加拿大在答辩中,指出 2005 年中国颁行的行政法规违反了其承担的 WTO 义务和入世议定书,并对进口汽车零部件采取歧视措施,并对汽车零部件构成整车的标准作了规定,如果进口汽车零部件构成了 60%,则按照整车征收关税。但是,所有这些措施并不适用于国产汽车零部件。

中国在答辩中指出,这个涉及中国关税法管理的实体问题和形式问题。欧共体、美国和加拿大认为 1994 年《关贸总协定》并未允许中国汽车厂商进口汽车零部件和组装成整车的形式。中国认为,与之刚好相反,这种组装汽车的形式符合 1994 年《关贸总协定》第 2 条的规定。

最后,专家组查明了以上事实,认定中国的有关措施违反了 WTO 的有关规定,指出这些措施并不符合 1994 年《关贸总协定》第 20 条的例外条款,否定了中国的抗辩。

3. 上诉机构程序

2008年9月15日,根据DSU第16条的规定,中国通知WTO争端解决机构,并提出了上诉请求,对专家组报告中的某些法律问题提出了上诉。在答辩中,中国要求上诉机构推翻专家组报告中关于《关贸总协定》第3条的认定,指出这些措施只不过是符合《关贸总协定》第2条规定的范围的一项关税义务,也就是说,并不构成歧视。随后,美国、欧共体以及加拿大也提出了自己的答辩。

最后,上诉机构做出了裁决:

(1) 支持专家组的结论,认为这些措施并不是1994年《关贸总协定》第2条范围之内的普通关税义务。

(2) 支持专家组的结论,这些措施不符合1994年《关贸总协定》第3条第2款的规定,对进口汽车零部件征收费用构成了歧视,而对同类国内产品则不征收费用。

(3) 支持专家组的结论,这些措施不符合1994年《关贸总协定》第3条第4款的规定,为国内汽车零部件提供了有利的待遇,而对进口汽车零部件提供了不利的待遇。

(4) 支持专家组的结论,认为这些措施不符合1994年《关贸总协定》第2条第1款的规定。

因此,上诉机构建议中国废除这些与1994年《关贸总协定》不符的措施,以遵守中国在WTO下的义务。如前所述,由于上诉机构的裁决是终局的,当事方应无条件接受,除非争端解决机构一致反对。因此,争端解决机构的报告会自动获得通过。

败诉影响

从WTO上诉机构的意见与WTO争端解决机制的程序来看,此案裁决结果的生效是没有悬念的;目前最重要的是此案对中国国内汽车零部件市场以及整车市场将产生什么样的影响,会不会在国际金融危机已经部分影响到中国并可能波及实体经济的情况下,进一步对我国本就较为脆弱的汽车产业产生较大的冲击?

整车生产企业:影响不大。从近几年国内汽车行业的销售情况来看,我国已经基本实现了汽车产品的出口增长快于进口增长,汽车整车进口增长快于汽车零部件进口增长,汽车行业中中低端厂家的国产化率逐步提升,国内零部件采购已经占据主导地位。因此,相关政策的取消不会对这些生产厂家产生太大的影响。

零部件生产企业:有一定冲击。对于国内众多的汽车零部件生产企业来说,这项裁决有一定的冲击。一方面零部件的采购额会有一定数量的下降,另一更为重要的影响则是在高端汽车零部件行业与国外进行合作变得更为困难,引进技术的难度加大,对国内汽车零部件企业提高自身技术水平、实现技术升级换代来说并不乐观。当然,如果此举能够刺激国内汽车零部件生产企业痛下决心加强技术研发、淘汰落后产能、加快技术升级换代、提高产品自主知识产权比重的话,对中国国内汽车行业来说,或许是一件值得庆贺的事情。

豪华车销售企业:利好消息。毫无疑问,WTO的此项裁决必将大大有利于国内豪华车的销售。可以说,中国消费者比世界上任何一个地方的人都更看重汽车的身份标签作用;而据《环球奢侈品报告》2007年的统计显示,86%的中国顾客会因为奢侈品品牌标有"Made in China"的字样而不愿继续购买。由此可见,豪华车的零部件进口比重的提高对这些豪车销售企业来说必将是一个较大的利好消息。而对于那些处于风雨飘摇中的世界各主要豪车生产企业来说,中国这一庞大市场的容量增大,无疑将是一剂猛烈的强心针。

结 果 反 思

然而,无论WTO此项裁决对我国汽车行业将产生什么样的影响与冲击,冷静反思我国这一在加入WTO后在WTO争端解决机构中首次败诉的案件,应当是我们目前最应该做的事情。

从自2006年欧盟与美国就中国汽车零部件关税问题向WTO提起申诉以来中国政府的反应与采取的措施来看,中国在深入研究WTO条款与精神、熟练运用WTO条文与规则方面还有很大的欠缺,无论是政府相关部门还是国内学术界与法律实务界,都或多或少存在这样的问题。WTO是国际贸易领域最重要的国际组织,拥有一整套严密繁杂的条文规则,构筑了规制国际贸易活动的法治环境。在贸易环境日益法治化的当今社会,不深入领会各种贸易规则、不熟练掌握WTO的条款并灵活运用,则会在国际贸易中遇到更多的困难。就

WTO争端解决机制而言,中国目前还是较为陌生的,其最大特点就是在整个争端解决的流程中,外交方法和司法方法始终贯穿其中,二者之间并不相互排斥,而是相得益彰。毕竟当今的国际社会仍旧是主权林立的社会,在任何时候利用外交方法来解决国际争端仍然是一种颇为有效的方法。因此,即使面临败诉的结果,我们也不能否定WTO这套争端解决机制的作用,而应该全面研究其制度及中国败诉的经验教训,为今后的相关实践提供参考。

另外,出台其他限制豪车消费、鼓励国产汽车销售、加大汽车行业国产化比率的配套政策措施,也是应对国际汽车行业冲击的一个较好的措施。在这个方面,印度是较为成功的例子。针对汽车成套零部件进口,印度比中国采取了更为严厉的限制措施,相关税率甚至高达100%,但是由于印度采取了严厉打击偷逃税款及其他相关补充措施,以至于发达国家及相关汽车巨头并不敢贸然采取行动,因此,在中国被欧盟及美国盯上的情况下,印度却能够置身事外、不受波及,在这方面,印度的经验值得中国学习与借鉴。

当然从根本上讲,加大对国内汽车行业的支持力度、促进国内汽车行业提高技术水平、拥有更多的自主知识产权、加快产品升级换代,应当是治标兼治本的措施。一味的保护必将导致技术水平的长期停滞不前,难以参与国际竞争并将最终在国际竞争中遭到淘汰,这是一条经过实践证明的真理。日本、韩国等国家在发展本国汽车产业的过程中都采取了较大力度的扶持措施,而更直接的例子就是在眼下国际金融危机可能波及实体经济的情况下,美国、加拿大、欧盟以及日本更已采取或即将采取较大幅度的汽车产业挽救措施,这些都在说明,在一个国家的汽车产业处于初始发展阶段或危机阶段中时,国家的扶持措施是十分必要的。中国虽然已经成为世界上第二大汽车销售市场,汽车生产企业数量也不断增多,但是,无论是核心技术还是设计能力,中国本土车企都远远落后于国外汽车生产企业,在这方面,高端汽车行业表现得尤其明显。因此,如果没有国家政策层面的较大力度的支持,中国的汽车产业将永远处于产业链的下游,无法在激烈竞争的国际汽车产业布局中争得一席之地。变保护为扶持,这或许才是中国此次败诉给我们最大的启示。

(本文原载《中国审判》2009年第1期)

危机法治：法治影像中的百年美国危机史

正如月有阴晴圆缺、海有潮涨潮落一样，市场经济的发展一样有着自己的高潮与低谷。如果说繁荣是我们追求的目标，那么危机就是让我们冷静思考、适时调整以便迎接下一次更大规模繁荣的到来。可以说，萧条或者危机是繁荣的必经之路，或者是繁荣的前夜。

不幸的是，我们现在正处于危机阴影的严密笼罩中，在全球性的金融危机日益迫近的压抑下，危机已经是一个我们正在或者即将感同身受的词汇。

中国现代化建设的目标是建立完善的市场经济体制，而我们努力建立的市场经济是法治经济。那么，对于熨平市场经济固有的调整与起伏，保持经济的平稳协调发展，法治可以起到什么样的作用？对于一个在建设法治化社会道路上不断摸索、在建立完善的市场经济体制道路上不懈努力的国家来说，如何真正实现"为大局服务，为人民司法"，这些问题的探讨极富意义。

我们可以借鉴市场经济发达国家在经济危机中的法治应对措施吗？应当讲，危机不仅是一个经济问题，更是一个社会问题、一个制度问题，是国家的经济社会制度与经济发展不相适应而引发的一种自我调节，从某种意义上来讲，制度性的问题必须要以制度性的措施来解决。在这些制度性的措施中，法治是最好的选择之一。尽管法治是建立在不同国情基础上的社会制度形式与国家治理工具，各国由于经济发展水平、国家政治制度、历史传统、风土人情等各种因素的不同而在法治发展情况上呈现出各种发展状态，机械地移植他国的法治体制必将是一个愚蠢的做法。但是，根据本国的具体国情，从市场经济发达国家汲取法治建设的先进经验或者失败教训，对我们的市场经济建设应当会有一些有益的启示。

美国是世界上最强大的市场经济国家,市场经济体制发展较为完善;美国也是一个在法治建设方面取得一定成就的国家,其较为全面的法律体系、较为完善的司法制度有不少值得中国学习与借鉴的地方,尤其是在市场经济体制与法治相结合的技术细节与制度体系方面。另一方面,中美两国在经济上相互依存,经济全球化已让二者须臾不可分离,一荣俱荣,一损俱损。在这种情况下,美国在应对金融危机的历史上及延续至今的诸多政策必定会对中国产生相应的影响。因此,研究美国历史上危机法治的概况、特征、连续性以及趋势,对于中国在法治领域做好应对危机的准备具有极为重要的意义,也是各国携手应对全球性危机的基础工作之一。

为什么百年

从世界历史发展来看,18世纪末期英国工业革命的兴起与世界范围内新技术的应用与新市场的开拓可以看做是资本主义生产关系全面兴起的开始,也可以看作市场经济形成与市场机制发挥作用的开端。作为市场经济发展的伴生物,经济危机自19世纪上半叶开始,就在英国等一些国家出现。

全球性的经济危机开始于全球市场的形成。20世纪是人类历史上波澜壮阔的一个世纪,经济的跨越式发展、科技的超常规飞跃、政治版图的颠覆与重整、发展主题的反复与固定、法治理念的迸发与普及、世界秩序的混沌与完善,历史的发展超乎人类想象的极限。而极限却正是在人类想象之外被一次次突破,也正是在这一次次突破之中,人类创造了自我调整的漩涡。从经济危机的发展来看,20世纪是世界各国经济飞速发展的100年,同时也是经济危机规模不断扩大、影响不断加深的100年,更是世界各国应对危机的全球协作能力不断提升、自我调节能力不断增强的100年;对美国而言,这是它真正成为世界上最大经济体的100年,也是它逐渐成为超级大国并成为世界秩序缔造者的100年,还是它作为世界上最大最具潜力的市场经济国家而成为其他诸多国家模仿追赶的100年——这是一个毁灭与荣耀同在的100年。

美国在建国以后保持了高速的经济发展,这种人类历史上惊人的发展速度使得美国在建国仅100年多一点的时候,即19世纪末期,就超越了还在封建社会泥沼中蹒跚的老大帝国清王朝以及老牌的经济强国英国,尽管这时候美国还不是一个政治大国,但是它的经济总量已经超越了英国,并在发展的后劲方面远远超过英国。但也就在这个时候,对于一个在市场经济体制上逐渐完善的国家来讲,经济危机已经成为美国经济发展的一种常态。

美国目前的经济强国地位不是一蹴而就的,通往辉煌与荣耀的道路上布满了荆棘与碎石。纵观美国这100余年的经济发展,经济危机几乎如影随形,发展—繁荣—泡沫—萧条—复苏,就是美国经济发展不变的轮回。每一次经济危机就是一次美国经济自我调整的机会与过程,而美国经济本身也在这一次次危机之后得到新生,在新的基础上得到更快的发展。可以说,正是美国经济与社会的巨大调适能力,使得他们能够化危为机,保持增长的势头不减。

第一次世界大战前:茫然中摸索

20世纪初期是美国市场经济由无序走向完善的开始,而经济危机也就在这个时候以一种成规模、全方位、深层次的形式袭来。作为一个刚从一场结束国家分裂的战争中走出还不到40年、法律中处处残留着种族歧视、法治中处处体现出分裂状态的国家来讲,危机的突然来袭,让这个年轻的国家有些手足无措。

1907年,美国爆发银行业危机,这是美国进入20世纪之后发生的第一场经济危机,也是在美国成为世界上最强大的经济体之后遇到的第一场经济危机。这场危机在影响的规模与深度上均超越了以往任何一次经济危机。在短短的几个月的时间内,美国的股市下降了25%以上,到10月份,股市甚至陷于停盘。在这场危机中,美国共有300多家信托公司倒闭。如果说美国经济从20世纪进入了现代化的发展阶段的话,那么这场经济危机也可以说是一场现代化的经济危机。这场危机所表现出来的种种特征,将伴随这个国家走过20世纪的风风雨雨。

在危机发生之后,美国在法治方面表现得有些滞后,甚至可以说是有一些茫然不知所措,或者说是无动于衷。幸好是这个国家急速发展的惯性挽救了它,使得它能够在短暂的一年左右的时间内就走出了危机的阴影。美国国会直到危机结束 5 年之后的 1913 年,才通过了联邦储备法案,并授权组建了中央银行——美国联邦储备委员会,这个机构一直延续至今,在美国经济发展中依旧发挥着作用。

从 20 世纪初美国在危机中的表现来看,我们可以看到,对于在短时期内迅速跻身于世界大国行列的美国来讲,各项制度还很不完善,在法治方面表现得尤其突出,法治在面对世界上最大市场经济体的时候,显得有些不相匹配,对于法治在市场经济运行中应当发挥什么样的作用,法治与经济在什么时候与什么地方寻找最佳的结合点,法治应当为经济运行起到什么形式的作用,美国都是没有经验的。因而,当危机袭来的时候,美国这么庞大的经济体多少有一些困惑和茫然。对于一个发展速度几乎超出自己想象能力的国家来讲,这种现象的出现是必然的,也是可以理解的。

第二次世界大战前:乱世用重典

如果说第一次世界大战与第二次世界大战是人类历史上不堪回首的记忆的话,那么两次世界大战之间的 20 年同样是人类历史上不堪回首的苦痛。

第一次世界大战后形成的不平等世界格局导致对重新定位各国角色的更强烈追求,而这种追求往往伴随着不可预测与不可控制的混乱与无序,接着,这种混乱与无序导致这种追求的畸形与失控。第一次世界大战后的世界性经济危机正是这种不平等的世界秩序的体现。

尽管在 1929—1933 年的世界性经济危机来临之前有过几次小规模的经济危机,但是与随后这场超乎世人承受能力的危机相比,那几次危机几乎可以忽略不计。

在 1929 年 10 月 24 日——历史上的"黑色星期四",危机拉开了帷幕,而随后的发展远远超过了人们的预期和美国所能控制的程度。在这期间,美国钢铁公司的股票从 262 美元下降到 22 美元,通用汽车公司的股票从 73 美元降到 8 美元,国民经济的每个部门都受到了相应的损失。在随后的三年中,有 5000 家银行破产,至少 13 万家企业倒闭。到 1933 年,工业总产值和国民收入暴跌了将近一半,商品批发价格下跌了近 1/3,商品贸易下降了 2/3 以上;占全国劳工总数 1/4 的人口失业。这是一场真正的世纪浩劫。这些冷冰冰的数字即使在今天看来也依然令人不寒而栗。

可喜的是,人类在这场世纪浩劫面前表现出了惊人的勇气与智慧。而这些人类智慧的体现之一就是法治功能在应对经济危机过程中的有效发挥。

1933年3月4日,富兰克林·罗斯福在没有任何喜庆的气氛中登上美国第32届总统的宝座。随后,一场被历史冠名为"罗斯福新政"的改革方案出台了。在立法方面,1933年5月12日,国会通过了《农业调整法》,为农业提供强大的支持;1933年6月16日,"格拉斯-斯蒂格尔法案"通过,该法案将商业银行与投资银行分离开,规定了存款保险,授权联邦储备委员会阻止为投机而贷款。通过这个法案,避免了商业银行利用储户的资金去进行风险较大的投资,避免了金融风险的进一步蔓延;1933年3月,国会通过了《证券法》;1933年,国会通过了《紧急运输法》;1934年,国会通过了《证券交易法》;1935年,国会通过了《公共事业控股公司法》;1940年,国会通过了《投资公司法》与《投资顾问法》。这一系列法律的出台有效控制了股票市场的风险,压制了投机行为,并通过公共事业作用的有效发挥稳定了社会必需品的有效供给,赢得了广大民众的信任,并为社会的稳定提供了必要的支撑。

在司法领域,一场旨在保证经济发展方案顺利实施的改组最高法院的计划随之展开。"罗斯福新政"受到了来自美国最高法院的顽强抵抗。20世纪上半期,美国最高法院保守派法官占据着多数,左右着判决,并与新政产生了许多矛盾。罗斯福的新政是具有革命性的激进改革,对旧社会的秩序进行了无情的改变和抛弃,因此,这些改革措施遇到了最高法院那些趋右分子法官们的坚决反对,基层法院的情况大致一样。罗斯福执政不到3年,各级联邦法院就有100多位法官发出了大约1600个指令,禁止施行新法。1936年,最高法院以6票对3票的比例判决《农业调整法》违反宪法。随后,这些法官一鼓作气,相继废止了《证券和交易所法》《格非-斯奈德煤矿法》《城市破产法》等。在罗斯福执政的前几年,新政被最高法院废止的法律多达十几种,远远超过历史上的任何时期。在政府看来,最高法院显然已经成了新政的绊脚石。

在这种情况下,罗斯福决心向最高法院发起进攻。其最初的借口是大法官们的年龄过大导致工作迟延,因而,需要任命较为年轻的法官到最高法院。这就是美国司法史上著名的"法院改组"计划。虽然这一计划遭到了来自最高法院内部以及社会各界的强烈反对,但还是收到了一定的效果。在此之后,废止法案的进程逐渐缓和,并有法官提出退休,加上后来几年有的法官确实因为年事已高相继去世或退休,罗斯福提出的一些自由派法官相继进入最高法院,他的改组最高法院的计划在很大程度上实现了。在司法领域的这一系列举措保证了新政的顺利实施。

1929年至1933年的这场世界性的经济危机,就其影响范围与对世界各国经济的破坏力而言,至今尚没有哪一次危机可以超越它。在这场危机中美国政府在法治方面采取了有针对性的方案,国会通过的法案数量之多,政府对司法的介入程度之高,至今仍然影响巨大。正是这些大规模的深刻的法治举措,在很大程度上挽救美国经济于水深火热之中,使美国从危机中逐渐走出,并避免了走上和德国以及日本一样的战争道路。

第二次世界大战后:平和中前行

第二次世界大战是人类历史上空前的浩劫。战后,各国痛定思痛,决心对世界治理格局进行一定程度的重整。由此,由联合国主导的世界政治格局及由国际货币基金组织和关税及贸易总协定(WTO的前身)主导的世界经济格局得以逐步建立与完善。世界秩序开始由有限的治理走向有计划的规则之治。在这种情况下,世界性的经济危机开始呈现出一种有节制有规则发生的现象,相应地,美国在应对经济危机的法治对策领域,也出现了趋于规律、归于平稳的态势。

战后,比较有影响的经济危机有1973年的"石油危机"、1987年的经济危机及2008年爆发的金融危机。除去目前正在继续的尚难以预测的危机之外,第二次世界大战后美国出现经济危机的频率并不是很高,造成的危害也不是很大,延续的时间也不长。在实践中,2008年之前的历次经济危机之中,美国政府并没有具体的、明显的应对措施出台。而2008年由次贷危机引发的这场金融危机发生之后,除国会通过的几个紧急法案之外,目前尚没有法治方面的其他较大举措。虽然危机暂时还看不到尽头,但是社会整体上还是保持了平稳运行的态势。

就法治层面来看,在这几次危机中,美国并没有进行像以前那样大规模的立法,在司法层面也没有出现较大的变化。相比第二次世界大战前美国政府在面对经济危机时的惊慌失措或者四面出击,美国在这几次危机面前表现出的则是一种较为平和的心态。之所以如此,法治作用的充分发挥不可忽视。

第二次世界大战后,在美国社会,尽管法治在许多方面还存在不健全的地方(诸如引发2008年金融风暴的不完善的金融法制与信贷体制等),但是总体上而言,法治已经成为一种较为成熟的社会治理方式,有助于国家应对各种社会动荡与经济调整。法治已经不需要被动地适应社会发展与经济增长提出的要求,在某种程度上,法治已经形成一种自我调节机制,使得国家能够在经济低谷的时候进行一种良性的调整。尽管美国在法治方面还是存在这样那样的问题,还有许多有待改进的地方,对人权的保障还存在许多空白点(诸如对公民的经济社会文化权利的保障方面),但是,就美国经济与社会的发展来讲,法治在一定程度上起到了推动作用,保证了美国经济在高速发展的时候保持发展的平稳与质量,在经济萧条的时候保证社会不至于出现大的动荡,并为危机的治理提供较大的支持。法治已经在一个较为平和的环境中运行了。

危机中的法治

法治是人类社会最有效的治理方式之一,也是社会成本最低的治理工具之一。作为政治制度的组成部分,法治在国家的制度架构中发挥着重要而不可或缺的作用。从美国百年危机与法治的历史中可以看出,正是法治功能的有效发挥,在一定程度上减轻了危机带来的损失,促使美国经济在经历了危机的洗礼之后可以继续保持发展。

抛开制度的优劣不论,就作为社会治理方式之一的法治而言,它在国家应对危机的过程中发挥着独特而不可替代的作用。回顾美国百年来的经济危机历史,我们可以看到,法治在国家应对经济危机的过程中发挥的作用是不同的,这既与法治的发展阶段不同有关,也与社会整体法治水平有关。在法治的发展初期阶段,由于法治并不健全,对社会发展与经济增长所能起到的作用是有限的,只能被动地发挥作用,在某种程度上只是一种"救火队员"的角色,所起到的作用是有限的。而在法治发展到一定高度以后,已经能够对社会的发展起到较大的影响作用,不过由于法治仍然在逐渐完善阶段,在许多方面依然存在空白之处,所以在这个阶段,法治依然是问题导向的,只有在社会发展与经济增长需要的时候才出现对某方面法治的需求。不过,法治已经在很深层次介入了社会的发展,对社会生活与经济发展的推动作用已经较为深远、较为全面。到20世纪下半叶以后,随着法治水平的进一步提高,法治已经成为一种生活状态,成为一种社会治理的经常方式,在这种情况下,法治对社会发挥的作用就是一种潜移默化的影响,是增强社会健康发展的自我维持机制与自我调整机制的一种社会力量。第二次世界大战之后,世界各国基本上没有发生过像1929年世纪大萧条那样大规模的经济危机,而在其发生之后也没有再发生那样深层次的社会危机或者世界政治危机,对于这些新特征的出现,法治发挥了不可小视的作用。

回顾历史,法治在历次危机中发挥着不可替代的作用。

法治营造了和谐稳定的社会氛围,避免了社会在危机面前出现大的动荡。法治对违法犯罪行为起到一定的制裁与遏制作用,维持了良好的社会秩序,保证了社会在经济大幅下滑之际能够保持一定的稳定,没有出现全国性的社会危机,从而为经济的复苏提供了稳定的社会环境。

法治对社会公平正义观念的维持是战胜危机的法宝之一。正是这种对社会公平的保证维护了社会的稳定,避免国家陷入混乱。

法治给人们战胜危机的信心。市场经济的平稳发展依赖于人们对未来的信心,法治作为国家应对危机的工具之一,显示了政府应对危机的坚强决心,也显示了政策的连续性与可预期性,正是这种对未来的一定程度的预期给人们巨大的信心。就如同黑暗中的烛光,虽然微弱,但却给人们注入了无穷的动力与勇气。法治作为具有高度可预期性的社会治理工具,它的独特功能发挥了不可替代的作用,给危机中的民众注入了无限的希望与前进的动力。

法治也保证了国家发展的良好的国际环境。国家在经济危机中保持一定的理性,保证社会的稳定,保证对外政策的连续性与协调性,能够保证国家之间利益的平衡,也能够在一定程度上维持国际社会的和平与稳定,这对于全球化条件下的国际社会共同发展具有重要的意义。因为在世界各国已经成为一个利益共同体的情况下,任何一个国家的盛衰都可能影响到其他国家的发展,并反过来直接关系到自己的发展,任何单边的经济计划都有可能对世界经济造成不可弥补的损害,尤其在经济危机期间,协同的政策取向对于各国发挥合力、共同战胜危机十分必要。在这方面,健康的法治保障是十分必要的。

结　语

人类在创造巨大社会财富的同时,也给自己制造了无所不在的束缚;人类在取得经济繁荣的同时,也投下了萧条与失败的阴影。在危机面前,我们没有叹息与后悔的空间与时间,我们只有在检视人类智力空白点的过程中,发现自己的失误与迟钝,也只有在危机尚在萌芽中的时候采取及时有效的应对措施,才能避免误入歧途。

作为在建设社会主义市场经济国家与法治国家的道路上行走不久并在不断探索且善于学习人类先进文化的中国来说,美国过去100多年来在经济危机时期采取的法治应对措施具有重要的参考价值,它给我们带来的不仅是历史的累积与反思,更是走向未来的指导与烛照。而对历史的清醒,也给了我们走向未来的信心。

毕竟,信心是这场危机面前最最重要的东西。

(本文原载《中国审判》2009年第5期)

要生存的体面,还是要果腹的面包

——国际劳工组织与劳动法制概览

又到一年毕业时。

这是一个天之骄子们即将跨出校门奔向火热的社会、创造属于自己天地的时刻。然而,在国际金融危机与大学毕业生数量激增的双重压力下,今年的就业形势给人一种"多收了三五斗"般的感觉。

在体验就业前景巨大落差之际,如今的毕业生们对国家寄予了更多的期望。而对政府来说,大学毕业生们的就业问题不过是近年来引起国人频频关注的劳动问题的冰山一角。对于一个体制转轨与经济转型的国家来讲,就业始终是和经济发展相伴而生而且同等重要的问题,并且由于就业问题关系人民的基本生活与社会的稳定大局,更成为牵涉每一个国民切身利益的基本问题。

对就业问题的高度关注使得一度围绕《劳动合同法》而发生的诸多争议偃旗息鼓,似乎就业问题就是中国劳动问题的全部内容。然而,在冷静思考之余,我们就会发现,就业问题不过是中国较为严峻的劳动问题的一小部分。

劳动问题的解决需要国家通盘的考虑,需要政府多手段的运用,需要社会各种力量的参与,也需要各国之间的合作。对于国家而言,需要政府综合运用各种政策手段,创造良好的社会发展环境,促进经济的快速发展与就业机会的稳步增长。在这些政策手段之中,劳动法制是保证国民的就业权利与就业环境的重要工具,也是我们民生法制建设的重要组成部分,对于保证国民稳定的就业机会与体面的就业环境具有坚强的保障作用。

环顾全球,各国尤其是经济发达国家在劳动法制方面的成功经验对于我们具有重要的借鉴作用,但由于各国国情不同、历史传统不同、政治制度不同、文化习俗不同,因而在许多方面并不具有太多的可比性。而各国在尊重相互国情、总结各国经验的基础上求同存异而达成的促进各国劳动法制改善、提升各国劳工权利保护水平的国际劳工法制,则具有更多的借鉴意义。各国在劳工领域合作的国际组织——国际劳工组织(ILO)是各国在劳工法制领域合作的国际性产物,在很大程度上促进了世界劳工保护水平的提升。

客观地讲,对于一个在建设法治化社会的道路上前行不远且诸多法制尚在逐步完善中的国家来讲,中国目前的劳动法制状况只是中国法治发展程度的一个缩影,在许多方面还存在不完善与待改进的地方。在这个过程中,对国际劳动法制的研究与借鉴无疑具有积极的意义,而这些则建立在对国际劳工组织及其所建立的一系列国际劳动法制客观而公正的评析上。

劳工合作的国际组织

国际劳工组织是劳动领域最重要的国际组织,它的建立有着深刻的社会与历史背景,它的建立经历了一个漫长的过程。

资本主义发展初期的盲目无序,让许多人对其持续发展展开了思考。在那个时代,工人们悲惨的生存状况,也让许多学者对资本主义的前景产生悲观的预测,并由此诞生了许多学说与各种实践。

早在19世纪中叶,在完成了工业革命以后,欧洲主要资本主义国家的生产力水平得到了极大的提高,国内市场早已不能满足急剧膨胀的生产需求,开拓国外市场、开展国际贸易成为发展的必然选择。然而,经济的发展并没有相应地带来工人待遇与境况的改善。在西方国家,工人的生活状况是十分悲惨的。而当时风靡欧美的科学社会主义思想,也是有识之士对工人的悲惨遭遇感到不满后对社会前景所做的一些预想与设计。为了降低劳动成本、增加产品的竞争力,资本家们不惜使用童工,无限制地延长劳动时间,不顾恶劣的劳动环境,长时期地不加工资甚至拖欠工资。在这种情况下,工人阶级奋起反抗,工人运动风起云涌、连绵不断,对资本家阶层的利益构成了极大的威胁。因此,一些有识之士开始对这些问题进行思考,并探索解决这些问题的方法与途径。

第一次世界大战,更是资本主义经济危机总爆发的产物。在战前的经济危机中,经济陷于停滞,工人的遭遇更加悲惨。资本家宁愿将产品销毁,也不愿意将其提供给工人使用。大批的失业工人流落街头,生存环境十分恶劣。在这种情况下,世界大战成为了转移危机阴影的工具。

第一次世界大战给世界造成了巨大的破坏。战后,人们逐渐认识到,必须通过一些国际组织将各国对工人的待遇加以协调,以免某些国家劳工标准的过低造成国内的动荡,进而影响国际社会的平衡与稳定。在这种思想的指导下,人们谋求在劳工领域建立一个国际性的组织,为各国的劳工立法提供一个参考目标与借鉴对象,并提供一个对各国劳工状况进行监督的机构。在这样的历史背景下,国际劳工组织应运而生。

国际劳工组织与国际劳动法制

国际劳工组织的宗旨是以社会正义为基础,建立世界持久和平。国际劳工组织的创建者们在总结第一次世界大战爆发的根源与教训时认识到,长期以来存在的恶劣的劳动条件以及劳动世界中普遍存在的不公正、苦难和贫困,使世界的和平与和谐受到伤害,因此,改善劳动条件成为当务之急。

国际劳工组织对世界劳动法制产生最大影响的是它通过的一系列作为基本文件的国际劳工标准。国际劳工标准是指国际劳工组织几十年来制定的一系列确定劳动水平与保护标准的公约与建议书的总称,这些劳工标准构成了国际劳工组织运作的核心价值所在。国际劳工标准从大的方面讲,可以分为基本人权类、劳动专业类以及特定人群类三大类,就业方面的标准不过是这些劳工标准的一个小的细类。

国际劳工标准是国际人权法的一个重要组成部分。人权的国际保护是国际关系和国际法发展到现代的产物,指的是国家根据其主权并依据公认的国际法基本原则,主要通过签订国际条约,确立各国一般接受的国际人权规则与原则,并承担予以尊重和履行的国际义务,由有关人权公约所规定的国际机构或法律机制对这些国际义务的履行实行监督,加以保证。

劳工权利是人权的一个重要的组成部分,相应地,国际劳工权利则是国际人权的一个重要部分。国际劳工权利的保护是伴随着国际人权问题的出现而逐渐出现的,是国际人权保护问题在劳工领域的拓展。

国际人权法的渊源主要表现为各种人权国际条约与国际习惯。国际劳工标准的主要形式是国际劳工组织大会通过的各种劳工公约与建议书,而其主体是国际劳工公约。国际劳工公约作为规范劳工权利的国际性文件,对劳工权利的国际保护起到了重要的积极作用,并成为国际人权法的一个重要组成部分。

国际劳工标准是国际条约法的基本形式之一。条约是现代国际法的主要渊源,也是国际法主体参与国际关系和进行国际交往的主要工具。国家作为现代国际法的主要主体,在国际合作与斗争中,通常就是以条约作为法律工具来实现自己的目的的。对于国际劳工标准来说,首先它主要是国家(工人与雇主组织主要还是在国家的管辖之下参加国际劳工组织的活动的)参与缔结、讨论、通过、批准与实施的,其次它是以国际法为基本依据的确立各国在保护国内劳工权利方面的义务与责任方面的书面文件,是对各国权利与义务的一种合理的安排。因此,国际劳工标准属于典型的国际条约的范畴。

国际劳工标准作为劳动领域的国际性标准,与国内劳动标准存在许多共同的地方,或者说,它们就是在国内劳动法制或劳动标准的基础上制定的。因此,国际劳工标准的基本内容与国内劳工法制的基本体系是一致的。

按照是否规定工人的基本权利为标准,国际劳工标准可以分为核心标准与非核心标准。国际劳工组织将涉及结社自由和有效承认集体谈判权利、消除一切形式的强迫劳动或强制劳动、有效废除童工、消除就业和职业歧视4个方面的劳工标准视为核心标准,这就是所谓的国际劳工的核心标准。核心标准所规定的权利为工人的基本权利。目前有8个公约被列为核心公约,即1948年《结社自由和保护组织权利公约》(第87号)和1949年《组织权利和集体谈判权利公约》(第98号),1930年《强迫劳动公约》(第29号)和1957年《废除强迫劳动公约》(第105号),1937年《最低年龄公约》(第138号)和1999年《禁止和立即行动消除最恶劣形式的童工劳动公约》(第182号),1951年《同酬公约》(第100号)和1958年《消除就业和职业歧视公约》(第111号)等。这些就是国际劳工标准的核心标准。

而非核心标准的内容比较庞杂,主要包括就业、社会保障、产业关系、工作条件、特殊群体等几个方面。

自国际劳工组织诞生的几十年来，它在制定国际劳工标准方面做出了重要的贡献，为世界的发展与进步做出了不懈的努力。可以说，世界人权保护在劳工权利保护水平方面的提高，在很大程度上得益于国际劳工组织的卓越工作。大体上说，国际劳工标准对各国劳动立法与司法的促进作用主要有以下几个方面。

首先，国际劳工标准对成员国劳动立法起着协调、指导和规范化的作用，从而促进社会正义和劳动者的权益。成员国通过批准公约使本国立法与国际标准保持一致，通过参照国际劳工标准来补充和健全本国立法。随着国际劳工组织作用的日益增强和国际劳工标准受到越来越多的国家的批准与实施，以及国际劳工组织自身水平的提高和代表性的增强，国际劳工标准对各国立法的影响必将与日俱增。

其次，成员国通过对国际劳工公约的批准与实施，为本国参加国际劳工组织的活动、将自己在劳工方面的观点与标准反映在国际条约中创造条件，将与本国经济发展水平、历史文化风俗、政治经济体制等相联系的劳工标准与其他国家的标准对比参照，进而为本国企业参与国际竞争争取有利的市场环境。

最后，国际劳工组织独特的运作机制，可以为那些国内劳工执法与司法环境一般的国家提供一些其他途径的纠纷解决机制。

中国与国际劳工组织

中国是1919年国际劳工组织成立时的创始国之一，1944年成为劳工局理事会10个主要工业国之一，即常任理事国。1949年中华人民共和国成立以后，我国台湾地区当局窃据了中国在国际劳工组织的席位。1950年5月，周恩来总理以外交部部长的名义致信国际劳工局局长，要求将台湾当局的所谓代表从国际劳工组织的各个机构和会议中驱逐出去。但是，在美国的操纵下，台湾地区当局得以继续窃据我国合法地位。

1971年11月16日，国际劳工局理事会第184次会议通过决议，同意恢复中华人民共和国在国际劳工组织的合法席位。从那时起到现在，我国逐渐批准了一些国际劳工公约与建议书,并在制定有关的法律法规时将其作为重要的参考依据。最明显的例子就是我国于1994年7月5日颁布的《中华人民共和国劳动法》。在制定这部法律的过程中,我们参考了国际劳工标准中的有关规定。如实行每周休息制度、最低工资标准、女职工和未成年人保护标准等,都参考了国际劳工标准的许多内容,集中体现了一些公约与建议书的精神。另外,我国近年来颁布的《中华人民共和国矿山安全法》第29条参照了国际劳工公约第45号《(妇女)井下作业公约》的第2条;《建筑法》以及一系列建筑施工安全技术标准,都是在参考了国际劳工组织第167号《建筑业安全卫生公约》的基础上制定的。另外,我国在制定劳动安全卫生方面的法律法规时,也普遍参照了国际劳工组织的相关标准,在一些条款上尽可能与劳工标准保持一致。可以说,国际劳工标准对中国劳动法律体系的影响目前主要集中在劳动立法方面,起着一种立法参考的作用。

但是从总体上来说,中国参加国际劳工公约的状况并不尽如人意。

首先,国际劳工组织目前通过了185个公约,中国只批准了25个(其中14个是承认了1949年以前旧中国的批准),由于其中3个公约被新公约所代替,实际有效的只有22个,在国际劳工组织的成员国中,属于批准公约数量较少的国家,在国际劳工组织理事会10个常任政府理事所代表的国家中,中国倒数第二,仅次于美国。

其次,国际劳工公约中的核心劳工标准的8个基本劳工公约中,中国批准了4个(即第100号、第111号、第138号、第182号)。根据国际劳工组织网站显示,截至2009年5月20日,已经批准所有8个基本公约的国家达到129个,而中国是6个只批准了4个基本公约的国家之一,在批准基本公约的数量中排名明显较后。

为什么对这样一个建立时间比联合国还早的国际性组织,我国参与的力度这么小,批准的条约这么少呢?这是有历史与现实原因的。

从历史上看,由于新中国建立以前一直都是国民党政府参与国际劳工组织的活动,而新中国成立以后的一段时期里也一直是台湾地区当局窃据了我国在国际劳工组织的合法地位,对条约的批准也一直被他们所把持。因此,中国恢复在国际劳工组织的合法地位以后,我们对原国民党当局批准的条约进行了区别对待,对旧中国批准的 14 个公约经逐一审查后决定全部予以继承,而台湾地区当局对 23 个公约的所谓批准则为非法、无效的,由国际劳工局予以撤销。在那之后与国际劳工组织的合作中,我们也持一种慎重而渐进的态度。

从现实看,我国是发展中国家,经济社会文化发展水平比较落后,在劳动保护水平方面也是如此。而国际劳工组织从建立之初,参与的发达国家就比较多,并且在国际劳工标准的内容上也是发达国家的标准居多,毕竟发展中国家参与的力度小,发言权受到限制,谈判的力量也不够,所以从国际劳工标准的内容来看,显然保护水平偏高,在很大程度上并不适合发展中国家的国情。另外,在一些劳工标准上反映的西方价值观念过强,也不适合世界上其他国家的历史与文化特点。因此,中国恢复在国际劳工组织的活动以后,不得不采取了一种审慎的态度,反映在现实中就是批准的条约数量有限,参与活动也不是很积极。

当然就目前的情况来说,我国与国际劳工组织的合作也取得了一些成效。以劳动安全卫生领域为例,自中国恢复在国际劳工组织的活动以后,在这个领域双方就一直保持着积极的、良好的合作。1987 年以后,国际劳工局先后组织并参加了三个较大规模的职业安全卫生技术合作项目的执行,并为这些项目资助了数百万美元,为中国的职业安全卫生国际合作拓宽了渠道,促进了中国职业安全卫生各方面工作的开展,特别是为培训工作奠定了良好的基础。在此之后,双方还开展了一系列的调研活动,国际劳工组织的专家对中国的劳动安全卫生状况的改进提供了许多良好的建议和方案,对提高中国的劳动安全卫生条件与执法水平提供了巨大的支持。

回顾历史,中国与国际劳工组织的关系经历了一个漫长而曲折的过程,而这个过程也正集中反映了中国从弱小到强大、从游离于国际社会到逐步被国际社会接纳、从在国际上没有多少发言权到已经在国际舞台上具有举足轻重的地位这样一个转变。这个转变是中国融入国际社会全过程的一个缩影。但是,目前中国参与国际劳工组织的力度还不够,批准其条约的数量及批准后落实的效果都不是很理想。这种情况的出现正是在前一历史时期参与力度不足、对标准制定的过程参与不够、研究不深的情况下出现的。今后,随着中国国力的进一步增强与参与国际事务的日益频繁,我们将加大与国际劳工组织接触的力度,通过各种途径加强了解、加深互信,进而使国际劳工标准在中国的适用更加顺利，并最终促进中国劳动法制的完善与整体劳动保护水准的提高。

在中国的劳动用工领域一直有这样一种误区，那就是认为严格的劳动保护法制与经济发展之间存在着较大的矛盾，为了果腹，就不能确保生存的体面。应当讲，这是一种急功近利的观点。经济增长与社会发展的最终目的都是促进民众生活水准的提高，促进人们经济社会文化权利的享有，促进人的全面提升。如果在发展的过程中忽视对人的基本权利的保障，那么这种增长将是没有质量的，仅仅是国民生产总值在数字上的提升，是没有发展的增长，也是与我们所践行的科学发展观相违背的，是一种必将被摒弃的发展观念。实现权利保障与经济增长的同步进行，是科学发展的真谛，也是我们努力的方向。

体面地生存将是我们永恒的追求。

（本文原载《中国审判》2009年第7期）

全球化进程遭遇保护主义浪潮

——中国国际贸易纠纷频发的原因与化解途径

在全球性的金融危机面前,一股严重的贸易保护主义浪潮不期而至。

2009年6月26日,美国商务部宣布决定对中国金属丝网托盘产品启动反倾销、反补贴合并调查,这是美国商务部继6月17日和19日对中国钢绞线和钢铬栅板立案调查以来近10日内对中国钢铁产品发起的第三起反倾销、反补贴合并调查。

而就在此前不久,1至4月中国遭遇反倾销、反补贴、保障措施等案件的数量和涉案金额激增:共有13个国家和地区对我国发起此类调查38起,案件数量同比上升26.7%,涉及中国的出口金额74.42亿美元,同比增长188%。

2009年2月,中国铝业公司与世界矿业巨头力拓集团达成了一项高达195亿美元的投资协议,但这项协议被澳大利亚外商投资审查委员会延长审查期限,继而于6月5日被力拓集团董事会否决。

2009年上半年,美国对本国汽车生产企业通用、克莱斯勒等提供总额达174亿美元的紧急救助融资措施,并在其政府相关危机对策中规定了优先购买美国货的条款。

其他各国相继出台了对本国相关产业进行保护的类似条款,一时间,国际贸易保护主义硝烟弥漫。

在全球化已经成为一股不可阻挡的潮流的时代,保护主义的卷土重来对飞速融入国际社会、在全球化潮流中取得经济发展的中国来说,是一种发展的阻力。对于中国而言,如何顺应全球化的趋势,利用全球发展的机遇,突破对自身不利的国际秩序,尤其是近年来针对愈演愈烈的贸易保护主义浪潮,开拓中国经济发展的新空间,是摆在中国发展道路上的头等大事之一。为此,我们需要研究近年来贸易保护主义浪潮频起的缘由、中国为什么成为世界贸易保护主义袭击的主要对象、中国如何化解保护主义的禁锢与阻挠以及如何重塑世界秩序、利用法律等手段重构国际法治、为中国寻求发展的新机遇,在寻求自身良好的发展环境的同时促进世界经济的持续健康发展。

国际贸易纠纷在很多时候、在很大程度上是一个国际政治问题,因此,化解国际贸易争端需要的不仅是对国际贸易法制与争端解决机制的了解,更需要对国际经济秩序的了解。在很多时候,国际贸易纠纷的解决依靠的往往是国际经济秩序与政治秩序的协调与平衡。

金融危机与保护主义齐飞

危机是市场经济的常态。由于市场自身固有的滞后性、盲目性等缺陷,市场的自我调节不可避免。在政府的政策发生偏差的时候,或者在市场失灵的情况下,经济发展的低潮必然要发生。面对危机,我们不必慌张,在任何危机面前,信心都是最重要的。

世界性的危机一般伴随着世界秩序的改变与重塑。1929年的世界性经济危机带来美国的崛起与几个军事扩张性国家的对外发展,为第二次世界大战埋下了导火线。1973年的世界性经济危机宣告了美国经济优势地位的衰落,以及由美国主导的战后金融秩序和贸易秩序一定程度上的重构。从某种程度上来讲,世界性的经济危机是国际秩序分化重组的重要机遇,也必将伴随着世界各国战略地位的一定程度的改变,对某些国家来说,只要把握住机遇,经济危机在某种程度上来说将是一种重要的发展机遇。

然而,对于激烈竞争的世界各国来说,机遇的取得并不是那么容易的一件事情。在危机来袭的时候,构筑各国经济来往的壁垒,对本国的经济实体进行保护是各国理性的选择。一般来说,自由贸易的达成是一件比较坎坷的道路,尤其在经济危机来临的时候,自由的经济活动更加脆弱,各种隐性显性的保护主义手段层出不穷,自由贸易体系在贸易强权、国家主权至上、国家利益至上的口号下显得更加虚弱。

2008年,一场全球性的金融危机骤然袭来,沉浸在全球经济飞速发展的喜悦中、陶醉在经济快速发展带来的幸福生活中的人们对这场自1929年以来最严重的金融危机毫无准备,一时间悲观情绪迅速蔓延,进而波及各国政府的政策领域。伴随着市场经济发达国家金融机构进而实体经济受到的严重影响,各国尤其是西方发达国家的对内对外政策发生了急剧的转变,一股保护主义的气氛与势头迅速滋生并蔓延,加大对本国相关产业的保护与扶持,对进口商品征收高额关税,运用各种隐性的贸易保护手段限制他国商品的进口,在全球化的背景下,一股逆全球化的暗流风起云涌。

贸易保护主义的产生有着各国自身的实际原因,而更重要的原因则在于深刻的国际环境与世界发展概况,是国际秩序尤其是国际经济秩序的集中体现。

不平衡的发展与不均衡的世界

在国际经济交往日益频繁、国际组织作用日益加强、跨国公司活动日益频繁并且影响力逐渐加大的情况下,全球化已经成为一股势不可当的潮流。但是为什么在全球化已经成为一股不可逆转的并且由发达国家主导的趋势与运动的情况下,在发达国家出现了这种强烈的反全球化或者逆全球化的行动或政策取向?这具有深刻的时代背景。

从现实情况来看,保护主义在现代国际社会肆虐的根源在于国家利益至上的思想与不均衡的世界发展概况。在国家作为一种政治共同体长期存在的情况下,利益至上的指导思想不可避免。从某种程度上讲,国家利益至上的政策导向是保护主义盛行的最根本原因。西方一些大国在国家利益至上的原则下,无视国际法基本原则,甚至以本国法律原则为国际法基本原则,漠视他国利益,肆意践踏国际法律秩序,或者无视自己应当承担的国际义务与责任,逃避对自己不利的法律约束,导致国际治理结构的分散化与多国中心化,从而造成国际社会在一些重大国际问题上的无所作为。

另一方面,这场金融危机的根源在很多方面被认为是经济自由主义泛滥的结果,各国在包括金融在内的许多经济领域放松管制,对许多新兴经济领域尤其缺乏有效的监管与控制,导致金融监管弱化,金融衍生品泛滥并游离于政府监管之外,对国际资本的监控缺乏有效的监督制约机制,国际热钱四处流窜,导致金融泡沫膨胀,投机行为泛滥,这些都在一定程度上加速了金融危机的到来。危机发生后,不少发达国家在检讨自身政策失误的同时,加强了对经济领域的监管,经济自由主义在一定程度上得到收缩,贸易保护主义的卷土重来在很大程度上是国家经济管制加强的反映。

保护主义盛行的另一重要原因还在于它已经成为某些发达国家维持旧的国际经济与政治秩序的手段之一,通过保护主义对一些高速发展国家进行压制,遏制其快速崛起,从而维护自身的经济霸权地位,维持原有的由其主导的国际秩序。在这个意义上来讲,保护主义已经成为一些发达国家惯用的政策工具,是其维持旧的对其有利的国际秩序、限制发展中国家改变不合理的旧的国际秩序的努力的重要工具。

不过与传统的通过关税壁垒进行贸易保护的手段相比,现今各国进行贸易保护主义的手段已经花样翻新、让人防不胜防。旧的通过关税措施进行的贸易保护主义过于明显,也容易遭到其他国家的报复,所以已经被多边贸易体系所抛弃和严禁,而包括反倾销、反补贴、劳工标准、环境标准、人权标准等新的手段进行的保护主义措施则层出不穷,成为进行贸易保护的新方式,并且被蒙上了一层合法化的窗户纸,甚至成为发达国家对外输出意识形态与价值观的合法途径,对发展中国家形成了新的限制,也对国际贸易的顺利发展与公平合理的世界经济秩序的形成造成了新的障碍。

就保护主义产生的原因来讲,最根源的还在于非均衡的世界发展格局。当今世界,和平与发展虽然已经成为主题,然而发展的非均衡性依旧是最大的问题。发达国家与发展中国家以及最不发达国家的差别依旧存在并将长期存在。旧的世界经济秩序是在二战以后形成的,由若干大国主导世界经济秩序的构建与运行,由发达国家充当高级制成品加工与高端产品制造、发展中国家负责原材料开发与低附加值产品生产的国际产业结构,发展中国家在国际经济结构中处于初级层级,对于国际原材料和制成品的定价权、国际经济组织的决策权以及国际资源的流向等均没有决定权,国际经济秩序的主导权几乎完全掌握在发达国家手中。这是一种不均衡的国际经济秩序,它导致的结果就是发达国家的经济优势得以强化并固定化,发展中国家的发展空间进一步缩小,发展的潜力进一步被限制,国内市场被进一步压缩,由此也带来国际市场的发展空间不足,全球经济发展的后劲不足。不幸的是,这种不均衡的国际经济秩序近年来不但没有得到缓解,反而在很大的程度上被进一步强化了。

战后形成的国际经济秩序是建立在国家之间非均等基础之上的,而这种非均等意味着违反国际经济秩序可能受到制裁与报复,这是各国遵守国际经济秩序的原因。而现实中,各国实力不均等,实力强的国家就会实施单边性的国际经济政策,实施仅对自己有利的对外贸易政策,或者贸然实施单边性的国际经济制裁,因为在各国实力不均等的情况下,实力强的一方在实施制裁的情况下并不害怕对方的制裁与报复,对方也没有这个实力与能力进行相应的回击,在国家利益至上的当今国际社会,违反既有的国际经济秩序与现有的国际组织规则进行单边经济行为就是非常普遍的现象,当然这也是现有的国际组织权力较弱的集中表现。

当今国际社会治理结构的重要环节之一的国际组织在改变不合理的世界经济秩序的过程中发挥的作用也是较为有限的,这也是国际组织作用有限的集中体现。国际组织应当在国际社会的治理中发挥积极的作用,在国际社会公正合理的秩序构建中扮演组织者与领导者的角色,但目前包括联合国在内的国际组织在此过程中所起的作用实在有限。在国际治理结构非均衡发展与国家利益严重至上思想盛行的现实情况下,指望国际组织在短期内发挥平衡世界秩序的巨大作用仍然是一个奢望,这也导致在缺乏多边国际机制约束的情况下,各国贸易保护主义肆无忌惮、恣意横行。

贸易纠纷重灾区中的中国

尽管这场全球性的危机带来的保护主义已在全球蔓延,各国都或多或少是这场保护主义风潮的实施者与受害者,但是就中国而言,可以说是保护主义浪潮最大的受害者或者是受到贸易制裁与指控最多的国家。WTO 相关报告指出,中国是各国贸易限制措施的主要受害者,2008 年,中国成为遭遇反倾销与反补贴调查最多的国家。回顾历史,中国已经连续 14 年成为遭遇反倾销调查最多的成员,连续3年成为遭遇反补贴调查最多的成员。在中国企业的对外投资领域,相关并购也十分不顺利,根据麦肯锡的统计数据显示,在过去的20年里,中国67%的海外并购不成功,其中政治性风险与贸易保护主义是重要的原因之一。

以美国为首的西方主要国家始终不承认中国的完全市场经济国家地位。虽然中国在某些方面还存在政府行政性干预,国有企业在经济中的比重还比较大,但是总体上而言,中国大部分商品的生产与销售已经完全市场化,外资企业与民营企业在经济总量中所占的份额已经突破2/3,国有企业也只是在关乎国计民生或者自然资源领域占据主导地位,而且这个限制也在逐步放开,所以美国等国家的这种拒不承认的观点在很大程度上只是一种偏见,是一种无视中国的发展与发展市场经济决心的偏见,当然,也是一种从其自己国家利益出发的保护主义思维的偏见。

不合理的产业结构是我国经济发展失衡的集中体现。低附加值产业在国民经济中的比重过高,而且重复建设过于严重,导致在国际市场上恶性竞争,产品形象不佳,科技含量低,对国际市场的依赖性过高,容易受到国际市场波动的影响,也是我们在其他国家频频遭受反倾销、反补贴诉讼的重要原因之一。

不合理的进出口结构与资金使用结构是导致中国成为贸易纠纷高发国家的直接原因。我国经济的对外依存度过高,对外资过度依赖,外资在许多领域已经形成完全控制的局面,对于产品的生产、科技水准、产品标准以及定价等已经形成完全的决定权。这种局面对于中国产品乃至中国经济在国际市场上争取话语权、建构经济秩序是十分不利的,也导致中国在许多进口原材料的谈判中十分被动。

对外政策上缺乏技巧,对国际法作为一种政策工具的作用认识不够,不善于运用国际法律及其他政策手段来维护或者捍卫自身的利益,缺乏有特色的强有力的国际法律手段与政策主张,这一点在中国对国际法学的研究上就表现得十分突出。一方面是研究的力度不够,现有研究队伍水平参差不齐,拿来主义的研究成果比比皆是,缺乏原创性的体现中国特色与利益诉求的研究成果,对外交流不够;另一方面则是在国际法学与国际司法实践的结合上缺乏有效的途径,理论缺乏指导实践的机会与场合,这对于我国的对外经济交往是十分不利的。

  我们对国际事务的参与力度不够,长期游离于国际社会与国际组织之外,在国际社会的发言权较小,参与成本较高。例如世界贸易组织的争端解决机制主要是英美法系的解释规则,争端解决的机制与美国上诉法院和最高法院的诉讼程序具有很大的相似性,这对于对英美法系缺乏足够了解的中国来说,无疑具有很大的诉讼成本,也具有很大的风险。

  缺乏相应的管理经验与人才是中国海外收购起步晚、阻力大的重要原因之一。中国大型企业多为国有企业,管理方式的行政性与指令性较为浓厚,虽然在现代管理经验上有所积累,但是在许多方面依旧不适应国际化的现代性的集团公司管理,更难以面对国外复杂多变的社会环境与政治制度,例如在劳工纠纷方面,国外有较为成熟的劳资纠纷解决途径与经验,且往往诉诸政治途径,这方面的经验是国内企业远不具有的。因此,增强自身实力也是我们应对国际保护主义的基础手段之一。如果不从自身寻找原因,探究增强自身实力的途径与方法,难以抵御国际市场的风险,不具备参与国际竞争的能力,那么,我们遭遇保护主义风潮的袭击将是不可避免的。

化解纠纷与重构世界经济秩序的努力

  面对金融危机与贸易保护主义的双重侵袭,各国均已经或准备采取相应的措施来缓解压力,而中国基于多年来积累的巨额财力以及外汇储备,以及国家对宏观经济的把握与政策运用的纯熟,使得中国政府在这次金融危机面前并没有显出多少慌乱,在危机侵袭下的萧瑟的全球经济景象中显得气定神闲、处变不惊。但是,化解日益严重的国际贸易争端仍然是摆在中国对外政策面前非常重要的问题。

  作为发展中国家,中国是旧的不公平的国际经济秩序的受害者之一。在全球经济发展的竞技场中,中国只处于产业链的初级阶段,只是国际市场中初级产品的提供者,在国际经济组织中缺乏话语权,在国际经济秩序中只是一个被动的接受者,这一点在近几年我国被迫完全接受国际铁矿石巨头的大幅度涨价要求方面完全体现出来,中国的被动与无助暴露无遗。

全球化进程遭遇保护主义浪潮

庆幸的是,几十年来,我们依靠自己的努力,已经积累了较为雄厚的实力,我们已经建立了较为完善的市场经济体制,对市场的把握与对经济的调控能力都得到了极大的提升,国际地位也不断提升,对国际经济的参与力度也越来越大,这都为我们改变旧的国际经济秩序提供了条件。

全球化是一股不可遏制的趋势。从短期来看,保护主义具有自己的市场,然而从长期来看,保护主义带来的只能是市场公平竞争机制的受损与自身发展空间的压缩与限制。对于我们来说,最重要的是尽快寻求改变这种国际经济秩序的途径与方法,为国家经济的发展提供更大的空间。

要联合发展中国家协同努力,共同应对不合理的国际秩序。发展中国家是不合理的世界经济秩序的被动接受者,在改变这种秩序的过程中具有相同的诉求与价值取向。国际社会的非均衡发展是对国际和平的最大威胁,是国际社会中重大问题的重要根源。没有均衡发展就没有世界的持久和平与持续发展。因此,我们应当将对发展中国家尤其是最不发达国家的援助落到实处,争取取得实效,促进这些国家社会整体进步。对于在经济与政治上处于弱势的发展中国家来说,只有联合起来,发挥各自的优势以及联合起来的合力,摆脱低水平发展的恶性循环,争取对自身有利的发展条件,重塑世界经济秩序。近日闭幕的西方八国首脑会议上发展中国家作用的发挥与地位的凸显,就是在发展中国家地位日益上升、经济总量占全球份额逐渐增大的情况下,西方发达国家在探讨能源、环境等国际性问题时必须与发展中国家进行协商的集中体现。而在此不久之前召开的"金砖四国"领导人会议则更是几个大的发展中国家表达自身利益诉求、重塑世界发展秩序的努力与重要机制。对于中国来说,这也是一场积极参与国际事务、表达自己的利益诉求与价值取向、努力改变旧的国际秩序、积极构建包含发展中国家利益与价值取向的新的国际秩序的机遇,不容错过,这也是对中国外交智慧的考验,更是中国寻求更大发展空间的途径。

消除自身发展中的不均衡现象是应对国际贸易保护主义最根本的措施。不改变或者缓和我国经济发展中的非均衡现象,我国在国际贸易中遭受保护主义袭击的现状就难以得到彻底改变。消除低附加值产业的过高比重,提高我国产业发展的科技含量,改变过度依赖初级产品与低附加值产品的出口结构,改变对外资的过度依赖,这将是我们改变中国对外贸易产品结构的根本途径,也是我们改变对外贸易形象、避免保护主义袭击的途径,从长远来看,也有利于我国整体国民经济的发展。

加强国际组织在解决国际社会重大问题上的作用,使国际治理结构均衡化。国际组织应当也有能力在国际社会中发挥更大的作用,它们在集中各国智慧与力量、协调各国关系与矛盾等方面具有不可替代的作用。各国应当在面临国际社会重大问题的时候放弃狭隘的国别之见,以负责任的态度参与国际组织的运作,使其在建构公平合理的国际经济秩序中发挥单个国家难以发挥的作用。

要逐步学会运用国际法这个工具来作为国家对外活动的政策手段,加强对国际法治的研究,培养适应国际社会的国际法律人才,这是融入国际社会的第一步。只有在这个基础上我们才能够学会逐步将自己的文化特色与法律制度等融入到国际法治的重构中去,构建和平相容的平等的国际法治格局。

中国是一个在国际上有重要影响的发展中大国,我们在公正合理的国际经济新秩序的构建中应当发挥积极的作用,体现自己的诉求,努力改变非均衡的国际发展格局,冲破贸易保护主义的藩篱,争取国家发展的新空间,争取在国际社会中发挥更大的作用与主导权。

金融危机与贸易保护主义是对我们的双重冲击,更是我们化解国际贸易纠纷、重构世界秩序的双重机遇!

(本文原载《中国审判》2009年第8期)

轮胎下一场没有硝烟的"战争"
—— 中美轮胎特保案分析

轮胎,成为近期搅动中美贸易关系的焦点话题。

2009年4月20日,美国钢铁工人联合会向美国国际贸易委员会提出申请,对中国产乘用车轮胎发起特殊保障措施调查。根据美国调查程序,在8月7日的听证会后,9月12日,美国总统奥巴马宣布,对从中国进口的所有小轿车和轻型卡车轮胎实施为期3年的惩罚性关税,税率第一年为35%,第二年为30%,第三年为25%。

9月13日,中国商务部决定依照我国法律和世贸组织规则,对原产于美国的部分进口汽车产品和肉鸡产品启动反倾销和反补贴立案审查程序。

9月14日,中国政府正式就美国限制中国轮胎进口的特殊保障措施启动了世贸组织争端解决程序,要求与美方在世贸组织争端机制框架内进行磋商。

一只小小的轮胎,在金融危机的帷幕之下,竟引发了世界第一大贸易国和第三大贸易国之间一场没有硝烟的"战争"。

中美轮胎特保案的进程与影响

中美两国互为第二大贸易伙伴,美国是中国的第二大出口市场,中国则是美国的第三大出口市场,而且自2002年起一直是美增长最快的主要出口市场。维护中美经贸关系的稳步健康发展,符合中美两国的共同利益。因轮胎特保案而引发的中美双方的贸易战,对于两国经济、就业乃至世界各国能否尽快摆脱金融危机的影响都造成了巨大的不良影响。

(一) 中美轮胎特保案的进程

作为轮胎生产和出口大国,2008年我国的轮胎产量达到3.5亿个,其中40%的产品出口,约1/3出口到美国。

2009年4月20日,美国钢铁工人联合会声称代表美国国内13家轮胎工厂的1.5万名工人,向美国国际贸易委员会(ITC)提出对中国输美消费轮胎实行配额限制的特别保障措施。ITC通过投票认定中国轮胎产品进口的大量增加,造成或威胁造成美国国内产业的市场扰乱,并于6月29日公布了轮胎特保案的救济措施建议,在现行进口关税(3.4%~4.0%)的基础上,对中国输美乘用车和轻型卡车轮胎连续3年分别加征55%、45%和35%的从价特别关税。

中国政府对轮胎特保案高度关注,美方立案后的5个月来,中国商务部、外交部和驻美使馆分别与美政府有关部门进行了多层次的反复交涉与磋商,积极推动两国行业协会和产业界进行沟通交流,广泛做美国各界的工作,充分阐明中方的立场与关注,得到了许多美国业界及相关人士的理解与支持。在中美双边政府磋商中,中方表现出了妥善解决问题的诚意与灵活性,但美方迫于国内政治压力,坚持在轮胎之外提出其他不合理要求,不仅涉及其他多个行业,而且要求中国调整财税政策,这是中方坚决不能接受的。

然而,中方的努力落空,9月12日,美国总统奥巴马宣布了为期3年的惩罚性关税措施。

(二) 中美轮胎特保案的影响

自2000年以来,中国轮胎行业集中度提高,出口量增加,但反倾销调查也随之而来,埃及、土耳其、巴西、阿根廷等国家都曾对中国轮胎提起反倾销调查。不久之前,巴西对中国轮胎征收的100%反倾销关税就已导致中国企业完全失去了该国的市场。而这些国家提出反倾销调查的原因是中国轮胎产业和其国内的产业状况差不多,有直接的竞争关系,反倾销调查都是由其国内的轮胎生产企业提出来的。但美国的特保调查却不同。近年来随着美国国内轮胎企业的产业结构调整,美国生产企业纷纷转向生产高档轮胎,主要生产低端的乘用车和轻型卡车轮胎的中国企业对美出口逐渐增多,2005年出口至美轮胎为2100万条,2008年增加至4600万条。这让美国钢铁工人联合会提出特保调查找到了借口。美国钢铁工人联合会认为中国轮胎对美国产业的损害造成了美国3100名轮胎工人失业,并影响了3500名退休工人的社会保障。

然而,据权威预测,一旦启动特保措施,中美双方将两败俱伤。对于中国而言,将会有20多家轮胎企业倒闭,约10万轮胎生产及相关产业工人失业。

美国舆论也已经注意到轮胎特保案对于美国利益可能造成的巨大伤害:首先,美方在华有包括固特异、固铂、米其林在内的4家轮胎生产企业,占中国对美轮胎出口的2/3,本案将直接影响这些美资企业的利益。其次,对中国轮胎产品采取特保措施,不但不能解决美申请人提出的所谓3500名轮胎产业制造工人的失业问题,反而会严重影响依赖中国产品的10万名从事轮胎进口和销售人员的就业问题。目前,中国出口的轮胎在美国有200多家代理商,43000多个零售店,为美国人创造了10万就业岗位,美国一旦关闭了中国出口轮胎的大门,这10万员工也将难以避免失业的命运。再次,限制中国产品进口不会削弱美国内轮胎产业因产业升级而导致的问题,美国国内市场只会转而寻找第三国替代进口产品。最后,限制措施将大大提高美国内消费者的购车成本,据美国轮胎自由贸易联盟测算,美国消费者每年要为此多支出6亿到7亿美元,极大降低美国民众的社会福利,削弱美国政府力图振兴汽车产业相关措施的效果。

中美轮胎特保案再次凸显中国在国际贸易中面临的严峻形势,处理不当可能引起各国对我国采取无端贸易限制措施的连锁反应。据世贸组织统计,2008年外国对华新发起反倾销调查73起、反补贴调查10起,分别占全世界总数的35%和71%,至此,中国已成为连续14年遭遇反倾销调查最多、连续3年遭遇反补贴调查最多的成员。2009年以来,中国遭遇的贸易摩擦压力有增无减,据我国商务部公平贸易局统计,2009年1至4月,共有13个国家和地区对中国发起"两反两保"调查38起,案件数同比上升26.7%。

此前,美国曾对我国发起过6起特保调查案,但最终均被布什政府否决。而此次是自2007年以来对中国发起的首起特保案,却被奥巴马政府批准。除美国外,已经有不少国家如日本、加拿大、韩国乃至同为发展中国家的印度等都已经将特殊保障措施纳入本国贸易法。继2009年4月美国启动对中国轮胎的特保调查以后,5月18日,印度也发起对中国乘用车轮胎的调查;6月18日,巴西已经决定对中国客运和货运汽车子午线轮胎征收最终反倾销税,连锁反应已经开始。更为糟糕的是,目前奥巴马政府已经批准了对中国的特保制裁,根据WTO规则,其他WTO成员方可以直接援引美国的制裁方案,随时对中国轮胎产品发难,必将导致中国轮胎产业雪上加霜,使中国国际贸易环境更加恶化,其影响不可忽视。

中美轮胎特保案的法律解析

美国做出特殊保障措施裁决依据的是美国贸易法案的"421条款",该条款是根据《中国加入世界贸易组织议定书》第16条(以下简称第16条)规定的"特殊保障措施"补充写入美国1974年贸易法的,两者在内容上是一致的。

第16条又称"过渡时期对特定产品的保障措施条款",共包括9个条款,具体规定了中国过渡时期内12年有效的特殊保障措施规则,内容大致包括提起特殊保障措施的适用条件、中国对外出口造成相关国家的"市场扰乱"概念的定义、实施特保措施的磋商程序、提起特保措施的程度和时间限制等。

"421条款"就是依照第16条的相关规定,在中国出口到美国的产品数量激增已经或将要造成美国国内同类产品市场混乱的情况下,美国国内生产商可以向政府提出申请特殊保障措施的救助。

特殊保障措施针对的是公平贸易条件下进口数量的增长,且只要这种增长对国内生产者造成或威胁造成市场扰乱时,就可启动专门针对中国的特殊保障措施。而所谓"市场扰乱"仅是指"一项产品的进口快速增长,无论是绝对增长还是相对增长,从而构成对生产同类产品或直接竞争产品的国内产业造成实质损害或实质损害威胁的一个重要原因"。这一规定不仅远低于实施保障措施时造成严重损害或严重损害威胁的条件,也低于实施反倾销、反补贴措施要求的造成实质损害或实质损害威胁要求,且特殊保障措施仅仅针对中国,也完全不同于WTO下保障措施应非歧视地适用于所有同类产品进口国的要求。由此可以看出,特殊保障措施是WTO成员方针对中国加入WTO而对中国施加的歧视性条款,完全背离了WTO公平贸易的原则,是中国为加入WTO而缴纳的不公平的、昂贵的入门费。

从前述分析可以看出,奥巴马批准对中国轮胎实施特殊保障措施在经济上和促进社会就业上都得不偿失,那么这一措施是否如奥巴马宣称的那样符合法律规定呢?

第一,从WTO多边贸易规则分析,美国针对中国轮胎实施特殊保障措施具有非法性。WTO多边贸易体制致力于全球自由贸易,倡导货物、服务在全球范围内公平自由的流通,而美国针对中国轮胎产品实施的特殊保障措施明显背离了WTO公平自由贸易原则。另外,WTO多边贸易体制的基石是无条件的最惠国待遇。根据这个原则,在货物贸易中,一个WTO成员给予另一国(不管该国是否是WTO成员)产品的关税优惠或其他与贸易有关的好处,应立即和无条件地永久给予所有WTO成员的同类产品。无条件的最惠国待遇是WTO多边贸易体制的最大魅力所在,极大地促进了商品、服务在世界范围内的自由流通。然而,美国针对中国轮胎实施的特殊保障措施具有明显的歧视性,违背了WTO的非歧视原则和最惠国待遇原则。

第二,即便从《中国加入世界贸易组织议定书》第16条分析,美国针对中国轮胎实施特殊保障措施也具有非法性。虽然第16条规定的特殊保障措施的实体条件远低于保障措施以及反倾销、反补贴的实体条件,但其规定的"一项产品的进口快速增长,无论是绝对增长还是相对增长,从而构成对生产同类产品或直接竞争产品的国内产业造成实质损害或实质损害威胁的一个重要原因"仍是必备的条件。即在认定市场扰乱时,受影响的WTO成员方必须证明,市场扰乱是由进口数量快速增加造成的,即两者之间存在着因果关系。而实际情况是,2007年以来中国轮胎产品对美出口增长并不明显,2008年比2007年仅增加了2.2%,2009年上半年比2008年上半年同期还下降了16%;美国内轮胎产业的经营状况在中国产品进入美国市场前后并无明显变化,即使在中国产品出口增幅最大的2007年,其盈利情况也表现良好;中国涉案产品主要供应美国的维修市场,而美国自产轮胎主要供应原配市场和替换市场,两者并不存在直接竞争关系。也就是说,并不存在从中国进口轮胎产品"快速增长"的事实,也不存在因进口快速增长而对国内产业造成实质损害或实质损害威胁的重要原因,从中国进口轮胎产品与美国国内轮胎产业的危机并没有任何直接因果关系。

美国轮胎生产商在中国涉案轮胎大量出现在美国市场前就已经亏损,美国国内轮胎企业关停部分轮胎工厂和生产设备的行为是出于选择高端市场而主动进行的结构调整,与中国产品的进口无关。即使美国停止进口中国产轮胎,此类轮胎仍然要从其他国家替代进口。此次针对中国轮胎的特保案由与美国轮胎产业没有直接关系的美国联合钢铁工会提出申请,而非美国轮胎生产企业联合申请,美国轮胎产业协会甚至还明确强烈反对此项决策,同时一些大型的轮胎分销商和零售商自发地出来反对此项决策,在特保措施的申请主体上也受到质疑,这也充分说明奥巴马政府批准的针对中国轮胎产品的特保措施不仅非法,而且不得人心。

那么,奥巴马为什么一意孤行,在当前急需中国合作共度金融危机的关键时期批准对中国轮胎产品实施特殊保障措施呢?可以说,政治考虑是唯一合理的解释。奥巴马明知对中国轮胎实施特保措施会引起中方的强烈不满,却依然坚持征收特别关税,主要是他不想失去美国钢铁工人的支持。美国钢铁工人联合会是民主党的主要票仓,为奥巴马成功当选总统立下了"汗马功劳",奥巴马自然要在政策上尽量满足其要求,投之以桃,报之以李。此外,奥巴马几个月来全力推动的医疗保险改革,在美国国会和全美各地遭遇强大阻力,9月12日当天就有多达10万人聚集在美国国会门前抗议奥巴马推行医保改革。因此,奥巴马亟需包括钢铁工人在内的拥趸们的坚定支持。

中国的应对及未来走向

在我国商务部启动针对原产于美国的部分进口汽车产品和肉鸡产品的反倾销和反补贴立案审查程序以及世贸组织争端解决程序两项有力的反制措施之后,有关中美即将发生贸易大战的说法甚嚣尘上。对此,美国总统奥巴马立即申明中美之间不会发生贸易大战。奥巴马的这种说法虽然是一种自我掩饰的说辞,但另一方面也是基于中美双方休戚攸关的贸易关系和经济关系。

中美双边经济关系的重要性不仅表现为两国的交互影响,而且也表现为其对全球经济的巨大影响力。从各方面来看,中美双方都已经形成了紧密的经济、贸易关系,贸然发起贸易大战对于双方都是得不偿失的事情,因而爆发全面贸易战的可能性几乎为零。因此,中国虽然极力反对美国的歧视性贸易政策,但仍然保持着克制,预留着协商的空间。奥巴马虽然迫于压力批准了特保措施案,但也在9月14日低调回应此案,称美政府宣布向中国输美轮胎加征关税并非向世界发出贸易保护主义信号,也并非意在挑衅中国。

虽然中美之间爆发全面贸易战不符合中国利益,但面对美国的贸易大棒采取适当的反制措施是必要而恰当的。一直以来,由于"和为贵""和气生财"的民族传统信仰以及中国处理对外关系中奉行的"韬光养晦"策略,让中国这个数一数二的贸易大国同时也成为国际贸易保护主义的最大受害者。从轮胎特保案提起到6月份的10天内,美国便对中国钢铁产品连续发起3项"双反"调查,充分展示了中国遏制美国保护主义势力的紧迫性,而其他一些国家亦在酝酿对华贸易限制,进一步提高了中国警诫各国保护主义势力的必要性。中国应当将贸易报复等反制措施纳入贸易武库之中,正如维护和平需要有打击对方的能力作为保障一样,贸易报复也是减少贸易争端、为国际经贸创造平稳环境必不可少的工具。目前,我国采取的两种反制措施都是十分恰当的,一方面向美国以及世界传递中国坚持自由贸易的决心以及对不公平贸易政策进行反制、报复的强大实力,及时遏制各国对我国出口产品实施贸易保护主义政策的冲动,另一方面也有利于向国内外投资者显示保护中国境内制造商合法权益的决心和能力,只有这样,才能让正在考虑向中国转移生产能力、特别是先进制造业生产能力的投资者们下定决心,中国也才能抓住先进制造业生产向中国转移的机遇。

就提交 WTO 争端解决程序寻求救济而言,获得满意的救济结果要经过旷日持久的过程,而且带有强烈的不确定性。一个完整的 WTO 争端解决程序通常包括磋商、专家组程序、上诉程序、裁决的执行监督程序四个环节。就目前情况看,中美双方很难在磋商阶段达成共识,或者说美国在此阶段做出撤销对中国轮胎产品征收惩罚性关税的决定可能性很小,因而案件可能进入专家组裁决程序。由于《中国加入世界贸易组织议定书》第16条规定的"市场扰乱""实质损害或实质损害威胁的一个重要原因"等概念带有很强的模糊性,专家组乃至上诉机构的裁决结果也带有不确定性,因而,中国启动 WTO 争端解决机制的象征意义要远远大于实际效果。

就中国针对原产于美国的部分进口汽车产品和肉鸡产品的反倾销和反补

贴立案审查程序而言,其救济力度和效果要远大于WTO争端解决机制。针对其他国家的不公平贸易做法启动贸易报复措施是各贸易大国常用的手段。由于贸易大国具有较强的经济实力,启动贸易报复措施一般能够在较短的时间内弥补本国因他国贸易限制措施而遭受的损失,并警戒他国的进一步行为,因而是十分有效的手段。中国依照WTO规则启动反倾销和反补贴调查程序,是维护自己在WTO协定下的贸易权利,虽然不同于纯粹贸易报复措施,但在此时启动却可以收到贸易报复的效果。此举不仅可以弥补我国因美国特保措施而受到的经济损失,也可对美方以及其他国家意图启动对华贸易限制措施起到很好的警示效果。中国目前是世界上经济增长最快的国家之一,世界经济能否尽快复苏,中国身负重任。任何国家此时都无法忽视中国的贸易反制措施和报复措施,进而慎重针对中国产品实施不公平贸易限制措施,这对中国的进出口环境与经济发展都是十分有益的。

(本文原载《中国审判》2009年第10期)

危机是重构世界经济秩序的最佳时机[*]

一场目前尚看不见前景的金融危机正席卷全球几乎所有国家。中国也已经感觉到了彻骨的寒意。面对危机,各国均已经或准备采取相应的措施来缓解压力,而中国大规模的经济刺激计划让世界各国都倍感振奋。多年来积累的巨额财力以及外汇储备,以及国家对宏观经济的把握与对政策运用的纯熟,使得中国政府在这次金融危机面前并没有显出多少慌乱,在危机侵袭下萧瑟的全球经济景象中显得很有点气定神闲、处变不惊,羡煞不少身陷泥潭的国家。

危机,既是一次经济的自身调整,也是一次秩序的重构,甚至可以说,危机正是在旧有的秩序不能满足经济发展需要的情况下,经济体的一种自我调整。从国际社会的发展来看,旧的不合理的国际经济秩序在很大程度上是这次金融危机的罪魁祸首之一,是世界各国尤其是发达国家为由其主导的不均衡的世界经济秩序失序而付出的代价。

旧的世界经济秩序是在第二次世界大战以后形成的,由若干大国主导世界经济秩序的构建与运行,由发达国家充当高级制成品加工与高端产品制造、发展中国家负责原材料开发与低附加值产品生产的国际产业结构,发展中国家在国际经济结构中处于初级层级,对于国际原材料和制成品的定价权、国际经济组织的决策权以及国际资源的流向等均没有决定权力,国际经济秩序的主导权几乎完全掌握在发达国家手中。这是一种不均衡的国际经济秩序,它导致的结果就是发达国家的经济优势得以强化并固定化,发展中国家的发展空间进一步

---

[*] 本文写作于2009年,未曾发表过。

缩小,发展的潜力进一步被限制,国内市场被进一步压缩,由此也带来国际市场的发展空间不足,全球经济发展的后劲不足。不幸的是,这种不均衡的国际经济秩序近年来不但没有得到缓解,反而在很大的程度上被进一步强化了,这就为金融危机的爆发埋下了祸根。

作为发展中国家,中国也是这个不公平的国际经济秩序的受害者之一。在全球经济发展的竞技场中,中国只处于产业链的初级阶段,只是国际市场中初级产品的提供者,在国际经济组织中缺乏话语权,在国际经济秩序中只是一个被动的接受者,这一点在近几年我国被迫完全接受国际铁矿石巨头的大幅度涨价要求方面完全体现出来,中国的被动与无助暴露无遗。而近年来中国在国际贸易领域中频频遭受的反倾销、反补贴调查与贸易制裁,更是凸显了中国在国际经济产业链中的低端地位折射出的尴尬处境。

庆幸的是,几十年来,我们依靠自己的努力,已经积累了较为雄厚的实力,我们已经建立了较为完善的市场经济体制,对市场的把握与对经济的调控能力都得到了极大的提升,国际地位也不断提升,对国际经济的参与力度也越来越大,这都为我们改变旧的国际经济秩序提供了条件。

金融危机也提供了一次改变国际经济秩序的绝好时机。危机的克服需要旧的国际经济秩序的调整,需要对国际经济版图进行一定程度的重新划分,需要对国际经济组织的决策与执行机制进行较大幅度的改革,唯有如此,才能创造世界经济复苏的条件。单兵作战,或者各自为政,只能使危机愈演愈烈,使各国愈陷愈深,没有任何好处。各国政策的协调与配合提供了国际经济秩序调整的良好机遇。

因此,我们要以这次金融危机为机遇,积极参与国际经济秩序的重构,争取对中国有利的国际环境以及与中国经济实力相称的国际地位与话语权,为国家经济的发展提供有利的外部环境。最近,中国等一些发展中国家要求必须对国际货币基金组织进行改革并积极采取措施就是一个良好的表现与起步。

世界历史的变迁与各国的发展历程告诉我们,每一次世界性的危机包括政治危机、经济危机等,都是国际秩序分化重组的重要时刻,能够在这些重大的变革中把握住机遇,就能够化危为机,冲破旧的世界秩序的束缚,成为新世界秩序的制定者与受益者。

面对危机带来的机遇,中国岂能错过!

以法治手段解决海洋划界问题[*]

近年来,伴随着中国综合国力的进一步提升与对外开放的进一步推进,中国大外交的格局逐步形成。在外交形式多样化、外交主体多元化、外交政策系统化的背景下,我国的对外交往取得了巨大的成就,也为我国创造了和平发展的良好外部环境。

然而,在我国外交领域取得巨大成就的同时,我国也面临着严峻的国际环境,其中,中国与周边国家的海洋划界矛盾与纠纷日益凸显,并已成为直接威胁中国发展的和平国际环境的问题。在中国面临内部转型发展遭遇诸多社会问题考验与外部和平崛起直面国际社会警惕与遏制的大背景下,圆满解决与周边国家的海洋划界问题,进而妥善处理与周边国家的关系,营造良好和谐的周边环境,对我们争取和平稳定的发展环境意义重大。

环顾四周,中国的周边国际环境不容乐观。仅就海洋划界而言,在东海,中韩、中日关于东海大陆架划分的争议一直不绝于耳,而日本对中国固有岛屿钓鱼岛的合法归属一再进行挑战已让两岸人民义愤填膺,近期日本欲借助中日有争议的冲鸟礁(日称冲之鸟礁)扩张自己的大陆架与专属经济区的无理举动更是遭到了包括中国在内的国际社会的一致反对;在南海,中国根据《联合国海洋法公约》的划定标准应当合法拥有的1700多个岛屿却有很大一部分为东南亚各国控制,中国对自己的主权海域的控制面积实际不到一半,相比较越南等国控制中的中国主权海域中油井林立,中国对自己海域中的资源开发一直乏善

---

[*] 本文写作于2009年,未曾发表过。

可陈。

中国有关海洋划界的争端谈判之所以久拖不决,有着复杂的国内国际原因,其中,海洋主权意识较为淡漠是一个不容回避的原因,不善于利用国际法律武器解决海洋争端、维护自己的海洋权益也是一个薄弱环节。与世界其他国家积极利用国际法律手段、通过国际法院等机构维护自己的海洋利益相比,中国无论在国际法的研究方面、国际法律手段的重视方面、国际争端解决机制的运用方面,都存在较大的差距,这既与中国对国际法律手段与机构一定程度的不信任有关,也与中国外交手段的传统思维以及运用国际法维护自身权益的一定程度的不自信有关。在中国于国际上经济地位迅速提升、政治地位日益隆显的今天,我们显然应该更加重视国际法律制度与国际法律机构在世界上所应发挥的作用以及中国所应采取的对策。

21世纪是海洋权益的世纪。海洋蕴含着丰富的资源,也在国家地缘政治格局中居于重要地位。妥善解决中国与周边国家的海洋划界纠纷,尽快开发我国主权海域的自然资源,构建中国的海洋发展战略,对于中国实现大国崛起的宏伟目标意义重大。

"宪法学帝国主义"*

——对美国宪法学研究的一种思考

法学是中国社会科学中的显学。那么,在法学的部门法学科中有没有冷热学科之分呢?

对于这个问题,相信熟悉中国法学学术研究的人都会给出清晰的答案:民法是当之无愧的热门学科,而宪法则毫无疑问是冷门学科。

这是当代中国法学学术研究中一个较为奇特的现象:学术研究的发展方向带有明显的利益取向与衡量。学术研究带来的社会收益、学科培养出来的学生的就业前景、学术研究者的名利等利益衡量标准直接决定了学科的发展程度与社会关注程度。但宪法学科受到的冷落却是一个较为耐人寻味的现象。

宪法是国家的根本大法。现代文明国家的重要标志之一就是成熟宪法的颁行与实施以及公民宪法权利的宣示与保障。有没有成熟的宪法,往往成为一个国家法治发展程度的衡量标准。此外,宪法作为国家的基本法,决定着国家的政治架构与人民的基本权利结构,而成熟的宪法学研究则为国家政治制度的完善与人民权利结构的改善提供了理论基础。

2003年中共中央政治局第一次集体学习即以宪法为学习主题,显示了新一届中央领导集体对宪法的高度重视和加快建设法治国家进程的坚强决心。以此为契机,全社会关注宪法的热情逐步高涨。但是宪法学的研究依然是一个较为"冷门"的学科。在这样的背景下,对其他国家法律体系与社会生活中宪法的

---

* 本文写作于2009年,未曾发表过。

地位和影响进行比较,对我们推行宪法学的研究、在司法实践中真正体现"宪法法律至上"、推进法治化建设无疑具有重要的参考价值。

比较法的价值在于通过不同国家法律制度的比较,提炼出各国法治建设的经验教训,并探究人类社会法治建设中具有共通性的方面,从而为实务界提供有益的借鉴。对于中国这样一个缺乏法治传统、在建设社会主义法治国家道路上没有成功经验可供借鉴的国家来说,建立于本国国情基础上的比较法研究,在当下是必需的。不过,比较研究的前提是摒弃盲目崇拜与有效鉴别,秉持一种客观公正全面历史的态度,唯有如此,才能得出正确的结论与有益的借鉴。

中美两国国情不同、历史传统不同、政治制度不同、文化习俗不同,因而在许多方面并不具有太多的可比性,尤其在美国具有经济强势特征的情况下,它的法治模式有被盲目追捧的不良倾向。不过,同为市场经济体制国家,美国在建设法治的过程中还是有一些经验值得中国借鉴,可以为我们提供一些少走弯路的经验与教训。在这个浮躁而急功近利的社会,我们需要的是心平气和的态度与客观公正的观点,一味地盲从与盲目地批判同样是不可取的。对世界上第一个拥有成文宪法的美国的宪法学研究进行客观的比较研究,能够为我们提供一种观察美国法治概况的视角,而对澄清法学界与实务界的一些认识误区或许也能起到一定的作用。

宪法学的天下

宪法学在美国是真正的显学。

就其在美国大学法学院中的地位而言,宪法学教授无疑是最为风光的一个群体,不仅宪法学在法学院的学科设置中处于非常重要的地位,而且宪法学教授在学校中几乎都受到明星般的追捧,是最耀眼的群体之一。他们不仅开设了一系列涉及面极宽的课程,而且往往许多著名的部门法学教授也同时是著名的宪法学教授。这在世界其他国家的法学院里是不多见的。

就论文与著作的影响力而言,宪法学研究在美国法学研究界无疑具有压倒性的优势。美国法学研究领域有一套科学严密的引证统计体系,这套体系针对美国历史上法学研究者的法学论文或者著作的引证数量进行统计,从而可以较为全面地反映法学学术著作与论文的影响力,是一套较为透明与科学的统计体系。耶鲁大学法学院图书馆副馆长 Fred R. Shapiro 的统计是一个较有影响力的研究成果,根据他统计的"引证率最高的法学论文""引证率最高的法学学者""引证率最高的前50名法学著作",我们可以看出,在这些上榜著作、论文以及法学家当中,宪法学论文与著作以及宪法学研究者占据了绝大部分,而属于中国法学研究中严格的部门法学科的只占极为有限的一小部分。对照中国著名法学家苏力在他研究转型期中国法学研究的著作《也许正在发生》里对中国法学领域引证率最高的法学著作与法学家所做的排行,我们可以发现,在苏力先生的排行榜中,严格的宪法学著作几乎一本没有,而引证率最高的前50名法学家中,严格的宪法学家只有寥寥的一两个,与美国构成鲜明的反差。

就法学研究者在美国社会中发挥的作用与具有的影响而言,宪法学家在美国可以说是风光无限。一方面,众多的宪法学家在公共媒体上发表自己的见解,成为公共知识分子,影响着政府的内外政策;另一方面,众多的宪法学家频频参与最高法院的辩论,将自己的见解与观点反映到决定国家政治生活面貌的最高法院的判决中。美国著名法学家、联邦第七巡回区上诉法院法官波斯纳在他的《公共知识分子》一书中进行了若干统计,在其关于"媒体提及最多的100位公共知识分子""学术引证率最高的100位公共知识分子(1995—2000)"等统计结果中,上榜的法学知识分子几乎全部都是广义的宪法学家。宪法学家作为公共知识分子在美国公共生活中发挥的作用可见一斑。例如,美国在颁布《数字千年版权法》的过程中,斯坦福大学著名的网络法与宪法学专家莱斯格就在联邦最高法院就是否应当延长著作权的保护年限进行了激烈的辩论,他反对延长著作权的保护年限,主张授予公众更多的权利,其观点在美国拥有众多的追随者。虽然最终这部法律还是通过了,但是莱斯格教授对普罗大众权利的保护意识还是产生了良好的社会影响。纵观近年来美国社会中重要政策的制定出台过程,几乎都有宪法学家们的声音。美国的政坛上也不乏宪法学家们频繁闪现的身影。可以说,宪法学家在很大程度上、很广范围内、很深层次中影响着美国社会的运转与普通民众的生活。

美国宪法学也是美国法治模式对外"输出"的一个重要的领域。作为世界上法治发展起步较早的国家,美国的法治发展模式成为世界上其他诸多国家效仿与追随的对象。尽管法治作为建立在不同国情基础上的治理方式,单纯的移植或者模仿都是不合时宜甚至适得其反的,但是在学习与比较的基础上,吸取法治建设过程中具有人类社会共性的一些因素,则是加速各国法治建设进程的一条捷径。在许多国家宪法制定或者修改过程中,频繁地出现了美国宪法学家的身影,这也算是美国宪法学研究者们对世界的一种影响吧。

别具一格的法学研究

美国的法学教育与研究体制在世界上别具一格。

美国拥有300多所法学院系和众多享誉世界的法学家,美国建国200多年以来,向世界贡献了灿若星辰般的法学家和浩如烟海般的法学名著,对世界法学思想的发展提供了重要的推动作用,并形成了具有鲜明特色的美国法学研究体系,对独具特色的美国司法制度的形成起到了巨大的支持。

美国的法学研究倡导现实主义研究取向,法学常常向其他社会学科吸取研究的素材,法学研究中风行一时的法律经济学运动、法律与文学运动、法律社会学运动、法律人类学运动等,都是在美国滥觞的。这种宽视角的研究取向为美国法学的繁荣提供了取之不尽的素材,也为美国法学的繁荣与包容性提供了学科支持。

美国没有严格的法学学科划分,各学科之间并没有清晰的界限。这一点与中国存在很大的不同,中国国内法学学术界各学科之间壁垒森严,各学科的研究人员一般不去染指其他学科的研究领域。研究对象的局限性导致学科发展的缓慢,缺乏实践与素材制成的学科缺乏发展的后劲,也缺乏社会实践的支持,相应地就缺乏对实践的指导作用。宪法学学科在中国的发展较为缓慢,缺乏原创性成果和对社会发展具有指导性作用的成果,对社会发展与国家政治体制改革缺乏应有的推动作用,在重要的公共话题的讨论中鲜有宪法学家的身影与话语,理论研究的苍白与匮乏难辞其咎。

而在美国,宪法学不仅在向其他法学研究领域扩展,也在向社会科学的其他领域扩展着自己的"势力范围",正是由于宪政研究课题本身的复杂性与包容性,以及美国社会本身较高的法治发展阶段,宪法学家们研究的对象极为广泛。许多学科的研究落脚点最终都在宪法问题的研究中,在某种程度上都是对重要的宪法问题的阐释与宪法原则的延伸，因而，宪法真正发挥了高级法与根本法的作用。

这种独特的宽视野法学研究模式提供了法学研究者对社会生活的深层次介入，使得美国的宪法学家们能够更多地参与社会活动与国家的政治运动。这样的研究取向提供了宪法学研究的广阔视角与广泛课题，也使得宪法学在美国法学学术研究乃至整个社会科学学术研究中占据优势地位。

美国法学研究是政策取向的，在某种程度上法律就是公共政策的近义词，法学专家常常就公共问题发表意见，对政府的政策走向起到了一定的影响作用，因此，美国法学研究者一般倾向于在国家政治制度的框架中来研究法学问题，尤其是宪法学家，而只有将自己的法学研究与社会政策、国家决策联系起来，以自己的思想影响社会的规则与秩序，才能真正称得上法学大家。在这种独特的法学研究氛围中，各学科的法学研究者都会将各类宪法问题纳入自己的研究领域，就是顺理成章的事情了。

法学研究的重心也决定了宪法学研究的核心地位。英美法系中对正当程序高度重视，一切法律问题都以程序为核心。而程序性权利作为一项宪法权利，在整个宪法权利体系中居于核心地位，正如美国大法官威廉·道格拉斯所说，"权利法案的大多数规定都是程序性条款，这一事实绝不是无意义的。正是程序决定了法治与恣意的人治之间的基本区别。"这种对程序性权利与条款的高度重视是宪法学研究处于优势地位的制度条件。这一点与大陆法系国家具有很大的不同。

相对而言，美国的法学研究较为成熟，与中国的法学研究取向差别很大，法学领域中任何一个领域都有着不可胜数的研究成果，对任何一个具体的法学课题都有较为深入的探讨与研究。在这种情况下，对具体法律问题的研究就不再局限在对法律问题具体细节的不断重复上，而主要集中在对此问题所处的社会背景、政治经济环境、社会文化传统以及法律解释方法的探讨上，宪法学作为研究国家政治制度与人民基本权利的法学分支学科，是直接以一国宪政制度为研究对象的法学学科，并直接决定了国家的政治环境与社会生活概貌，也决定了一个国家法律推理与法律解释的大致取向与基本思路。因此，不同的法学学术发展阶段也决定了宪法学不同的发展情况及其在整个法学体系中的地位。

司法体制中的宪法

作为英美法系的典型国家,美国却制定了世界上第一部成文宪法。

美国在建国初期围绕宪法制定发生了激烈的争论。在制宪会议上,独立战争的元勋们围绕着国家的政治制度与人民的基本权利发生了激烈的争吵与辩论,随后产生的这部法律对美国的基本制度与人民的基本权利作出了重要的界定,其后几百年间随着几条修正案的颁布,一直作为美国的基本法律文件发挥着"最高法"的作用。宪法是美国法律体系中的根本法与最高法,这种地位源于美国独特的政治制度,同时也集中体现在美国的司法制度上。

判例在美国的司法体系中发挥着重要的作用。一般来说,上级法院或本级法院以前的判例对今后法院同类的审判具有重要的指导,其实质就是法律。美国的联邦上诉法院及最高法院一般只进行法律审,很少进行事实审,一般只对相关案件中涉及的法律问题进行裁决。其法律审主要集中在对法律适用与法律解释的审查以及法律冲突的解决上,这与我国上诉审中既进行法律审也进行事实审的情况是大不相同的。对法律审的集中有利于节约法律资源的使用,也有利于一大批优秀的精通法律理论与业务的法官人才的涌现,当然这种独特的司法制度使得解决法律解释与冲突的研究成为美国法学研究的核心之一,从而为宪法学的发达提供了体制条件。

联邦最高法院在美国司法体制乃至美国社会中的地位是其他国家难以想象的。它不仅是美国的终审法院,而且是美国众多社会规则的制定者与影响者,小到堕胎、言论权利,大到种族问题甚至总统选举,都会在最高法院那里寻找到支持或者裁决。而美国民众对最高法院的迷信也达到了极高的程度。罗斯福新政对于美国走出世纪萧条发挥了极大的作用,但是美国民众在评价罗斯福总统的功绩时依然将他干预最高法院司法运作的行为视作一大败笔。

最高法院最重要的职责之一是解释宪法,并根据时代的发展及时修正宪法。最高法院每年会收到大量的上诉请求,但他们只会选择有限的几个涉及基本法律问题的上诉案件进行审理,而且这种审理只集中在案件涉及的法律问题方面。而正是这些社会基本问题的裁决决定着美国民众的生活规则与社会的基本秩序,决定着美国社会的概貌与走向。

由于最高法院在美国社会生活与政治制度中这种至高无上的地位,并且由于它是美国司法体制中的核心,它所作的判决自然成为美国法学界研究的课题核心之核心。每当最高法院的判决出来之后,就会引发全国性的讨论与研究,在法学界尤其如此。这是宪法学家成为法学界宠儿的体制性基础。

权利至上的社会氛围

宪法是权利之法,一纸宪法就是写满人民权利的文书。

权利理念在美国民众心目中占据着极为重要的地位。一部美国通史就是一部美国人民通过抗争争取自身权利的历史,而宪法则是这个历程的真实反映。

美国是移民国家,摆脱宗教束缚与旧体制束缚的移民对专制体制存在天然的抗拒。因此,一切可能导致专制与权利限制的制度都会得到民众的自觉抵制,这一理念在宪法中得到充分的体现,美国宪法文本中的权利色彩十分浓厚。

美国民众对自身权利的渴望与维护十分强烈,这一点从美国每年多达上千万的诉讼案件中可以看出。对自身权利的维护是社会进步的体现,但是过分维权也造成司法资源的浪费,这可能就是物极必反的一种体现吧。

无论在美国的法学研究中,还是在美国普通民众的日常生活中,权利意识与理念都具有至高无上的地位。就美国的法学研究而言,权利与义务是法学研究中永恒不变的主题,以权利作为研究对象的著作与论文汗牛充栋,不可胜数,而且对权利主题的研究已经远远超出法学研究的范畴,政治学、哲学、经济学、社会学等多个学科都对权利问题倾注了巨大的精力。

不过,人权是一个历史发展的概念与权利体系,不同的国家有着不同的人权理念与体系,不存在普适性的人权概念。人权具有强烈的经济、社会和文化属性,这是人权的道德、法律与政治属性的基础。马克思曾经指出,权利永远不能超出社会的经济结构及由经济结构所制约的社会的文化发展。这就是对人权的经济社会文化属性的最精辟论述。由此可见,各国由于各自的国情与文化传统不同,不可能有统一的人权概念。不过,对人的基本权利的尊重却是共同的。而宪法作为公民权利之法,它的核心就在于对公民的权利的救济与保障。因此,在一个权利意识至上的公民社会中,宪法学的勃兴是必然的,宪法学家们的风光也是可以想象的。

另一方面,在美国,宪法也是具有可诉性的法律部门。美国虽然不像有些大陆法系国家,诸如德国、南非等设有专门的宪法法院,但是在美国宪法是可以直接进入诉讼的法律部门,美国联邦系统的各级法院,包括联邦地区法院、联邦上诉法院以及联邦最高法院等,都拥有违宪审查的权力。所有联邦系统的法院都有权力就宪法争议作出裁决。纵观历史,影响美国司法历史的都是一些有关宪法权利的经典大案,宪法的可诉性为宪法成为显学提供了丰厚的实践基础。

权利只有可以进行诉讼才能成为真正的权利与实在的权利,而诉讼也在另一个方面丰富了权利的内涵,也提供了宪法学研究源源不断的素材。理论为实践提供了支撑,而丰富的实践也提供了理论不断发展创新的基础。这在美国的宪法实践与宪法学研究的良性互动中得到了良好的反映。

法 治 之 路

中国特色法律制度是中国特色社会主义的重要组成部分之一,也是我们社会发展与经济增长的制度保障。建设具有中国特色的法治社会,需要对中国的国情与文化传统的深刻把握,也需要借鉴其他国家的先进经验。法治社会的建设没有一成不变的模式,也没有普遍适用的规律,我们需要的是因地制宜、实事求是。而对于法治建设道路上一些具有技术性、工具性的要素,我们需要更多地借鉴。

法治社会是宪法至上的社会,是宪法真正发挥根本法、基本法以及最高法作用的社会。胡锦涛总书记在纪念宪法施行二十周年大会上的讲话中谈到,"实行依法治国的基本方略,首先要全面贯彻实施宪法。"这句话集中体现了宪法在法治社会建设中的基础作用,也是我们开展宪法学研究的重要指导思想。就法治社会建设而言,宪法学理论研究以及宪法实施的制度基础是基本的要素。

对宪法研究和实施的重视是法治社会的第一要义,只有对宪法产生真正的自我需求,从体制内产生宪法实施的内在动力,从而为法治社会的建构创造良好的制度环境与体制需求,才能真正实现宪法之治,真正建立法治国家。尽管我们在宪法理论研究与宪法理念普及方面还存在薄弱环节,但全社会对宪法实施的重视已经为建设法治社会创造了良好的制度环境,这些都已经体现在我们的体制建设与制度改革上,并走出了一条具有中国特色的法治建设道路。

司法制度建设是法治社会建设的重要环节。司法制度是一个国家政治制度的重要组成部分之一,各国的发展水平不同、经济发展的阶段不同、历史文化不同、风俗习惯迥异、政治制度不同,因此,各国的司法体制差异巨大,美国著名法学家桑斯坦在他的著作《设计民主:论宪法的作用》中说道:"各国的情况都不一样。如果说法国行得通的制度到了加拿大也有效,……或者西班牙有效的制度到了中国也有效,那么这是愚蠢的说法。没有哪一部宪法对所有社会都合适。"人类社会历史上与现实中众多失败的教训深刻地说明了这一点,在法治社会建设的其他方面同样如此。

对于一个树立建设完善的法治化国家的目标时间不久、在许多方面都在摸索而且并没有许多成功的经验可供遵循的国家来说,在实践中应当在借鉴其他国家成功经验的基础上力争走出一条具有中国特色的法制建设道路。在这条路上,首先需要的就是进行理论的借鉴与积淀,没有深厚的理论作为实践的起点与指导,就很有可能在实践中迷失方向、误入歧途或者多走弯路。因此,宪法学的深入研究是我们在进行法治国家建设的道路上亟待加强的课程,实践的发展需要宪法学研究领域出现更多有影响力的、原创性的、具有中国特色的、切合中国实际的研究成果,也需要一批对中国文化、发展阶段、政治制度等各方面具有深刻领会并反映到自己研究成果中去的宪法学研究集大成者。这些宪法学研究成果与宪法学家的出现,对于中国正在进行的宪政建设必将具有深远的影响。而创建具有中国特色、适合中国国情、体现中国道路的宪法学研究体系,必将推动具有中国特色的社会主义法治道路的建设。

正像近年来中国社会科学研究领域经济学成为显学、经济学家风光无限、经济学向其他学科不断扩展自己的研究触角因而被称为"经济学帝国主义"一样,宪法学在美国的法学研究甚至是社会科学研究中占据着极为重要而突出的地位,在某种程度上也可以称作"宪法学帝国主义"。

我们期待中国宪法学研究为中国特色法治建设提供更多的参考与支持。

访谈 编

要写出一篇有深度有内涵的访谈类文章，需要记者个人深厚的知识积淀，而广泛的人脉和对访谈对象研究范围或观点的熟悉也是必不可少的。

> 编前导语

访谈类法治新闻报道的采写方法及心得

　　访谈类新闻稿件就像电视的访谈类节目一样,属于互动类及现场感比较强的稿件,是一个比较盛行的新闻稿件类型。但是,伴随着新闻稿件宣传色彩的日益浓厚,访谈类稿件无论是从选题,还是从作者选择、文章文风直至写作结构,都日益格式化、官方化、陈旧化,可读性日渐减弱,在很多媒体上已经沦落为一个不受欢迎的变相的讲话类的稿件。在纸媒变革求存日益紧迫的今天,访谈类稿件的变革势在必行、刻不容缓。

　　在《中国审判》杂志工作时,我对这样的文体在现实中的变味更加深恶痛绝。就杂志的采编过程而言,大多数访谈类稿件就是将领导讲话或者各地法院的通稿拿过来稍加修改,加上几个问题署上本刊记者名字就发表了。整个过程不仅没有多少技术含量,而且,成文后的文字面目可憎,读之味同嚼蜡。我们经常调侃这些文字就是,这样的文章只有两个人看,一个是给编辑看,另一个则是给作者自己看。不知这样的稿件记者个人有什么感想。

　　当然,行业内的法治新闻采编有自己的难处。就我所在的杂志而言,每期稿件的流程繁琐而漫长,一般要经过约稿、编辑一审、编辑部主任二审、总编辑三审、社长再审、主管副院长终审,有时候有其他院长的稿件还要再审一遍。如果说只是审阅文章导向也罢,有的对自己的照片的大小风格、对自己稿件的位置等反复提出要求,关键还不是专业性的要求,有的甚至是比较可笑的要求。这样的时候,编辑和美编只有默默把泪流了。

　　在纸媒衰落的今天,很多人在快速急切地寻找个人的出路,对所谓衰落的原因并不关注,或者简单地归咎于大环境即新媒体的冲击。对这样的一刀切的观点,我向来不赞同,而且可以说,正是这种不负责任的简单化的思维,这种浮躁的功利化的思维,才是中国传媒市场各种乱象发生的根源。中国的传媒发展本来就不规范、不完善、不健全、不充分,所谓衰落,不过是更加不受欢迎而已。没有不好的媒体,只有不好的作者、编辑、记者和读者。没有静下心来认真细致地分析和反思,就不可能有传媒的复兴和社会功能的真正发挥。

对于访谈类文章尤其如此。曾几何时,电视上类似的访谈类节目数以百计,形式风格大同小异,有的被访谈对象频繁出现在各类场合。在纸媒上,访谈类文章鲜有人问津,几乎成为鸡肋。如果不在形式、内容、风格等各方面进行颠覆性的变革,这样的文章形式宁可不要。

从行业性期刊或者时政类期刊的发展规律而言,访谈类文章具有自身的优势,那就是能够增加记者与访谈对象的互动,形式灵活,文风可以较为活泼,语言可以较有个性化,比较容易反映访谈对象的个人思想和个性。因此,如果处理得当、方式巧妙,这样的文章应该是比较受欢迎的。《巴黎评论》等期刊上关于作家的一系列访谈,不仅具有较强的可读性,而且深入全面地反映了作家的个性和思想,语言活泼,形式多样,开创了访谈类文章的一种崭新的风格和形式。

由此,我在长期的采编实践中对这种文章形式进行了反复的深入思考,有以下一些个人心得。

选 题

访谈类文章首先重要的是选题,这和一切新闻稿件的采编规律是一样的。没有好的主题,没有好的选题,没有好的角度,再好的访谈对象也不过就是贩卖其名气或者影响力,没有真正有思想的内涵。

就法治新闻而言,选择访谈对象一定是先有好的选题,然后再去选择访谈对象。没有好的主题,盲目地选择访谈形式,最终不过是一些漫无边际的内容的堆砌。

法制行业性媒体针对的是法律行业或者司法机关的工作及社会法治热点

事件的新闻报道,在这种情况下,紧扣行业热点事件、热点新闻、当前政策法律文件等,及时跟进,深入解读,就是比较好的选题。脱离行业和社会热点,就会失去时效性,就会失去吸引力和可读性和自身的定位、特色。因此,时效性和热点是选题的第一标准。

此外,理论前沿也是法制行业媒体访谈类文章的主要选题之一。没有理论内涵的行业性期刊,就会失去自身的价值观和思想内涵,就像头脑空洞的人一样,让人觉得无趣。因此,所谓选题,既要抓住热点,也要着重于文章的思想。一个媒体,一定要有自己的鲜明的定位和价值观。所谓中国纸媒的衰落,不过是很多没有自身价值观的媒体的死去。新媒体时代,社会不缺媒体,缺的是有价值观和思想的媒体。然而,在一个浮躁的时代,提供观点和思想,远远比提供娱乐和赞美来得艰难,来得痛苦。

因此,作为一个仍然有追求的媒体而言,仍应将提供观点和思想作为自己的追求和目标。这不仅是媒体的使命,也是媒体生存下去的根基,当然,对访谈类文章这样的能够凸显价值观和个性的文章类型而言,尤其需要提供思想和鲜明的观点。

访 谈 对 象

访谈对象的选取也是一门考验记者眼光和经验的工作。什么样的人适合谈什么样的主题,能够谈出什么新的内容与思想,能够在国家政策与法律允许的限度内谈自己的观点,能够对推动工作或者解读事件具有积极的意义,这都是需要记者认真思考和细致准备的工作。

访谈类文章看似简单,但要写出一篇有深度有内涵的访谈类文章,却需要记者个人深厚的知识积淀和积累。广泛的人脉和对访谈对象研究范围和观点的熟悉也是必不可少的。现在的大多数访谈类文章之所以乏人问津,一个重要的原因就是泛泛而谈居多、浅尝辄止居多、外行访谈居多。常见到央视新闻频道中访谈嘉宾今天谈国际形势,明天谈食品安全,后天谈反恐形势,而其本人专业却又是完全不搭界的另一个,有时候真是觉得匪夷所思。这样的节目如果有人看,那恐怕就是观众确实是闲极无聊了。

由此,选择适合的访谈嘉宾极为重要。一个好的对象能够将普通的选题娓娓道来、深入浅出、妙趣横生、引人入胜。而不恰当的访谈对象则可能让文章索然无味、面目可憎,甚至有可能误导读者。

因此,在选择访谈对象前,一定要做好功课,对选题要有深入的研究和思考,在此基础上,要对当前国内甚至是国际上对此问题有研究的专家做一个全面梳理,对相关研究成果和观点要基本做到谙熟于心。此外,编辑记者还要对媒体做此组文章要达到的目的有所认识,选择的专家要符合文章的定位和媒体的价值观。

还有一个比较重要的是要与专家进行充分和深入的沟通。专家一般而言是比较有自己个性的,对自己的观点一般比较坚持。在这种情况下,如何引导专家往本刊的目的上谈,就需要记者和专家的充分而良好的沟通。在后期的删改过程中同样如此,有的专家甚至不允许对自己的文章进行哪怕是一个字的修改,这样就比较麻烦。但一般而言,如果进行了充分的沟通,稍加修改一般是没有什么大问题的。

文　风

访谈类文章的文风特长就在于较为灵活,可以夹杂口语化的语言和文字,因而能够反映专家的个性和风格。但是,现在的很多访谈类文章,尤其是行业性媒体上的,由于各种原因,语言死板,观点老套,文风僵化,让人读之味同嚼蜡。对这样的情况,有的是囿于访谈对象所在部门的纪律要求和政治要求,确实没有变通的余地,那就没有办法,只能以官方内容示人;有的则纯粹是记者个人水准有限,或者是记者过于懒惰,不去做充分的准备和深入的访谈,敷衍了事。

对于行业性媒体而言,过分灵活的文风显然是不太现实的。在这种情况下,变通的办法就是在背景综述方面进行较为深入的描写,将专家的背景和相关观点用记者个人的语言先组织起来,并对访谈的地点和气氛进行较为细致的铺陈,为后面的内容烘托一种较为灵活的氛围,以此来淡化行业媒体的官方色彩。

编前导语：访谈类法治新闻报道的采写方法及心得

这是一个速读的时代，过于刻板的语言和程式化的文章风格不可能赢得读者的青睐，没有市场没有读者就不会有影响力，就失去了文章的本来职能。纸媒的衰落，衰落的是内容，衰落的是职能，衰落的是情怀，衰落的是责任。因此，作为一个有追求的新闻人，任何一段文字都不能放纵，任何一个标点都不能轻视，惟其如此，才能以内容赢得读者，以内涵赢得市场，以风骨赢得口碑，以品质赢得生存。这是媒体的生存之道，也是媒体人的安身立命之道。

所谓文风，其实就是记者的文字。任何时候，文字都是一个记者的生命线。这是一个浮躁的时代，因此，这个时代盛产浮躁和哗众取宠的记者，碎片化轻浮的文字大行其道，而精雕细琢的文字反而难觅踪迹。这是记者之哀，是媒体之哀，更是时代之哀。媒体是时代的良心，是社会健康发展的守望者。忘记记者的本职工作，就是丢弃了媒体的社会责任感和使命感。这一点，应当引起我们的警醒。

当然，访谈类文章还有很多注意事项，也有很多写作技巧。囿于篇幅，在这里不再赘述。这里收录的几篇访谈，有着较为浓厚的机关刊色彩，文字也不够灵活生动，但是，在专家的选取、选题的选择、背景的介绍、文字的雕琢、思想的烘托等方面，均显示了作者的尽心竭力的努力。这里有限的一些思考希望能够作为背景，提供给读者参考。理想是丰满的，现实是骨感的。但是，只要新闻理想不变，只要文人风骨不变，新闻的内核就不会丢失，新闻的责任就不会丢弃，社会就会保持基本的良性运转。

本书是一本汇编作品，因此，思考是比较肤浅的，也只是就一个层面的问题展开思考，或者说只是抛出问题，相关的深入思考会在今后的文章里展开。这些思考不一定成熟，但是，作为一名曾经的实务工作者，问题的提出是比较现实的，有的甚至比较尖锐。因此，从某种程度上说，本书是一本成果汇编之作，也是一本问题汇集之作。既是对别人的抛砖引玉，也是对自己的阶段总结和目标重塑，这或许就是本书的价值吧。

访谈编新闻作品的报道背景及思路

本书汇集的访谈类报道主要针对的都是全国人大代表。之所以选择这样的访谈对象,一方面是我之前所在的期刊开设有"人大代表政协委员访谈"栏目,主要约请全国人大代表和政协委员谈法院工作;另一方面,则在于访谈对象的选择也与媒体的定位有关。

本书的报道主要分为两类,一类是人大代表中的法学研究者或者司法实务工作人员,包括学者和律师;另一类是社会各界人士,尤其是企业界人士,因其实际工作中与法律问题打交道较多,对司法体制及其改革等问题关注较多。

这样的访谈对象,有助于访谈内容的深度和广度。行业期刊的访谈,大多数流于形式,甚至有不少是由报告或者讲话稿改写而成,程式化形式化较为严重,不仅缺乏可读性,也缺乏对实际工作的指导性。板起面孔说话的访谈报道,其宣传效果和新闻价值是比较低的。但是,现实中,行业媒体大多数都是这样的访谈。因此,要打破现有形式的束缚,要从访谈对象上寻找突破,找到那些对实际工作确实有心得体会、确实有所建树、确实是行家里手的对象,并做好扎实的准备工作,找准切入点,转备好访谈的问题,做到有的放矢,这样的报道才会找到突破口,真正有价值。

例如,本编中对著名法学家梁慧星教授的访谈就是比较成功的例子。作为我国著名的民法学家,梁教授学养深厚,更关键的是,他始终关注中国的立法和司法实践,并亲身参与诸多社会实践,对很多实际问题都有着自己的看法和独到见解。作为一名有着深厚社会责任感的著名学者,他能言敢言善言,许多观点和见解对实际工作都有着指导意义。这比对那些只知道说一些假话套话大话空话的学者官员的访谈,显然要有价值得多。

再比如,针对两位律师的访谈,均涉及司法实务工作中亟待解决的相关问题,提出了社会关注的痛点难点问题,对我们司法体制与机制的下一步改革,显然具有重要的启示意义。

而两位企业家的访谈,则提出了当前企业营商环境中存在的法律保护的空白点或者不足之处,具有一定的代表性,对营造良好的市场环境意义重大。

由此可见,访谈类报道也要有问题导向和研究精神,要从选题的确定、访谈对象的选择、材料的准备、问题的提出及引导以及背景材料的准备等方面下工夫,才能避免出现我在前面提出的访谈类报道的俗套,取得良好的社会效果。这与本书提出的研究性报道的精神是一脉相承的。

专家会诊"毒品及其治理"

6月26日是世界禁毒日。每到禁毒日这一天,毒品及其危害、治理就会成为全社会关注的焦点。然而,毒品的屡禁不止以及危害不减却如影随形,每一天都在冲击着人们的灵魂。因此,认识毒品犯罪、知晓毒品犯罪的方方面面、自觉地抵制毒品、参与禁毒是一件十分必要的事情。

2012年6月16日,中欧法律合作大型项目"进一步推进中国死刑制度改革"结项会议在北京九华山庄召开。与会的诸多实务界与法学界的专家学者们围绕着死刑的存废以及与之相关的各种具体问题展开了激烈的讨论与争鸣。在这些议题中,毒品犯罪及其预防是一个重点话题。为此,在会议的间歇时,我们邀请了长期参与毒品犯罪审理的云南省政府参事、云南省高级人民法院前常务副院长郑蜀饶先生,对毒品犯罪的社会成因及根除的社会手段深有研究的武汉大学社会学研究所所长、著名社会学家周运清教授,对毒品犯罪深有研究的武汉大学刑事法研究中心主任、中国刑法学研究会副会长莫洪宪教授,武汉大学法学院林亚刚教授,一起就毒品犯罪的最新发展、毒品犯罪的治理以及新型毒品等问题展开了讨论。此外,武汉大学的刘夏博士和何荣功副教授为本次座谈提交了书面文章,详细介绍了毒品犯罪的全球现状与治理,也帮助我们对今年的禁毒日主题有了更多的国际化认识。

毒品犯罪的最新发展

宣海林:毒品犯罪是一种严重的社会问题,对社会的危害是巨大的。能否请各位老师谈谈毒品犯罪最新的一些发展,以及由此带来的在毒品治理方面的相应的困难?

周运清:毒品犯罪对社会的危害是巨大的,由此世界各国也投入了大量的精力进行治理,但是毒品犯罪依然屡禁不止。相关的原因,我认为,除了毒品带来的巨额利润之外,毒品犯罪的一些最新发展带来的治理难度加大也是一个重要的原因。这些最新的发展主要表现在以下几个方面:

第一,毒源生产的国际化。随着世界经济的发展和国际化的加速发展,人员流动加快,经济利益的驱使,使得毒品犯罪日趋国际化,尤其是毒源的国际化更为严重。越来越多的国家出现了毒品的生产和贩运。这对毒品犯罪的治理来说是一个巨大的挑战。毒品的生产、贩运、消费出现在不同的国家和地区,监管的难度越来越大,毒品犯罪的治理难度更大。

第二,毒品生产的能力更强大。尤其是新型毒品的出现,一般的化工生产能力就能够满足,越来越多的国家具有了生产毒品的能力。而且毒品生产的能力更为强大,能够从各种药品和新型植物中提取新的毒品。这对毒品的监管提出了更大的挑战。

莫洪宪:这个问题我们有一定了解。2008年年底,我领导的课题组申请了英中协会"进一步推进中国死刑制度改革"项目课题,其中的一个子项目是"毒品犯罪死刑适用的全球考察及其对中国的借鉴"。该项目中,我们课题组对近年我国毒品犯罪的情况作了专门研究,观点集中反映在何荣功副教授著的《毒品犯罪的刑事政策与死刑适用研究》一书中。根据课题组对20年来我国禁毒报告数据的归纳分析,我们发现,毒品犯罪在我国呈现了以下三个特点。

第一个特点是:过去20年,我国毒品犯罪整体上呈现增长趋势,但近年增长速度放缓。我们通过对中国禁毒报告提供的数据分析发现,首先,从破获的毒品(违法)犯罪案件看,1991年至1998年增长了21.7倍,平均年增长率达47.7%。而在2005年至2010年的6年间,我国毒品犯罪案件数量增长为1.96倍,平均年增长率为19.8%。其次,从抓获的毒品(违法)犯罪人数看,1991年至1998年的8年间,增长了12.5倍,平均年增长率近38.4%。而2005年至2010年,被抓获毒品犯罪嫌疑人数量增长1.74倍,平均增长率只有18.3%。两者都大大低于上个世纪90年代。

第二个特点是：在毒品犯罪的种类方面，传统毒品犯罪稳中有降，新类型毒品犯罪增长趋势明显。我们都知道，毒品的缴获数量是判断毒品犯罪增减趋势的重要指标之一，一般而言两者呈正比关系。根据《中国禁毒报告》提供的数据，近年我国司法机关缴获的传统毒品出现了明显减少趋势。以鸦片为例，1999年全国司法机关的缴获总量为1.19吨，2000年为2.43吨，2001年达到最高值2.82吨，其后基本呈现下降趋势。2009年和2010年缴获量只有1.3吨和1吨。同样的趋势也体现在海洛因上。1999年，我国司法机关缴获的海洛因总量为5.36吨，之后于2001年缴获量达到最高值13.20吨。其后缴获量虽然出现波动，但从2005年开始，呈现持续下降趋势。2010年全国海洛因缴纳量只有5.30吨，同样较1999年为低。

另外，从毒品犯罪的类型看，制造毒品犯罪明显增多，易制毒化学品违法犯罪活动突出，我国由传统的"毒品受害国"变为"毒品受害国"兼"毒品输出国"。

毒品犯罪之所以出现上述趋势，与我国当前毒品滥用特点有密切关系。关于这一点，请林教授介绍。

林亚刚：好的。毒品犯罪与其他类型犯罪一个显著区别是，毒品犯罪形势根本上决定于特定时期社会对毒品需求和滥用程度。一般来说，某一时期，社会对毒品的需求越大，该时期毒品犯罪往往越严重。在刚才莫老师提到的项目中，我们课题组也对近十年来我国毒品滥用的情况作了统计归纳。简单地说，十年来我国毒品滥用趋势和主要特点为：（1）十年来，我国毒品滥用整体上呈增长态势；（2）从毒品滥用的结构和种类看，传统毒品滥用仍占主导地位，但整体上呈下降趋势，新型毒品滥用增长趋势明显；（3）在毒品滥用性别方面，男性滥用一直占主导地位；（4）在年龄结构方面，青少年毒品滥用近年虽有所下降，但问题仍然突出；（5）从滥用方式上看，当前出现了利用虚拟"房间"，进行网络滥用等新特点。另外，从地域分布上看，虽然仍然有区域间不平衡问题，但毒品（尤其是新型毒品）滥用正在全国范围内不断扩大。

毒品犯罪的监管与社会发展的关联

宣海林：毒品犯罪的产生有着深刻的社会背景，那么，毒品犯罪的屡禁不止有着什么样的新的社会背景呢?

周运清:毒品犯罪的产生不仅有着经济利益的驱动,其他方面,尤其是一个社会的发展与结构,对毒品的产生和治理也有着巨大的影响。以中国为例,毒品犯罪的产生和治理难度加大也有着复杂的社会原因,我谈谈最新的一些情况。

首先,部门立法的现实情况对毒品犯罪的治理有着不利的影响。中国的立法在现实中存在较为严重的部门立法问题,各部门都在强调自身职能与利益的重要性,在立法上都在竭尽全力争取自身利益的最大化。这无可厚非,争取自身利益的最大化是一件正常的事情。但是,在最终的立法产生后,还要注意协调部门利益与社会公众利益,要以社会公众利益为立法的最终根基。否则,社会公器只能成为某些部门的工具。在禁毒方面也是一样,如果只强调部门或地区的利益,不能形成合力,只能对毒品的治理形成障碍。在现实中,这种情况不同程度地存在着。我认为,这是中国的现实,也是亟待改变的一种情况。

其次,中国贫富差距的加大对毒品的蔓延有着一定的影响。贫富差距的产生和进一步拉大,对整个社会的利益失衡和心理失衡有着很大的影响。处于社会最底层和处于社会最高层的人差距过大,难免产生心理失衡与心理放纵。从吸食毒品的人群来看,这个两极分化也是比较严重的。可以说,较为严重的贫富差距对于毒品犯罪一定范围的失控有着不可推卸的责任。

最后,中国社会公信力一定程度的丧失导致社会诚信一定程度的堕落,很多人失去了信仰,精神萎靡,没有追求,这也是毒品一定程度蔓延的重要原因。

林亚刚:是这样的。社会精神追求的一定程度的虚无导致毒品在一些人群中拥有很大的市场。尤其是暴富起来的一些人,没有什么追求,因而精神和身体的放纵成为一种新的追求。由于吸食毒品能够带来异样的刺激,因此,精神虚无的人更可能成为吸毒者,并进而走上毒品犯罪的道路。

在这些较为富有的人群中,吸食毒品有时候成为一种交际的手段,成为一种时尚。这从某些歌星吸食毒品的个例中可以看出,当信仰缺失时,多余的金钱反而可能成为一种挥霍的手段,在这种情况下,毒品这种可以带来某种精神快感的东西就成为一种时尚、一种寄托。这样的趋势很危险。

新型毒品的泛滥及其危害

宣海林：请各位老师谈谈新型毒品的出现及其危害。

郑蜀饶：近些年来，新类型的毒品不断出现，这是毒品犯罪出现的新的趋势。新类型毒品的主要特点是：第一，吸食简单。区别于传统的海洛因等毒品，新类型毒品吸食简单，只需要吞服即可，不需要专门的场所和工具，具有较强的隐蔽性，因而监管更加困难。第二，新类型毒品短时期内能够起到一些提振精神、智力提升、精神亢奋等积极作用，因而被一些人频繁使用而忽视其负面效应。第三，新类型毒品的出现与吸食者日益增多，这类毒品犯罪的一个重要特点就是犯罪的结果相对于行为来说具有滞后性与延时性，因此，在这类犯罪的量刑上，如何从数量和情节上进行把握，对司法人员提出了更高的要求。

林亚刚：新类型毒品的危害是很大的。新型毒品大部分是通过人工合成的化学合成类毒品，所以又被称为"实验室毒品""化学合成毒品"。这类毒品的技术含量不是很高，只要具备一般的化工生产能力，都可以成批量地生产，成本较低。这种情况为新类型毒品的扩散提供了基本的物质条件。

另外，新类型毒品的携带与吸食比较方便，而且由于社会文化的影响，有不少青少年吸食毒品就是受到社会文化的影响，认为这是一种比较高雅的社会行为，会自觉不自觉地进行模仿。

周运清：是这样的，新类型毒品的危害是很大的。它能够带来强烈的快感，让人产生幻觉，甚至会让人才思敏捷，而且成瘾性慢，容易使人丧失警惕。因此，不少人对其危害性认识不够，进而成为毒品的受害者。

新类型毒品一般易于携带，吸食方便，因此，在歌舞厅等各类娱乐场所成为人们的爱好。在这些场合吸食毒品后，会产生幻觉，极度亢奋，产生强烈的性欲望，进而发生不洁的性行为等，极易导致性病、艾滋病等疾病的传播。

莫洪宪：关于新型毒品及其危害，我特别需要补充一点：在我国，普通民众对鸦片、海洛因等传统毒品危害有比较清醒的认识，但对新型毒品的危害，人们仍然广泛存在认识误区和观念上的偏差。近年我国不少学者对国民关于新型毒品的认识做了各种形式的实证调查。比如有学者曾就新型毒品对青少年的危害以及青少年对新型毒品的态度做过一次问卷调查。当问及"你对新型合成毒品有何认识"这一问题时,80%的被调查者认为吸食合成毒品只是一种普通消费方式,对自己因吸食新型合成毒品被强制隔离戒毒不理解。在回答"吸食新型毒品对你有何危害"这一问题时,70%的被调查者认为吸食新型合成毒品对自己没有严重的危害;在回答"吸食新型毒品有什么好处"这一问题时,绝大部分吸毒者认为可以放松情绪、打发时间。所以,国家有必要大力宣传新型毒品的危害,防止新型毒品的进一步蔓延。

运输毒品罪及其社会危害性程度

宣海林:在当前我国理论和实务界,都有不少学者认为,与走私、制造、贩卖毒品相比,运输毒品是一种相对较轻的罪行,进而提出废除运输毒品罪的死刑问题,对这种观点,各位有什么看法?

郑蜀饶:认为运输毒品犯罪的罪行较轻的观点是一种从经济学的角度出发的思维,认为运输只是起到一种中介的作用,起不到增值的效果,这虽然有一定道理,但是并不科学。从现实情况来看,实际情况正好是相反的。对于毒品犯罪来说,可以说毒品的运输能力直接决定着毒品的贩卖能力。毒品的生产数量并不意味着毒品的消费数量,把这两者联系起来的就是毒品的运输能力。因此,运输在毒品犯罪中起到的并不是次要的地位,而是直接联系着毒品的生产者和消费者,非常重要。

另外,对于毒品而言,只有处于运输状态的才能查出,否则就会处于隐藏状态。因此,毒品的运输过程是一种高风险的、技术含量越来越高的活动,以前几年宣判的谭晓林案为例,他的运输能力极强,社会危害性极大。自其被查获以后,南方一带的毒品犯罪数量大减。由此可以看出运输在毒品犯罪中的决定性作用。因此,忽视对运输毒品的打击是不行的。

我在长期的刑事审判尤其是毒品犯罪的审理中发现,大量持有毒品的往往是比较初级的偶尔的毒品犯罪者。高明的有经验的毒贩往往手里并不持有毒品,而只是起到一种中介的作用。我曾经审理过一起毒品犯罪案件。罪犯卖掉了自己的房子,买了大量的毒品,却找不到合适的买家。在被抓获的时候,他正在去往贵州的路上,欲将这些毒品卖给那些长途车的司机。这个罪犯一审被判了死刑,二审我将其改判为死缓。我认为,像这样的贩毒者是很低级的,是初犯,一点经验都没有,也没有什么特别大的社会危害性。真正的大毒贩都是极其精明的,手里不会持有这么多的毒品的。

林亚刚:关于这个问题,郑院长的分析是很有见地的,但我个人还是持有不同看法。当然,不同意见有助于推动对该问题的深入探讨。

欲治理毒品犯罪,需理性认识毒品犯罪

宣海林:对于毒品犯罪的有效治理,各位有什么个人的见解?

周运清:我认为,对于毒品,首先要破除妖魔化的倾向,将毒品作为一种社会现象来看待,而不必谈毒色变。妖魔化的不良后果之一就是与毒品的某些短期性、生理性功能背道而驰,进而导致吸食者的反感。我们要客观地评价与看待毒品与毒品犯罪。

另外,要人性化地对待这些吸毒者。我在调研中发现,有不少吸毒者从戒毒所出来后,很难为社会所接收、所容纳,他们甚至渴望回归到戒毒所中,因为在那里没有歧视,有着同样的眼光,有着较为宽容与正常的对待。这种现象告诉我们,我们千万不能歧视这些吸毒者,要改变歧视的传统观念。在这方面,政府有着重大的责任。

林亚刚:确实是这样,对毒品的妖魔化是一件适得其反的事情。这种宣传既不利于人们对毒品的正确认识,导致一些人群的反感,也不利于社会对吸毒者的客观公正对待,导致吸毒者感觉自己被社会抛弃,进而产生一些不健康的心理。

郑蜀饶:对于毒品犯罪的治理,我曾发表过《毒品犯罪规律的新认识及禁毒策略的思考》的文章。我认为,毒品犯罪中存在四种现象,即毒品犯罪中存在供求关系互动平衡现象;毒品非法流通过程中存在缺位填充现象;毒品非法交易过程中存在价格杠杆调节现象以及毒品犯罪案件发生存在地区不平衡现象。我国毒品犯罪治理必须注意上述现象,才能取得好的效果。

莫洪宪:我非常赞同郑院长的这一观点。毒品从生产到消费过程中也存在

一个市场,只不过被世界绝大部分国家视为非法的,属于"地下市场"。尽管毒品市场是非法的、呈现地下经营状态,但它同样遵守市场供求关系法则。毒品犯罪多发生于毒品流通环节,根本上受制于毒品市场供求关系。毒品犯罪与毒品滥用(消费)间存在着紧密内在联系,所以,要从根本上减少毒品犯罪和毒品滥用,必须高度重视对毒品消费市场的治理,深化禁吸、戒毒。对于毒品治理,我国《禁毒法》早就明确了"禁毒工作实行预防为主,综合治理,禁种、禁制、禁贩、禁吸并举的方针"。该方针无疑是十分正确的。但在毒品市场日益国际化的今天,整治净化毒品国内消费市场对于禁毒工作(包括毒品犯罪的治理)具有更为现实的意义。只有在根本上遏制毒品消费市场的需求,才能有效减少毒品流通环节的上游供给,从根源上减少毒品犯罪的发生。为此,一方面,我们必须要高度重视禁吸、戒毒工作,防止已戒毒人员"复吸";另一方面要尽可能防止新增人员吸毒。

打击毒品犯罪,需加强国际合作

宣海林:学术界认为,中国已经从毒品受害国向毒品输出国与毒品受害国并重的方向发展,对这个观点,各位老师有什么看法?

林亚刚:是这样的,刚才莫老师已提及该问题。中国目前的毒品犯罪已经比较严重,尤其是一些人口比较集中的地域。从当前发现的一些毒品犯罪来看,一些重点地域的人员比较集中,一些特定人群比较集中。在我国的南方某些省份及东北的某些省份,制毒贩毒的程度还是比较严重的。从某种程度上来说,中国已经向国外一些国家输出或多或少的一些毒品,并受到一些国家的指责。这对我国的国际形象是十分不利的。

在我国临近的缅甸等国从事毒品制造、运输、贩卖等活动的人员中,有一些也是从中国过去的,在政府层面,我们曾经收到一些抗议,要求我们加强对边境人员的管理。可以说,这是一个比较新的问题。

郑蜀饶:打击毒品的国际合作是十分必要的,也是解决我们在一定程度上成为毒品输出国的重要举措。承担打击毒品必要的国际义务,加强国内打击毒品犯罪的力度,积极配合国际性的毒品犯罪治理,是十分必要的。

我举个例子,我国政府在缅甸与泰国等地进行的替代种植尝试就是一个很好的国际合作的例子,我们提供一些种子与生产技术及工具,鼓励那些本来种植罂粟的当地农民改种水稻、香蕉等一些农产品,替代种植的效果比较明显。一些农民发现,改种水稻等作物之后得到的收入并不少,还不需要承担那么多风险。因此,一些农民逐渐放弃以前的种植模式,减少或放弃了罂粟的种植。这是一个很好的办法。

但是,对于替代种植,我国也需要承担不少国际义务,例如对于这些农作物的收购、对于生产资料的提供等,我国应承担一定的义务,否则,那些农民发现没有什么利润,又会转头继续进行毒品的生产了。这对于我国来说是一个较大的国际责任。

(本文原载《中国审判》2012年第7期)

站在推进社会主义法治建设的高度参政议政

——访十一届全国人大代表、大成律师事务所主任彭雪峰律师

律师制度是中国特色社会主义司法制度的重要组成部分,律师是中国特色社会主义法律工作者。中国律师制度恢复30多年来,律师在社会主义法治建设、经济建设等各领域中发挥了重要的积极作用。

2004年1月,胡锦涛总书记指出:"加强律师队伍建设,是维护司法公正、促进依法治国的重要举措,是坚持执法为民、防止司法腐败的必要保证。"这不仅肯定了律师在维护司法公正、促进依法治国中的作用,同时也极大地提高了律师维护社会正义的积极性和使命感,彰显了律师在促进依法治国、社会主义建设中的特殊地位和作用。

律师具备广泛的社会基础、强烈的社会责任感、丰富的法律实践经验、较强的综合素质,拥有独特的参政议政优势。事实上,随着我国民主法治进程的推进,律师的参政议政作用受到越来越多的重视,律师正日渐成为参政议政的一支重要力量。据统计,十一届各级人大代表和政协委员中,律师已经达到了3000余名,人数远远超过上一届的1200余名,十一届全国人大代表和政协委员中的律师也增至22人。

自任职以来,众多律师代表和委员们不辱使命,积极履行职责,为民代言,为国献策,努力为推动社会主义法治化进程和社会主义各项建设作出贡献。其中,不少律师代表和委员们站在推进社会主义法治建设、完善社会主义司法制度的高度,努力为推进我国司法体制和工作机制改革献计献策。

十一届全国人大代表、全国著名律师、大成律师事务所创始人、主任彭雪

峰,基于其多年的法律实践及对中国司法体制改革的体悟,深入研究破解中国司法体制改革难题的方案,并针对新情况、新问题不断发展和完善。在每年"两会"期间,彭雪峰代表将其研究成果以提案的形式提交给全国人大,并得到了积极的评价。

为此,笔者对彭雪峰代表进行了专访。

系统化推进我国的司法体制改革

宣海林:彭主任,作为一名有着丰富实践经验的律师,并且在当选人大代表后积极就我国的司法体制改革建言献策,您能简单介绍一下我国司法体制改革的进程吗?

彭雪峰:对这个问题我关注很久了,也进行了不少思考。应当讲,我国的司法体制一直处在不断的改革与完善中,而真正进行体系化的改革是在上世纪90年代以后。自1997年党的十五大提出"推进司法改革"以来,在党中央的高度重视和统一部署下,司法体制和工作机制改革稳步推进,改革成效显著:司法制度日趋完善,司法程序日益规范,司法队伍素质普遍提高,有力地推动了社会主义法治建设的发展。

2003年,中央司法体制改革领导小组成立,这一主导中国司法改革进程的核心机构的设立标志着一种全新的、自上而下的改革模式的最终确立,也标志着中国司法改革正式步入关键性的"宏观司法体制改革"阶段。

2007年,党的十七大报告提出要"深化司法体制改革,优化司法职权配置,规范司法行为,建设公正高效权威的社会主义司法制度",明确了深化司法体制改革的总体目标;2008年,中央政法委员会《关于深化司法体制和工作机制改革若干问题的意见》确定了"优化司法职权配置、完善宽严相济刑事政策、加强政法队伍建设、改革司法保障体制"四个方面的改革任务,更明确地指向宏观司法体制改革;2010年12月19日,全国政法工作电视电话会议部署"十二五"期间政法工作,依然把"深化司法体制改革,建设公正高效权威的社会主义司法制度"作为"十二五"时期建设社会主义法治国家的重心。

这一系列针对司法体制改革的重大部署表明了党中央对深化司法体制改

革、推进社会主义法治建设的坚定决心,是司法体制改革深入推进的重要基础。

宣海林:您认为我国目前的司法改革存在什么样的问题?

彭雪峰:我国目前的司法体制改革在稳步推进,司法环境不断优化,为经济社会的快速发展提供了良好的保障。但是,应当讲,我国目前进行的司法体制与工作机制改革也存在一些问题,主要表现在以下几个方面:

第一,缺乏统一性。司法改革是一项宏大的系统工程,需要强有力的统一协调指挥。目前,基于有限的职权和协调能力,中央司法体制改革领导小组尚未充分发挥其应有的统一协调全国司法改革的作用,而最高司法机关单独也难以胜任统一协调司法改革的重任,国家宏观层面整体推进司法改革的力量明显不足。在这一背景下,司法改革基本仍由各司法机关在其各自管辖范围内进行,改革缺乏整体设计以及整个社会的广泛参与。司法改革思路和步调的不统一,不但制约了司法改革的进展和深度,也加剧了各地司法尺度的不统一,影响法律的统一实施。

第二,缺乏计划性。司法改革需要周密的计划安排,以确保司法改革的有序性和规范性。最高司法机关通过制订《改革纲要》或《改革实施意见》的方式,对各地司法机关推进司法改革进行指导,但纲要或意见的内容多属概要性的宏观要求,在缺乏相应司法理论指导、规范监督机制的情况下,容易导致改革措施被误读或曲解,致使各地落实改革措施时各自为政、做法不一的现象较为普遍,这在某种程度上影响了司法改革的整体效果,不利于维护司法权威和法治的统一。

第三,缺乏系统性。司法改革牵涉因素纷繁复杂,需要系统性的规划和协调。由于缺乏整体规划和统一协调部署,目前的司法改革多由各个司法机关从自身出发、从某个具体问题出发,局部性地小修小补;各项改革措施在主体客体、上下层级、前后衔接、系统内外等方面缺少必要的逻辑照应和系统配合;有些地方改革措施甚至突破现有法律,"越权违法搞改革",改革措施的合法性也备受质疑。另一方面,由于缺乏立法机关、行政机关的配套改革和相应支持,司法改革不能辅以必备的保障措施和配套制度,部门配合和制度衔接不尽顺畅,很大程度上影响了司法改革的效果。

可以说，前期司法体制调整不是很到位，使得现有的司法能力难以应对日益复杂的社会纠纷，这是当前我国司法工作面临的主要矛盾，这一现实矛盾呼吁宏观层面司法改革的整体规划和统一指引。目前，我国司法体制改革已进入关键阶段，制定统一的司法体制改革方案、统筹规划指导司法改革，决定着司法体制改革最终的成败，已迫在眉睫。

宣海林：我们得知您提出要制定统一的司法体制改革方案，这一建议也得到有关部门的高度评价。那么，在制定统一的司法体制改革方案过程中，我们应当注意哪些问题呢？

彭雪峰：我建议在中央政法委、中央司法体制改革领导小组的统筹安排下，由最高人民法院、最高人民检察院会同有关部门，分步骤、分层次对我国的司法现状进行全面、深入的调查，在此基础上，由中央司法体制改革领导小组召集相关部门对改革措施进一步分析、研究，经理论界和实务界法律工作者的充分论证，征求社会各界对改革的意见和建议，最终确定统一的司法体制改革方案，并切实推进改革方案在全国的贯彻落实。在制订统一的司法体制改革方案过程中，要注意以下四个方面：

第一，坚持党的领导。坚持党的领导，是制定统一的司法体制改革方案必须遵循的基本原则。只有在党中央的统一领导下，才能协调和凝聚各方面的资源和力量，通过科学决策、民主决策、依法决策，制定符合中国发展实际及人民根本利益的科学、合理、统一的司法体制改革方案。

第二，明确司法体制改革的目标及理念。制定统一司法体制改革方案，需要首先明确司法体制改革的目标及理念。我国司法改革的目标是"建设公正高效权威的社会主义司法制度，实现司法制度的整体现代化"。制定统一的司法体制改革方案应充分考虑"公正、高效、权威"的价值追求：以"公正"作为核心价值目标，坚持实体公正与程序公正并重的原则，建立富有公正性的司法制度；以"高效"作为司法制度的内在要求，建立简便、快捷、低成本的司法程序，实现富有效率的司法；以"权威"作为重要目标指向，在改革司法体制时注意司法权威的树立和体现，保证司法裁判的公正性、高效性和终局性，实现富有权威的司法。

社会主义法治理念充分体现了科学发展观的基本要求,是建设社会主义法治国家、推进司法改革必须坚持的现代司法理念。制订统一的司法体制改革方案应坚持社会主义法治理念,通过改革不断完善司法制度及运行机制,逐步实现司法制度的现代化。

第三,凝聚中央与地方力量。统一的司法体制改革方案的制订需要中央和地方共同推动,需要中央整合力量,自上而下地主导推进,方案的制订和完善也需要充分发挥地方的力量。在制订改革方案的过程中,地方可依据自身实践总结较成熟的改革经验,作为司法体制改革方案的重要参考;在改革方案的试行论证过程中,也可推行地方试点改革,在实践中不断发现问题、研究解决方案,逐步完善改革方案、研究改革落实的具体措施,为完善改革方案提供重要依据。

第四,结合中国司法国情与国外先进经验。制订统一的司法体制改革方案,需要科学甄别切合社会发展需求、可融入现代司法制度的司法国情,也需要审慎借鉴中西方司法制度和司法传统,以确保中国司法制度的科学性和合理性。

构建"司法价值一元化"

宣海林:您在与最高人民法院相关领导座谈时提出了要推进"司法价值一元化"的建议,并得到了高度评价。请问这一建议是基于什么考虑?

彭雪峰:法治在很大程度上是"法律人之治"。高素质的法律职业者不仅是法律文化和法律制度文明的创造者,也是法律制度的实践主体,因而是社会主义法治建设的决定力量。作为法律实施者的法官、检察官、律师对法律"一元"的理解和阐释,是维护法的统一实施和法律权威的必然要求。实现"司法一元化",确保法官、检察官、律师具有共同的职业语言、知识结构、思维模式、职业操守和法律信仰,是保障法的统一理解和实施的必要条件,也是维护司法公正的重要基础。"司法一元化"应当包括司法价值一元化、司法伦理一元化、知识结构一元化、从业标准一元化四个方面,其核心内容是"司法价值一元化"。

虽然经过法学教育的发展和司法考试制度的确立,我国法律职业者的知识结构和从业标准趋于统一,但其共同的思维方式和司法理念尚未形成,特别是其遵奉的司法价值不相一致。在司法实践中,不同的法律职业者追求不同的司法价值,各司法部门表述的司法价值也不尽相同:人民法院以坚持"三个至上"为指导思想,以"为大局服务、为人民司法"为工作主题;人民检察院以"强化法律监督,维护公平正义"为根本任务;律师行业则要求"做中国特色社会主义的法律工作者、经济社会又好又快发展的服务者、当事人合法权益的维护者、社会公平正义的保障者、社会和谐稳定的促进者"。法律职业者司法价值的不同必然导致司法追求的不同,这是当前影响我国司法公正和法律统一实施的主要障碍。

为此,我建议推动司法价值走向一元化,用十七大报告中明确的"公平正义"作为共同的、首要的目标,统一法官、检察官、律师的司法价值追求,以确保司法公正和法律的统一实施。

宣海林:对"司法价值一元化"的具体构建,您有什么建议?

彭雪峰:对"司法价值一元化"的具体构建,我建议最高人民法院、最高人民检察院、司法部在指导司法工作过程中凸显"公平正义"的核心司法价值,把"公平正义"确定为法官、检察官、律师的终极价值目标。"公正"是司法所追求的核心价值和最高价值。无论是人民法院"为大局服务、为人民司法"的工作主题,检察院"强化法律监督,维护公平正义"的根本任务,还是律师的"五者"要求,其最终目的都是为了实现司法公正。司法公正也是司法发挥"服务人民、服务大局、推进社会发展"作用的唯一途径,只有实现司法公正,才能保障人民的合法权益,才能服务于社会稳定发展大局和人民的根本利益。另外,我建议以"司法价值一元化"为导向,进一步完善法律职业资格准入制度,建立统一的司法研修制度、统一的法律职业继续教育制度、统一的法律职业人事管理制度,保障法官、检察官、律师"一元"的司法理念,形成"一元"的司法价值。

保障能动司法的正确实施

宣海林:您在与最高人民法院相关领导座谈时,对能动司法提出了很好的看法,主要有哪些方面呢?

彭雪峰：2009年最高人民法院提出能动司法理念，这对顺应我国经济社会发展变化、缓解社会矛盾、应对社会纠纷，具有积极意义。当然，实施能动司法只是一种手段，其最终目的还是为了实现司法公正。能动司法要求"发挥司法的主观能动性，积极主动地为大局服务，为经济社会发展服务"，为人民服务。因此，对于社会发展"大局"、人民根本利益的正确理解和识别是司法机关正确实施能动司法、保障司法公正的核心问题。为了确保司法机关准确把握和识别上述问题，保障能动司法的正确实施，维护司法公正，有必要建立相应的能动司法实施制约机制和保障机制。为此，我提三点建议：

第一，要找准识别社会发展大局的途径和方法。在司法活动中，司法机关把握正确的政治方向，识别应服务、服从的"大局"，司法机关应切记不要把地方政府基于地方保护而提出的要求误解为司法应该注重的大局，更不能把地方政府领导追求个人利益而提出的要求混同为"人民利益"，还应该规范司法机关与党政机关联系的渠道和方式，确保其在制度框架之中依照相应的程序来进行。

第二，加强最高人民法院对能动司法实践的指导。最高人民法院能够对政治方向有更好的把握，对社会发展大局有更准确的理解。为保障我国能动司法实施的整体水平，应建立最高人民法院对下级法院的指导机制，通过司法解释、司法政策、司法意见等方式加强对地方法院能动司法实践的指导，以保证地方法院能动司法的正确推行。

第三，应该恰当运用大调解，维护司法中立和司法公正。作为能动司法的重要内容，大调解纠纷解决机制强调司法调解与行政调解、人民调解三调联动。我个人认为，这符合我国文化传统和基本国情，能够有效缓解社会矛盾和解决纠纷。为了确保大调解机制的有序运行，需要妥善处理三点问题。一是维护法律的独立性，应当规范在行政调解过程中行政权的行使，不能因为推行三调联动而影响法院独立行使审判权，不能因强调纠纷处理的对接性而妨碍对诉讼特别是行政诉讼的公正裁判。二是保障调解的自愿原则。尊重当事人在程序上的自愿和实体上的自愿，使当事人在自愿的前提下参加调解，在相互理解的基础上达成共识，从而使纠纷得到圆满的解决。三是不宜过分地追求调解，片面强调调解可能会导致纠纷案件的久调不决或强制调解，这与司法公正的要求、化解矛盾的初衷是相违背的。长远来看，有必要通过判决来确立规则，强化社会的规则意识、法治意识,这是预防纠纷和解决纠纷的最有效手段。

积极推动律师参政议政

宣海林:作为知名的律师,自当选为全国人大代表、积极参政议政以来,您对律师参政议政有什么样的认识?

彭雪峰:我认为,律师参政议政的形式不单纯是指走进人民大会堂或者权力机关,还可以体现为以下几种方式:

第一,参与国家的立法活动。近几年来,国家立法机关对律师的意见比较重视,一些重要的法律制定和修改已经有了律师的直接参与,在不少的地方立法过程当中,律师还直接参与地方性法规的起草工作。在最高人民法院制定司法解释的过程当中,律师也提出了很多建设性的意见。另外,我们国家有不少律师进入到各级立法机关,成为立法机关当中的一员,这应该是我们律师参政议政的第一种形式。

第二,成为人大代表、政协委员,直接参政议政。律师在发挥政治协商、民主监督、参政议政的职能方面具有得天独厚的优势。因为他们不仅精通法律,而且在执业过程当中还广泛深入地接触社会各个阶层,十分了解现实生活当中存在的矛盾点和焦点问题。律师倾听各个社会群体的呼声,深刻公正地反映人民的真实意愿,从而可以更好地为国家和地方各项建设建言献策,成为推进依法治国进程的一支重要力量。

第三,当好政府的参谋,推动依法行政。以政府法律顾问为突破口,努力拓展律师参与国家政治生活的渠道,扩大律师参政的广度和深度。政府法律顾问工作在我们国家经过了十多年的发展已经积累了丰富的经验。目前全国有数千个地市县人民政府组建了法律顾问团,有近万个国家机关和政府负责人聘请律师担任法律顾问,政府重大的投资或者其他经济方面的决策也都吸收律师参加。律师通过帮助政府建立严格的执法体制,建立行政权力分工和制约机制,健全对行政权的法律监督制度,提高了政府依法行政的工作水平,推进了政府依法行政的进程。

第四,律师和其他的社会职业相互贯通,建立法律职业的共同体。把律师行业作为培养法官、检察官的摇篮,一方面是基于法官、检察官的职业要求,其必须是一种正义的化身,理应有着更高的素质,另一方面也是由律师在政治生活当中的独特地位决定的。随着我们国家民主化、法治化进程的加快,选拔优秀律师成为法官、检察官,将成为法官、检察官产生的重要途径。

第五,通过日常执业活动,保障法律的有效实施,维护社会的和谐稳定。通过与社会各阶层、各个群体的广泛联系和接触,自觉地宣传和贯彻法治精神和法律的基本原则,把党和政府的政治领导和法律对社会生活的规范,具体地渗透到各个阶层、各个领域之中,使律师的执业活动成为党和政府政治领导与人民群众生活实践之间的重要桥梁和纽带。通过维护当事人的合法权益,实现维护法律正确实施的目的,同时也维护了社会的公平正义。通过参与诉讼和信访工作,及时有效地协调解决纠纷,化解社会矛盾,维护社会稳定。

(本文原载《中国审判》2011 年第 10 期)

以学者之力推进中国法治进程

——访十一届全国人大代表、重庆大学法学院院长陈忠林教授

在全国人大代表队伍中,有这样一个特殊的群体,那就是法学家代表。作为有着深厚法学理论学养、通晓古今中外法学理论的专家代表,他们在参政议政过程中,能够将自己的法学理论知识运用到立法等各方面,提高立法的科学化程度,进而推动中国的法治建设进程。

重庆大学法学院院长陈忠林教授,曾获意大利法学博士学位。作为国内知名的刑法学家,他对中国的法学理论研究成果如何运用到立法等领域有自己独到的见解。近期,笔者专访了陈忠林教授。

宣海林:大约10年之前,我作为一名在校的研究生,曾经在武汉听过您的一次精彩的演讲,主题是"恶法非法",我深受启发,也对您的学者情怀感佩在心。您今天是否还持这样的观点?对我们现实中存在的一些不太合理的法律法规,以及那些不适应社会发展的法律条文,您认为我们应当如何对待?

陈忠林:我主张"'恶法'非法",是为了反对目前在我国法学理论界盛行的"合情合理不合法的要依法办"这种坚持在形式上树立法律的绝对权威的观念。我反对"'恶法'亦法",是因为只要坚持这种观念,在实践中就可能将每一个法律规范都解释为极端不合理的恶法。比如,如果严格按照我国刑法学界关于罪刑法定原则的观点,我国《刑法》第3条关于罪刑法定原则的规定,完全可能就是一个彻头彻尾的"恶法"。因为,只要我国坚持按我国刑法学界占主导性的理论来理解该条前半段的规定,我们就应该撤销所有的法学院;只要我们站在我

国刑法理论主流的立场来理解该条的后半段,我们就应该撤销一切的刑事法院和检察院。为什么只要我国坚持按现行理论来理解《刑法》第3条前半段的规定,我们就应该撤销所有的法学院?因为该条的前半段规定:"法律明文规定为犯罪行为的,依照法律定罪处刑"。我想,这里的"明文"至少应该意味着人们对法律的理解没有歧义吧?如果人们对刑法规定的理解都没有歧义,普通民众都一看就能明白,那我们还要专门学习理解法律规定的法学院干什么?同理,只要我们理解按"'恶法'亦法"的观念来理解《刑法》第3条后半段的规定,我们就必然会得出应该撤销一切的(刑事)法院和检察院的结论。因为该条后半段规定:"法律没有明文规定为犯罪行为的,不得定罪处刑"。从实践的角度考察,由于我们根本不可能找到对具体犯罪行为的每一犯罪情节(如犯罪动机、手段、后果、被害人过错等)都有明文规定的刑法条文,因而,如果这样理解《刑法》第3条后半段的规定,我们对每一个具体犯罪行为都不可能定罪处刑;如果我们不可法律定罪处刑,我们建立(刑事)法院、检察院又有何用?

我认为,"'恶法'非法"不仅是一种与"'恶法'亦法"相对立的理念,更是一种方法——一种指导人们正确理解那些因表述缺陷而可能得出不合情理、不适应社会的法律的方法。"'恶法'非法"这种法学理念或方法可以简单概括为两句话:一是"只有不讲理的人,没有不讲理的法""只有不懂法的人,没有不讲理的法"。前者是判断我们对法律的理解是否正确的方法;后者是指导如何消除现行法律中那些形式上看似不合情理、不适应社会发展因素的方法。

对于我们每一个人来说,所有的"法"实际上都不可能是法的本身,而只是我们对法律的理解。"只有不讲理的人,没有不讲理的法"是从价值角度检验我们对法律的理解是否正确的方法。我们都知道,我们的法律是人民意志的体现,维护人民利益是法律的基本功能。由于人民只可能根据普遍认同的情理和社会发展的现实来制定、理解法律,因此,在价值上根本就不可能存在不合理情、不适应社会发展的法律。只要我们得出了某种"规定"是不合情理、不适应社会发展的结论,那就一定意味着我们错误地理解了法律规定的内容。例如,《刑法》第170条规定:伪造货币的,处3年以上10年以下有期徒刑,并处5万元以上50万元以下罚金。这里没有任何数额限制,但是,我们有可能就得出伪造1分钱的货币也应处3年以上有期徒刑这样不合情理的结论。这种结论显然不是法律规定,而是我们对法律的错误理解。同理,如果我们一方面认为诉讼诈骗是一种比一般诈骗危害更为严重的违法行为,另一方面又认为法律"没有明文规定"诉讼诈骗为犯罪就不予追究这种行为的刑事责任,这种理解显然也不是我国刑法有关诈骗罪规定的内容。

不合情理的就一定不是法律,是从法律应有价值角度得出的必然结论。但是,这只是一个判断检验我们对法律的理解是否正确的标准,而不是一种指导我们正确理解法律的方法。我们应该怎样解决面对我国现行的法律中的确存在一些从文字形式上看似确实不合情理、不适应社会发展的规定呢?稍微有一点法律知识的人都应该知道:在我们国家的法律体系中,任何一个具体法律规范都不是孤立存在的,因而,每一个法律规范的内容都必须根据该规范在整个法律体系中的地位和作用,根据该规范与其他法律规范的关系来确定。例如,就刑法规范而言,根据《刑法》第101条的规定,我们在理解刑法分则每一个具体条文的规定时都不能违背总则的相关规定;而根据《宪法》第67条第3项的规定,我们对每一个刑法总则条文的理解又都必须以刑法的宗旨、任务和刑法的基本原则为指导;在理解刑法的宗旨、任务、基本原则时,又绝不允许出现与宪法规定相抵触的解释(《宪法》第5条)。如果我们承认宪法是具有最高法律效力的法律,承认根据"中华人民共和国一切权力属于人民"的宪法规定,我们的国家是人民的国家,我们的法律是人民的法律,那我们就必须根据人民最大的共识,一个社会民众所普遍认同的基本道理、基本价值来解释宪法的规定,绝不允许得出宪法规定与民众普遍认同的常识、常理、常情明显相悖的结论。这样,在刑法规范体系中,每一个刑法分则规定的内容都必须受到刑法总则规定的限制,每一个刑法总则规范的内容都必须符合刑法原则要求,每一个刑法原则的内容都必须根据宪法、根据普通民众所认同的基本道理来理解。在这样一种根据我国《立法法》等相关宪法性规定确立的、具体法律规定必须根据其与其他法律规定的相互关系来确定其具体内容的法律体系中,通过这样一种将具体的法律规范与相关的总则、原则和宪法规定联系起来理解的方法,我们就会发现:合情合理是所有法律规范的基本要求,那些所谓的"恶法"实际上都只是法律规范表现形式上的缺陷,而不是法律规范应有的实际内容。任何法律规范中不合情理的因素,都会在根据相关法律的总则、原则或宪法规定来决定该规范具体内容的过程中被消除。任何不合情理、不适应社会发展的法律规定,在我国的法律体系中都没有立身之地。例如,我国《刑法》关于第266条关于诈骗罪的规定,并没有限制实施诈骗的手段,因此,只要是刑法分则没有特别规定的诈骗公私财产的行为,都应该属于《刑法》第266条规定的诈骗罪的范围,那种将诉讼诈骗排除出诈骗罪构成之外的做法,显然也是对《刑法》第266条的曲解。多年来,我一直在向我国的刑法理论界和司法实践提出这样一个要求:请试举一例说明我国存在社会公认为应作为犯罪处理而刑法没有规定的犯罪的行为,或者社会都公认为不应受刑罚处罚但却被刑法规定为犯罪的行为。但直到今天,没有任何人向我提供过一个通过系统全面理解刑法规定之后,还可能真正存在的例子。这些事实说明,所有不合情理、不适应社会发展的"恶法",都是忘记我们的法律是一个有机统一内容协调一致的体系、没有系统全面理解法律的结果。只要我们真正懂法,知道根据总则、原则、宪法的规定来融会贯通地理解具体法律规定,我们就不可能得出我国法律体系中存在不合情理的具体法律的结论。这种系统全面理解法律具体规定的方法,就是我们前面所说的"没有不讲理的法,只有不懂法的人"的含义。

宣海林:2011年3月10日,全国人大常委会委员长吴邦国在"两会"上庄严宣告:"中国特色社会主义法律体系已经形成!"作为全国人大代表,同时也是著名的法学专家,您认为我国社会主义法律体系形成之后最重要的工作是什么?

陈忠林:一个国家法律体系的形成是一个国家发展法治必须具备的条件之一。但是,法律体系的形成只是一个国家实行法治的前提,并不意味着这个国家已经开始法治,更不意味着这个国家已经实现法治。法律的生命在于实施,法律只有通过实施,才可能将一张张写满人民权力和权利的纸变成现实中人民真正所拥有的权力和所享受的权利。因此,在我国的法律体系形成之后,如何保证法律的正确,特别是如何保证法律的正确实施,就成了推进我国法治建设的重中之重。

宣海林:法律应当根据社会形势的发展及时进行修订,您如何看待我国目前对刑法的修订工作?您认为今后应当如何进一步完善我们对法律的修订过程,从而保证立法的科学性?

陈忠林：自1997年修订的《刑法》施行以来，为了适应社会形势的变化，我国已经通过了一个专门法律、八个修正案。就我国目前的立法、司法水平而言，这些修订对我国刑事法治的发展有相当的积极意义。但是，我们应该注意的是：刑法以剥夺公民最基本的人权为手段，惩治的是最为严重的社会危害行为，因而应该是最为稳定的法律，但是，在我国却成了修改最为频繁的法律。这一事实一方面说明我国的刑事立法技术还有待提高，另一方面也说明了我国司法界还缺乏以社会普遍认同的基本价值为基础全面系统理解具体刑法规范的能力。当然，无论上述立法还是司法方面存在的问题，实际上都是我们在错误的法治理念指导下，将本应是整体协调的、内容随着社会发展而发展的刑法规范看成是相互割裂的、僵死的、教条的结果。

宣海林：今年是"十二五"规划的开局之年，您认为在"十二五"期间，我们立法工作的重点在哪些方面？

陈忠林：在立法问题上，尽管我个人非常赞成贝卡利亚关于"高明的立法者只要制定出法律原则"就够了的主张，尽管我个人认为现有法律制度的缺陷和所有的问题实际上都可以通过对法律的正确理解而得到解决，尽管我认为过分地强调立法（包括司法解释）的作用会把我们的执法者、司法者变成没有灵魂的工具，但是鉴于我国法学理论与实践的实际情况，我认为以下三方面的法律是"十二五"期间应当考虑的重点：

第一，促进社会公平、保障更多的人分享改革开放成果的法律：如有利于缩小三大差距的法律；确保居民收入能够与国家财力和社会经济同步发展的法律；促进社会保障范围不断扩大、力度不断加强的法律；

第二，促进政治体制改革、不断扩大人民当家做主范围的法律：如促进政务公开、确保人民监督的法律，有关建立国家机关工作人员财产申报制度的法律，进一步完善基层政权民主建设的法律；

第三，促进人权保障、公正保障公民最基本人权方面的法律，如修改刑事诉讼法和现行的劳动教养制度。

宣海林：司法工作处于解决社会矛盾的第一线，因而，如何不断完善自身体制与工作机制，适应社会发展提出的要求，是当务之急。作为时刻关注社会现实的法学专家,对于社会各界关注的司法体制与工作机制改革,您认为目前最应当取得突破的是哪些方面?

陈忠林:司法一定程度上偏离民众的信任是我国司法机关目前最紧要的问题,因此,我们的司法体制与工作机制的改革都必须以确保人民的认同为最基本的目标。

从理论观念的角度考察,主张对法律理解适用是法律职业体的专利,视法律为法律职业群体的私有财产是我国司法日益偏离民众的根本原因。因此,司法机制和工作机制的改革首先应该是观念的改革。我国宪法规定:中华人民共和国一切权力属于人民。我们的司法人员必须有这样的认识:从根本上说,我们的司法机关是人民的司法机关,我们手中的权力是人民的,不是我们的;因此,在如何理解适用法律的问题上,不应当是人民听我们的,而是我们应当听人民的。由于普通民众只可能以社会普遍认同的常识、常理、常情作为自己判断是非曲直的标准。因此,坚持以民众认同的常识、常理、常情为基础指导我们系统全面地理解适用法律,不断地检验我们对法律理解和适用是否符合社会普遍认同的常识、常理、常情,不断地使我们理解适用法律的结果向民众的普遍认同靠拢,是确保我们的司法得到人民认同的根本性措施。

古今中外的法治史告诉我们,没有人民参与的司法,必然是最终走向人民对立面的司法。除了观念上承认我们国家司法的真正主体是人民外,我们还必须建立一整套通过人民有序参与并最终决定案件事实和基本性质的认定,以确保我们对法律的理解适用不偏离人民认同的司法体制与司法工作机制。在这一方面,我们至少可以从司法公开着手,至少应该将一般案件的起诉书、辩护词、判决书、上诉状全部公开,以公开促公正,确保人民监督。同时,我们还应当通过扩大人民陪审员的范围和人民参与案件的范围,大幅增加每个合议庭中人民陪审员的数量,改变人民陪审员参与的合议机制,建立随机抽选人民陪审员的机制等措施,改变我国目前的人民陪审员"陪而不审"的现状。

宣海林:您既是著名的法学家,同时也是一个法学院的领导者,您认为我国目前应当培养什么样的司法人才才能适应司法工作提出的要求?法学院在这方面应当发挥什么样的作用?

陈忠林：从价值上说，现代法治应当是人性之治，良心之治，常识、常理、常情之治，现代法治中的法律规范，只能是反映人类人性、个人良心共性的社会常识、常理、常情的具体化和规则化。从技术上，现代法治应该由宪法、法律原则、法律一般规定、具体规定以及法律、法规、规章等渊源组成，并根据相关法律的效力等级而结合成一个体系。因此，法学院培养的司法人才，首先是知人性、有良心、能明基本情理、辨基本是非的人，同时又是一个系统全面掌握法律知识，并且能够自觉地以人性、良心、情理、是非为基础融会贯通地理解适用法律的人。对于培养这样的司法人才来说，法学院的作用尽管不可忽视，但法学院必须只是一个学习知识的地方，要保证这样的知识能够真正成为社会现实，更重要的是我们必须有保证这样的人能够生存的社会制度，特别是保证这样的人积极发挥作用的司法制度。

宣海林：在我国目前各学科领域都或多或少存在理论与实践脱节的现象，您认为在法学研究领域是否也存在这一问题？学者邓正来先生曾著文谈"中国法学向何处去"，您是否也有这样的疑问与迷惘？您对中国法学研究的路径与前景有什么个人观点？您认为法学理论在指导立法、司法、执法等方面应当发挥什么样的作用？

陈忠林：理论与实践脱节，是中国社会科学界普遍存在的问题，法学界当然也不例外。重"知识"不重事实，重专业不重常识，重"学习"不重分析，重权威意见不重实践效果，重深刻不重全面等"食书不化""食洋不化""食古不化"研究理念和研究方法，可以说是法学理论脱离实践的原因，而我国改革开放三十多年来法治建设进程与法治目标曾经长期渐行渐远的现实，可以说是这种理念和方法在实践中结出的恶果。可幸的是，这个问题现在不仅引起了我们党和国家的高度重视，同时也开始为不少学界同仁所反思。我认为，我国法治现代化的进程应当是一个是不断地与"恶法亦法"的传统法治理念决裂的过程，只有坚持"'恶法'非法"的法治理念，努力推动法律按照人民认同的方式理解适用的法学理论，才可能是指导立法、司法、执法应有的正确理论。尽管在传统法治理论还占绝对主流地位的今天，这种理论的生成还面临被扼杀在摇篮中的危险，但是，我坚信"天听自我民听""天视自我民视""民之所欲，天必从之"，任何视法律为少数人专利、把一些人凌驾于人民之上的法治观念,最终都无法阻挡人民真正成为法治的主人这一天的来临。

宣海林:您曾经提出,法律必须向普通民众所认同的常识、常理、常情中所包含的善恶观、价值观靠拢,这是在理论上保证法律不脱离民意的唯一办法。请问您这样说是基于什么考虑?

陈忠林:我们的法为什么必须向普通民众认同的常识、常理、常情靠拢,这里我主要讲两点理由:一是只有以"常识""常理""常情"为基础的法,才可能真正的是人民的法;二是只有以常识、常理、常情作为我们制定、理解、适用法律的基础,我们的法才可能发挥其应有的功能。在任何社会中,常识、常理、常情都是得到普通民众最广泛认同的是非观、价值观,是人民群众在日常生活中自然形成并用以指导自己行为的基本准则,它自然是人民意志最集中的体现、人民利益最集中的代表。一个与常识、常理、常情背道而驰的法,绝对不可能是得到人民认同的法,不可能是体现人民意志的法,绝对不可能是维护人民利益的法。为什么只有在制定、理解、适用法律的时候,坚持以普通民众认同的常识、常理、常情为指导,我们的法才可能实现其应有的功能呢?法的功能是什么?人们可能会有不同的答案。但从根本上来讲,恐怕没有人能否认法的主要功能在于"定分止争",在于解决社会成员之间的利益冲突。怎样才能解决社会成员间的利益冲突呢?自然是我们必须找到冲突各方都能接受的解决标准。常识、常理、常情是在一个社会中得到最普遍认同的是非观、价值观,是一个社会中得到最广泛遵循的行为规则,当我们制定、适用、执行的法律时是以这种是非观、价值观、行为规则作为基础时,就会得到普通民众在不违背自己本性的情况下自觉甚至是自然的遵守。举一个简单的例子,"不害人"是古今中外所有人类社会都认同的一个基本的道理,任何社会都不可能赞同以"害人"作为人与人之间相处的规则,或者说"不害人"是任何人都知道的最基本的常识、常理、常情。我们可以这样设想一下,如果我们在任何情况下,都坚持以不害人作为我们解释法律规范的基本准则,在任何情况下都坚持害人的行为必须受到法律的处罚,害人越严重,受到的处罚也越严重。将维护、强化"不害人"这一最基本的行为规则作为我们执行任何法律时所追求的价值目标,并通过这样一种途径,使不害人成为人们自觉的行为规则,那么,还会有人犯罪吗?应该说基本上没有了。所以,不论从法的本质、还是从法的功能的角度考察,只要坚持以常识、常理、常情来指导我们制定、理解、适用法律,我们的法就能真正成为维护人民利益的法,成为民众因从内心认同而自觉遵守的法。

宣海林:我注意到,您的身上汇集了法学研究者、法学教育者、立法者以及参政议政者的角色,您是如何协调这些角色的?这些工作是如何达到互相促进的?

陈忠林:作为法学的研习者,自己努力用自己对人性、良心、是非、历史、社会、生活的体悟来解决法学中的问题;作为法学教师,自己努力与学生分享自己研习法律的体悟,努力让学生将法律知识与活生生的人、活生生的社会现实、活生生的个人经验结合起来,同时也在与学生的互动中努力用学生们对人生的体悟来丰富自己教学的内容;秉着自己对人性、人生、社会以及相关法律的体悟提出解决相关社会问题的具体建议,是我想象中的立法者、参政议政者应该做的工作。

记得大学毕业时,曾送一同学临别赠言:"我不知道我是不是一个好人,但我希望努力做一个好人。"这句话也许是我协调各种社会角色的心态与方法吧。

(本文原载《中国审判》2011年第11期)

完善民间借贷法律规范，妥善解决民间借贷纠纷

——访十一届全国人大代表、湖北省山河建设集团有限公司董事长程理财

受2008年以来国际金融危机及其他一系列因素的影响，我国温州等地相继出现了一些民营企业资金链断裂、一些企业相继破产、部分民营企业家跑路躲债等现象，由此，中小型企业及与之相关的民间借贷问题浮出水面，成为一个国人关注并引发诸多讨论的问题。

民间借贷的出现与成为一个社会问题，有着复杂的经济与社会原因，也是困扰中国经济社会健康发展的一个经济与社会问题。大范围的民间借贷有着较高的风险，难以纳入国家的有效监管之中，也会对正规的金融活动造成一定的冲击，干扰正常的金融秩序。从长远来看，民间借贷的大范围发展与失控，对国民经济的冲击是巨大的。

如何从根本上消除大范围不规范民间借贷产生的土壤，将民间借贷纳入国家的正常金融活动，解决中小企业在资金融通中的困难，是目前一项十分紧迫的任务。而完善民间借贷的法律规范，妥善化解由民间借贷产生的纠纷，则是目前首先要解决的问题。对此，身处资金需求第一线的民营企业家们或许有着更为切身而深刻的体会与见解。

湖北省山河建设集团有限公司是一家具有房建施工总承包特级资质的企业，拥有钢构、消防、地基基础、装饰装修、机电安装5个一级资质，市政总承包二级资质及对外承包工程经营资格的大型建设集团。年施工能力逾600万平方米，年产值超过70亿元，先后荣获首批"全国建筑业AAA级信用企业""全国

优秀施工企业""全国重合同守信用企业"等称号,连续 6 年被湖北省人民政府评定为"建筑企业综合实力 20 强"。

作为这家企业的掌门人,程理财董事长是第十一届全国人大代表。他在带领这家企业不断发展壮大的同时,也积极履行一名全国人大代表的职责,积极建言献策,履行着自己和企业肩负的社会责任。而关于完善民间借贷的法律规范,妥善解决民间借贷的纠纷,正是他集中关注的社会问题之一。为此,笔者近日对程理财董事长进行了专访。

宣海林:您认为民间借贷目前存在哪些问题?

程理财:我从当选全国人大代表履职以来,因为个人职业经历,对民间借贷问题一直比较关注。我发现,目前实践中民间借贷主要存在以下一些问题:一些小额贷款公司、典当行、从事民间借贷活动的自然人等专业放贷人普遍认为当前银行同类贷款利率的四倍的标准过低,无法满足专业放贷人的盈利要求。为了规避四倍利率上限的规定,在借贷活动中,债权人普遍存在签订阴阳合同、预先扣收高额利息、通过巧立名目收取咨询费、保证金、违约金等手段变相收取高息的情形。在此情况下,一旦引起诉讼纠纷,债务人往往面临举证困难,导致人民法院难以查明事实真相,最终影响案件裁判的社会效果。

宣海林:作为一名大型民营企业的管理者,从您的实际工作出发,您认为现行的有关金融法律法规在民间借贷方面有什么不完善之处?由此在现实中带来了哪些问题?

程理财:从我的调研来看,我认为,我国现行法律法规对民间借贷的规定不足以解决当前民间借贷的实际问题。《合同法》第 211 条规定:"自然人之间的借款合同对支付利息没有约定或者约定不明确的,视为不支付利息。自然人之间的借款合同约定支付利息的,借款的利率不得违反国家有关限制借款利率的规定。"由该规定,应认为自然人之间借贷关系有效,且自然人之间借贷以无偿拆借为一般,以支付利息为特殊,即合同法主要规范的是生活中的资金拆借,而不是商业上的资金拆借。最高人民法院《关于人民法院审理借贷案件的若干意见》第 6 条规定:"民间借贷的利率可以适当高于银行的利率,各地人民法院可根据本地区的实际情况具体掌握,但最高不得超过银行同类贷款利率的四倍(包含利率本数)。超出此限度的,超出部分的利息不予保护。"根据该规定,人民法院一般将民间借贷的利率上限确定为银行同类贷款利率的四倍。但大量的民间借贷却将利率约定为银行同类贷款利率的四倍或更高。对该种明显高于正规金融利率的高利的保护催生了大量的职业放贷人。同时,因企业间借贷一般被认定为无效,即企业间借贷的借方只需向贷方返还借款本金和银行同类利息,由此产生了自然人之间借贷和企业间借贷的巨大利差,导致很多企业以个人名义借款或贷款。

中国人民银行就企业间借贷问题于1998年3月16日对最高人民法院作出《中国人民银行关于对企业间借贷问题的答复》(银条法〔1998〕13号),认为:"根据《中华人民共和国银行管理暂行条例》第四条的规定,禁止非金融机构经营金融业务。借贷属于金融业务,因此非金融机构的企业之间不得相互借贷。……企业间订立的所谓借贷合同(或借款合同)是违反国家法律和政策的,应认定无效。"目前,《中华人民共和国银行管理暂行条例》已经废止,《中华人民共和国人民银行法》《中华人民共和国商业银行法》等相关法律法规对企业间借贷问题未作规定,《中华人民共和国合同法》仅对公民间借贷作了规定。根据企业间借贷案件审理中反映出的情况,企业间借贷的债权人一般是一些财富积累较多的企业,在满足自身需求外还存有相当数量的闲散资金,而债务人有短期的用资需求,一般有订单和生产能力。在此种情况下,企业间借贷的发生仅是因为银行放贷存在程序复杂、周期较长等特点,而企业间借贷往往具有手续简便、周期短等特点,因此应认为企业间借贷是正规金融有益和必要的补充,应当由金融法规或金融政策确定为合法借贷。但是,企业间借贷毕竟不同于正规金融,伴随着企业间借贷手续便捷、方式灵活等优点的,也有风险控制能力弱、债权催收不规范等先天性弱点,甚至会诱发集资诈骗、洗钱等刑事犯罪。

宣海林:根据您的调研,人民法院在审理民间借贷纠纷中会遇到哪些问题?
程理财:近年来,人民法院受理和审理了大量的企业间借贷案件,按金融政策,此类合同多被认定为无效,由此产生了企业融资渠道狭窄、当事人权益保护失衡等问题。比如,相当数量的企业间借贷都设定了担保,在企业间借贷合同被认定为无效之后,根据相关规定,担保人只在债务人不能清偿部分的1/3以内承担责任,使债权人权益不能得到有效保护。近期,温州等部分地区由非金融机构借贷引发的各类纠纷中,企业间借贷问题也比较突出。另外,因人民法院依据法律和金融政策,将民间借贷界定为自然人之间的借贷,在效力认定和利息保护等方面与企业间借贷相区别,现实中出现了大量名为民间借贷实为企业间借贷的纠纷,即企业以法定代表人、董事、高级管理人员个人或亲属名义借款或贷款,以避免出现借贷关系被认定无效的后果,而实际的放贷人和用款人可能都是企业。还有的企业因正规融资困难,采取"假买卖、真融资"等办法向其他企业融资,但在债务人获取资金后,债务人或担保人利用企业间贷款无效的政策,主张该类合同为"以合法形式掩盖非法目的"的无效合同,从而以非诚信手段获取额外利益,损害了债权人利益,也在一定程度上扰乱了市场秩序。

就具体问题而言,例如利率,在民间借贷中就是一个颇有争议的问题。确定借贷利率上限标准应属于国务院或金融监督管理部门的职责。但是,就民间借贷利率的最高上限标准而言,目前并没有明确的法律法规予以规范。中国银行业监督委员会与中国人民银行《关于小额贷款公司试点的指导意见》第4条规定,小额贷款公司的利率上限不得超过司法部门规定的上限,但有关借款利率的上限就制定规范的权限而言不应属于人民法院的职责范围。最高人民法院《关于人民法院审理借贷案件的若干意见》第6条是规定目前人民法院审理民间借贷纠纷、小额贷款纠纷确定当事人约定利息应否受到法律保护的依据,但因该解释中有关民间借贷利率最高不得超过银行同类贷款利率四倍的规定并没有明确的法律依据,导致人民法院按此规定裁判的案件经常受到一些经济学家、案件当事人以及社会公众的质疑,一定程度上影响人民法院裁判的公信力。

宣海林:对于解决民间借贷中存在的问题,您有什么建议?

程理财:针对现实中出现的一些问题,我建议中国人民银行尽快完善相关法律法规,或出台相关的金融政策,有条件地承认企业间借贷的合法性,同时明确非金融机构不能以放贷为主业,并具体从贷款额度、期限、利息、担保、登记以及资金来源等方面作出特别规定。

另外,我建议中国人民银行尽快牵头促成制定相关法律法规,明确民间借贷利率的上限标准,为日益发达的民间金融活动确定行为规范,也为人民法院裁判相关案件提供明确的法律依据,妥善化解此类纠纷。

(本文原载《中国审判》2012年第7期)

打一场全民法治保"胃"战

——访十一届全国政协委员、北京金诚同达律师事务所合伙人刘红宇

作为关系国计民生的重要问题,食品安全历来受到国家、政府和社会公众的高度重视。然而近年来,食品安全事件屡屡发生,不仅严重威胁百姓生命健康,更引发了社会信任危机。当前形势下,要解决食品安全问题,不仅需要政府的力量,更要发挥人民群众的力量,打一场声势浩大的全民法治保"胃"战。近期,笔者对长期以来关注食品安全问题并积极建言献策的十一届全国政协委员、知名律师、北京金诚同达律师事务所合伙人刘红宇进行了专访。刘律师对当前的食品安全形势以及如何解决食品安全问题给出了自己的见解。

宣海林:请您谈谈,食品安全问题带来了哪些社会影响?

刘红宇:目前,我国严峻的食品安全形势不仅对百姓的生命健康造成威胁,更严重损害公众的心理健康,民众不仅对于政府监管的不信任感有所增加,而且在食品问题上屡屡表现出盲目恐慌等不理性倾向。

自阜阳劣质奶粉导致"大头娃娃"事件以来,食品安全问题屡见不鲜、屡禁不止。包括双汇瘦肉精、新型地沟油、上海染色馒头、山东农药套袋苹果、蒙牛毒牛奶等事件在内,食品安全危机呈多发趋势,从小商小贩、小微企业向大型企业、行业巨头蔓延,不断挑战公众的神经。可以看到,近年来公众对食品的不信任已经从个别品牌、个别产品扩大到普遍的食品类别中,对政府监管的质疑也由基于个案、就事论事的态度转变为宽泛、以偏概全甚至略带盲目的指责。2011年6月,复旦大学研究生吴恒创办"掷出窗外网",以民间志愿力量形成《中

国食品安全状况调查(2004—2011)》,指出目前我国百姓正面临着"易粪相食"的尴尬处境。而金山网络开发的公益应用软件"中国求生手册",也因其涵盖了大量食品安全信息而在网络蹿红。种种迹象表明,由于食品安全导致的社会信任、政府信任缺失,公众自身也在不断寻求自力解决之道,食品安全衍生出的社会危机业已成为我国社会稳定的重大隐患。

宣海林:您认为政府在监管方面的成效如何?

刘红宇:我国食品安全问题专家陈君石院士在全国食品安全宣传周启动仪式上表示,"在食品安全方面,我们是全世界监管力度最强的国家。"事实上,由于食品安全事故一再发生,各级政府对食品安全的重视程度前所未有,监管力度也不断加大,基层食品安全信息员的人数屡创新高。但从另一个角度看,我国政府在食品安全监管上,仍处于依靠自身增加人力物力投入提升监管效果的阶段,政府职能部门自身位于打击食品安全问题的最前沿,既是指挥员,又是战斗员。政府作为社会经济生活的监管者,其监管行为的重要性毋庸置疑,可应当看到,食品安全问题和其他许多问题一样,与社会中的各方力量都紧密相连,仅靠政府一方进行监管,不免势单力薄,监管效果难以保证。因此,还应发动社会其他力量的监督动力,使食品安全隐患无处遁形。

宣海林:那么,应对食品安全问题,我们可以采取哪些措施?

刘红宇:在食品安全引发社会信任危机、而依靠政府一方监管又显势单力薄的情况下,发动全民力量,让生产者敬畏法律,让消费者维护法律,让全社会在法治的轨道上形成监管合力,就成为解开食品安全困局的重要出路。

在法律的语境下,调动全民的积极性,使生产厂家与职能部门间的两方互动上升成为商家依法生产、政府严格监管、公众积极参与的以消灭食品安全危机为目标的人民战争,必须通过切实、有效、具体的举措加以实施。基于我国国情,我提出以下建议:

第一,大力宣传,塑造全民法制观。当前,提高公众法律维权意识仍然需要加强,政府可以通过组织、鼓励社会企业、非营利性组织、社会工作者等社会力量走进社区、农村,向居民讲解遭遇食品安全损害后的法律解决路径,提供有关部门的投诉渠道信息,介绍寻求专业人士帮助的方式方法,使普通百姓能够对法律解决路径的基本流程有一定的了解,在发现和遇到食品安全危机时能主动使用法律保护自己,培养民众的法律维权氛围。

第二,建立便利、安全的投诉举报平台。在现有的投诉渠道基础上,政府应当增加多种类、全方位的便民投诉渠道,包括增设投诉电话、公开投诉电子邮箱地址、建立网站投诉平台、设置社区投诉信箱、发放印有投诉信息的便民卡、不定期开展实地调研等,为公众提供多种咨询、投诉、举报渠道,使之能够选择最便利的手段进行监督。同时,政府不仅应当提供信息收集渠道,更应建立处理反馈平台,通过网络、媒体、邮件、电话等多种渠道向举报者提供反馈信息,使之能够查询、跟踪处理进程和结果。而在建立投诉举报平台的基础上,更应当注意保护举报人,对其个人信息、隐私进行严格保密,解除公众担心遭到不法分子报复的后顾之忧。

第三,加强投诉举报奖励机制。在激励机制方面,不仅应当对在专项整治活动中提供有效信息的举报人进行奖励,更应当将这种激励方式固定化、制度化,如按照罚金的一定比例,给予举报信息属实的举报人以现金奖励,使普通百姓甚至是生产活动中的参与者、劳动者有动力主动发现、举报违法生产经营者。

第四,开放公共检测平台,媒体积极跟进。针对目前普通民众送检难、费用高的问题,政府应当通过设立检测基金等费用分摊机制,减少普通民众承担的第三方机构检测费用比例,降低百姓的监督成本和举证成本。同时,检测部门也应当提升自身的透明度,建立食品安全信息数据库、查询网站、热线电话等,向全社会公开公示检测结果,并供公众随时查询,使不合格产品无处藏身。此外,媒体也应在政府支持下,加大曝光力度,深入调查、报道违法商家的行为,并着重与检测部门、监管部门合作,向社会公众不断提供最新的检测结果和监管信息,借助舆论的力量使违法商家和不合格产品成为"过街老鼠",为其违法行为付出沉重代价。

第五,通过司法提高个体维权收益。司法部门在执法过程中应当为消费者个体维权提供便利,如提供证据、相关检验报告等,减轻百姓的举证困难。同时,在具体的食品安全纠纷裁判中,有关部门应当着重保护消费者的权益,特别是在赔偿金额的确定上,不仅应当参考价款和实际损失,也应当考虑增加惩戒性赔偿,并参考厂家相应产品的销售额和利润所得加以确认,提高百姓通过法律维权的合法收益。

第六，充分发挥公益诉讼制度的作用。《民事诉讼法》修改中，已经将公益诉讼制度纳入其中。在《民事诉讼法》第55条中，侵害消费者合法权益是提起公益诉讼的重要原因之一。以后，可以允许社会公益组织等第三方人士向违法企业主张权利。并且，为了调动公众参与的积极性，甚至可以考虑建立分账制，允许提起公益诉讼的个人或组织从厂家支付的赔偿中按照一定比例"提成"，获取一定经济利益。

第七，扶持法律工作者，减轻百姓负担。由于协商、仲裁、诉讼等法律路径中涉及大量专业知识，因此应当扶持律师和其他法律从业者，鼓励其为百姓提供全套法律服务，减轻百姓维权过程中的负担和麻烦。

宣海林：您认为通过以上措施，可以达到什么样的成效？

刘红宇：全民参与，以法治之利器攻破食品安全中存在的黑幕，不仅是基于我国国情的必然选择，同时也将具有充分的有效性，带来长远的正外部性。

首先，全民监督必将使不法商家无处遁形，而依法索赔又将大大增加不法商家的违法成本。在违法风险大、成本高的前提下，商家将不敢也不愿走违法经营、损害食品安全的不归之路。食品安全领域中的全民依法参与，将直接遏制商家违法经营、牟取暴利的倾向，减少食品安全隐患。

其次，鼓励全民的法治参与，不仅是解决我国食品安全问题的有效手段，更是推动我国法治化进程的重要一步。以人民群众十分关心的食品问题作为切入点，让法治理念深入人心，使法律之路成为人们解决争端、保护权益的首要选择，无疑将大大促进我国法治社会的建设和发展，形成法治氛围下的良性循环。此外，相应法治环境的塑造也将促进法律人才的就业，帮助目前供给过剩、分配不均的法律从业者更多地走向基层，为人民群众提供最直接的法律服务，形成法律行业在纵深上的长足发展，促进社会的法治化进程。

(本文原载《中国审判》2012年第10期)

为民营经济的发展营造良好的法治环境

——访十一届全国人大代表、中国能源建设集团公司副总经理张羡崇

改革开放以来,随着我国经济社会的高速发展,民营经济在我国国民经济中的地位日益提高,对我国综合国力的提升发挥了重要的作用。民营经济在吸纳就业、增加税收、进行技术创新、进行对外贸易等方面发挥了重要的作用,国家每年的新增税收、新增国民生产总值中,民营经济已经占据了60%以上的份额,已经成为我国经济的重要组成部分。

因此,为民营经济的高速发展提供良好的社会环境尤其是法治环境,推进民营经济持续快速发展,是当前一项紧迫而现实的任务。为此,我们对长期关注我国民营经济发展的十一届全国人大代表、中国能源建设集团公司副总经理张羡崇先生进行了专访。

宣海林:作为一位大型国企的高管,您为何对民营企业发展的法律环境倾注较多的关注?

张羡崇:党的十一届三中全会以来,民营经济得到了快速发展。民营企业的成长和逐步壮大给我国经济注入了新的活力,使经济体制发生了深刻变革,使生产力得到了极大的解放,也使我国的综合实力和国际竞争力进一步增强。作为一名国企高管且是全国人大代表,我关注民营企业发展的法律环境,首先是为了贯彻和落实党的十八大关于支持民营企业发展、平等保护民营企业的基本精神。

其次,国企和民企相辅相成的关系也令人不得不关注民企发展法律环境的

问题。改革开放三十多年来,我国的国企在改革中焕发出青春,在向现代企业转变中取得了长足进步,正在进一步做强做优。而民企中相当一部分是从国企改制中脱胎换骨而来的,和国企有着千丝万缕的联系,在产业关联度和产品关联度上相互依存和相互联系,在技术创新上合作共赢。国企和民企作为中国特色社会主义市场经济的平等主体,是相辅相成、并行不悖的关系,而不是相互对立的关系。在关系国计民生的战略性行业,由国企占主导,而一般竞争性行业中,由民企唱主角。国企与民企并存,两者有着相互联系、相互外溢、相互合作、相互竞争的新格局。基于国企和民企的相辅相成关系,我们不得不关注民企发展的法律环境。当然,我们也可以这样认为:关注民企发展的法律环境,从一定意义上讲也是关注国企发展的法律环境。

最后,现实生活中有关民企财产和民营企业家遭遇不公正司法制裁的案例时有曝光,也不得不引起人们对民企发展法律环境问题的关注。如少数民营企业家被司法机关采取强制措施控制后被迫签署股权转让协议,低价转让自己的股权;有的在政策许可范围内投资盐业获利丰厚,但被以虚构"投资门槛"为由追究刑事责任;有的经过司法审判无罪后,企业却早已不在自己名下了。这些虽然都是个案,但终归是社会生活中的不健康、不和谐的因素,必须加以克服和改进。

因此,作为国企高管及全国人大代表,无论是从贯彻落实党的方针政策,还是从关注企业发展的法律环境,乃至从维护法律公正性和个案监督的角度,都应当对民营企业发展的法律环境倾注较多的关注。

宣海林:您认为国家可以在哪些方面改善民营企业发展的司法环境?

张羡崇:客观地说,我国民营企业发展的司法环境总体上还是可以的。现实生活中曝光的民营企业财产被侵犯和民营企业家遭遇不公正司法制裁的个案,绝非社会的主流,只能算是发展中某些不健康因素。这里有旧的观念和传统思维等思想上的问题,也有利益冲突的问题,可能更多地还是对国家政策和法律的理解以及执法层面上出现了问题。因此,国家应该从立法和执法等层面改进和完善民营企业发展的司法环境。

从立法层面上,要进一步解决不完善、不配套、不协调的问题。尽管我国社会主义市场经济的法律体系已经形成,但是在我国现行的法律体系中,缺少一个稳定的制度为基础的有关民营经济利益和权益保护的法律,现有的制度也缺乏统一性,有些法律法规之间相互冲突。虽然有《中小企业促进法》和国务院促进非公经济发展的36条规定,但是这些还是不够的,需要不断完善。对于转型时期社会生活中大量出现的新情况和新问题,需要从立法上尽快解决。尽管立法存在滞后性的问题,但是绝不能以滞后性为借口来拖延或推迟相关立法,要尽快解决法律制度缺位的常态问题,充分保护为国家经济建设和改革发展作出了重大贡献的中小民营企业的合法权益。

从执法层面上,要进一步严格依法办案。新闻媒体曝光的有关民营企业财产被侵案件或民营企业主被错误追究刑事责任案件,从理论上讲应该是可以避免的。之所以造成负面影响,很大程度上还是某些公权部门没有做到严格依法办案。比如某些司法部门不注意把握法律的精神实质,就案办案,机械、片面地理解甚至是曲解法律,生搬硬套法律条文,从而导致案件处理有失偏颇,进而出现冤假错案,造成一定的负面影响。因此,各级司法部门的人员一定要准确理解和把握立法本意,不得曲解法律或任意解释法律,要保证办案程序到位,保证实体处理合法,从而保证严格依法办案。各级行政执法部门也应当树立并坚持依法行政和依法办事的原则,为民企健康发展营造一个公平公正的法律环境。

宣海林:在国企与民企的平等竞争法律环境方面,您是怎样看的?

张羡崇:如今,我国社会主义市场经济的法律体系已经形成。法律规定,国家保障一切市场主体的平等法律地位和发展权利。也就是说,从理论上讲,法律没有赋予国企特殊的法律地位,国企和民企在竞争上的市场地位是平等的。

由于中国特殊的历史原因,国有企业在某些关系到国民经济命脉和战略性行业和领域内具有一定的天然优势。而在某些纯竞争性行业和领域,民营经济已经占据主导地位,国有企业没有任何竞争优势。由于国企和政府长期以来的密切关系和历史渊源,使得国企和政府沟通相对便利,在某些政策争取和利用上具有一定的优势。民企的发展势头和趋势总体上是趋好的,民企发展的司法环境总体上是在不断改进的,但是要达到完善也需要一个过程,这是由中国渐进式改革特点所决定的。现在,民营企业在市场准入、行政许可、资源获取、融资扶持等方面遇到一些困难和问题,有些是历史原因造成的,有些是政策因素造成的,有些是实际操作和执行中造成的。不可否认这里有法律层面上的问题,但是很大程度上或者说大部分并不是法律上的问题。

宣海林:能否请您介绍一下国家在"十二五"期间还将出台哪些关于民企发展的法律法规?

张羡崇:对于国家在"十二五"期间出台哪些关于民企发展的法律法规,我提以下两点建议:

一是尽快出台民法典。我国市场经济体系基本形成,具有中国特色的社会主义市场经济法律体系框架也基本形成。但是直到今天还没有一部完整的用以规范平等主体之间私法关系的民法典,这不能不说是一大遗憾。在法学家眼中,民法是社会生活的百科全书,关乎国计民生和人们的日常生活。世界上大陆法系国家都有自己的民法典,咱们国家却没有。只有制定具有中国特色的民法典,才能真正使得民事立法走向体系化,也才能够真正为法官依法裁判民事案件提供依据。当然,制定民法典,绝不是抛开现行的单行民事法律而另起炉灶,只能在现有法律的基础上,按照科学合理的体例进行修改、补充、完善,最后形成一部体系合理、内容完善的具有中国特色的促进和保障中国进一步繁荣的民法典。

二是要尽快出台加快发展民营金融机构的法律法规。党的十八大报告关于全面深化经济体制改革中明确提出了加快发展民营金融机构,这一方面进一步肯定了民营金融机构的合法性,另一方面进一步明确了要加快发展民营金融机构。因此,促进民营金融机构加快发展的相关立法必须跟上,有关民营金融的法律、法规等制度框架必须进一步完善。要在法律层面上明确界定民营金融机构的营运模式、经营范围、获利限制和违法责任等要素,净化民间金融市场,维护良好的金融秩序。只有立法跟上了,才能为民营金融机构的健康快速成长创造良好的法制环境。只有加快发展民营金融机构,才能不断完善我国的金融体系,充分发挥金融体系的内在功能,也才能解决中小企业尤其是民企融资难的现实问题。

(本文原载《中国审判》2013年第3期)

从"法制"走向"法治"任重道远

——访十一届全国人大常委、民建中央副主席辜胜阻

中国特色社会主义法律体系形成后,中国最高立法机构应做好哪些工作?最近,笔者专访了全国人大常委会委员、全国人大内务司法委员会副主任委员辜胜阻教授。辜教授认为:中国特色社会主义法律体系形成后,解决了"有法可依"问题,有了很好的法制。但要从"法制"走向"法治",实现"依法治国",还任重道远。法律的生命在于实施和信仰。"有法不依、违法不究、执法不严"比"无法可依"更加可怕。作为最高国家权力机关的全国人大要监督好法律的实施,适应社会经济转型完善立法并主动修法,依据宪法推动依法治国,平衡好行政权与司法权的关系,提高司法权威。同时要继续加强普法工作,提高全社会的法律意识,使全国各族人民、一切国家机关和武装力量、各政党和各社会团体、各企业事业组织都能自觉信仰法律、遵守法律、服从法律,以此推动"法制"向"法治"的进步。

宣海林:您认为我国社会主义法律体系基本建成的主要标志是什么?

辜胜阻:2011年3月10日,全国人大常委会委员长吴邦国在两会上庄严宣告:"中国特色社会主义法律体系已经形成!"改革开放30多年来,我国已制定现行有效法律共239件、行政法规690多件、地方性法规8600多件,形成了以宪法为统率,包括法律、行政法规和地方性法规等层次,涵盖民商法、行政法、经济法、社会法、刑法、诉讼与非诉讼程序法等7个部门法的基本完善的法律体系,结束了"无法可依"的历史,满足了社会主义建设和发展事业对法律的基本

需求。我国法律体系是在全球化背景下研究和借鉴当代国际社会相关法治经验和教训的结晶,具有鲜明的开放性和时代性。我国法律体系以中国化马克思主义为指导,以我国社会主义初级阶段基本国情为基础,以我国改革开放为历史条件,以保证社会主义性质为取向,以推进我国社会主义物质文明、政治文明、精神文明和生态文明建设协调发展为目的,以保障人民当家做主为本质要求,以创造公平正义社会环境、构建和谐社会为根本任务,具有鲜明的中国特色。

宣海林:在我国法律体系基本建成之后,您认为立法机构最重要的工作是什么?

辜胜阻:一要监督法律的执行。中国法律体系已经形成,法制建设已经初具成效。但是"徒法不足以自行",如果宪法和法律不能得到有效的遵守和执行,再好的法律也是一纸空文,法律只有在有效实施中才能彰显其生命力。然而现实生活中,一些地方和领域仍然存在"以权代法""以权欺法""以权害法"等现象,我国要从"法制"走向"法治"还任重道远。2011年是"六五"普法的启动之年,全面普及社会主义法治理念、推动法治实践成为当务之急。要建立法治社会,必须树立法律的权威,使法律成为人们的信仰,融入到血液中,落实到行动上。立法机关要更加注重发挥监督职能,在监督形式上进行创新,要对"一府两院"依法行政和司法公正进行询问或质询,切实保障宪法和法律的有效实施。

二要注重对现行法律的修订和完善。我国改革开放的路径是"摸着石头过河",立法也是如此,法律滞后于经济社会发展的现象比较突出。今后一段时间,立法机关应当加速对现行法律进行清理、修订和完善,同时指导和监督最高行政机关、地方立法机关对现行行政法规及地方性法规及时进行清理、修订和完善,以强力推进政府转型和社会管理创新。

三要加强社会领域和民生领域立法和修法。在我国过去的改革发展实践中,经济与社会发展"一条腿长,一条腿短"的失衡现象在立法领域也同样存在。改革开放初期,为尽快构建社会主义市场经济法律框架,经济立法曾为我国立法的"主旋律",社会领域的立法情况却不太乐观。社会保障、社会福利和特殊群体权益保障等方面的民生立法长期处于相对滞后状态,并逐渐演变成制度性瓶颈。在构建和谐社会背景下，我国的立法指向需要转型，要更多地关注公民的劳动、医疗和养老保障等经济社会权利，强化民生立法。

四要加强民众对立法和修法的参与。我国立法工作主要根据政府一定时期内的工作重点而确定，很多具体的法律制度都是直接从政策和政府文件转化而来。这种立法方式有利于发挥"后发优势"，实现法制建设的迅速追赶，也可减少因目标不明造成的探索成本，但也存在民众参与度较低、法律实施较为困难和过度强调立法"现实性"从而一定程度上忽视立法长远性和稳定性的问题。随着民众法治意识的增强和民众参与法治建设的渠道更加通畅，立法工作要让社会公众更加积极有效地参与其中，成为政府之外的重要力量。立法过程中的利益平衡机制也要更多地考虑社会公众的意见，通过不断完善立法程序中公众参与的渠道，使法律走入人们的生活。

五要更加注重法律解释工作。法谚云："法无解释，不得适用"，法律如果不解释很难正确地适用。在法律体系基本建成之后，我们应该从立法转向解释，要让人大的法律解释成为立法工作的重要组成部分，更加注重通过对现有法律的解释来促进其适用。同时，要采取措施进一步增强全社会的法律意识和法治观念，形成学法、守法、用法的良好社会氛围；要推动各级政府执法部门依法行政和各级司法部门公正司法，保障法律在国家管理过程中发挥作用。

宣海林：您对我国当前的司法工作有什么评价？

辜胜阻：在法治社会，司法裁判被认为是惩恶扬善、明断是非、化解社会冲突最有效和最终的方式，与社会公众的切身利益密切相关，是实现社会公平正义的一道必不可少的防线。拨乱反正和改革开放使我国司法工作从"文化大革命"的废墟上得以重建，并随着经济社会的发展而不断发展、进步，为我们国家走向世界、迈进现代化提供了重要的保障和支撑。以法院工作为例，现在刑事、民事、行政审判量大面广，从2009年开始一审案件即突破1000万件，各级法院承担着保护人民合法权益、打击犯罪、维护公共秩序、维护交易安全的重要责任。尤其是近几年来强调"调解优先，调判结合"，把大量矛盾成功化解在基层，成绩显著。当前，司法工作面临最突出的问题在于司法权威受到严峻的挑战，主要表现在：

一是司法裁判威信不足。作为司法裁判的主体,法院和法官是否公正严明在很大程度上影响着人们对司法权威的评判。在西方法治发达的国家,法官往往德高望重、令人敬仰。而在我国,法官一直被作为普通的公职人员,并无超然的权威形象。在实践中,由于错案的发生以及诉讼程序复杂、司法效率较低等原因,司法裁判的权威性也受到一定的影响。

二是司法权易受外部干扰。据调查反映,20%以上的社会公众认为老百姓与政府"打官司"基本不能赢;法院"执行不能"也被认为一半以上是因"地方保护主义和行政压力"造成的;高达61.11%的诉讼当事人、69.78%的国家机关工作人员和58.54%的法院工作人员认为,"各种干预"是影响司法公正的主要因素;超过30%的社会公众和国家机关工作人员认为,政府与法院就是领导与被领导的关系。这些数据在一定程度上说明我国司法机关的地位现状影响了司法的权威性。

宣海林:当前司法工作面临诸多挑战,社会公众对我国司法权威不足的现状也有一些反映。对此,您认为应当如何提高我国司法的权威性?

辜胜阻:当前,要通过加强法官队伍建设、完善司法公开制度、坚持司法裁决终局性原则、实现判决裁定的执行、规范司法监督等措施,树立司法权威,提高司法公信力。

一要健全法官的激励约束机制,优化法官客观行使审判权的环境,确保审判公正。自身正才能正人心,司法工作必须以身正求公正,以公正换人心。要通过体制保障、经济保障、法官资质保障及身份保障,增强法官依法、中立、公正、客观地行使审判权的能力和抗干扰的能力。要建立健全法官的"严格准入"和"畅通退出"机制,培养一支理论基础扎实、实践技能过硬、职业操守优秀的专业化、职业化的法官队伍。要建立保障激励机制,大力宣传优秀的法官,提高法官待遇,确保在工资、社会福利等方面给予法官充分保障。公共财政必须全额保障司法经费,司法机关应当全部吃"皇粮",而不能吃半点的"杂粮"。要建立预防和惩戒法官腐败的机制,加强法官队伍的职业道德教育,对法官的腐败行为实行零容忍,一旦发现腐败问题,立即清除出法官队伍,使法官不能腐败、不敢腐败。对地方法院的法官,应当实行易地任职制,由最高人民法院掌握调配,数年一换。要不断改善和优化司法环境,杜绝以行政手段干预法官的审判工作,完善审判公开制度,排除影响法官公正裁判的干扰。要规范司法程序,保障程序公正,通过程序公正实现结果公正。

二要提高司法透明度,坚持阳光审判,促进司法公开。法谚云:正义不仅要实现,而且应当以人们看得见的方式实现。司法公开是保证司法公正和避免腐败的有效途径。随着互联网等信息技术手段的进步,司法机关必须适应客观形势,变被动公开为主动公开。要逐步扩大司法公开范围,按照"公开为常态,不公开为例外"的原则,对司法依据、立案、审判过程、庭审、审判结果、执行等均实行公开。要稳步推进各类二审案件的公开开庭审理,完善申诉和申请再审案件、国家赔偿案件公开听证制度。要采取报刊、互联网、电视以及群众现场参与等多种方式拓宽司法公开渠道,扩大社会知晓面。要通过庭审网络直播常态化、庭审录音录像全程化、公众查阅档案和生效裁判文书网络化等举措,将司法工作有效地置于当事人和社会公众的监督之下,增强司法的透明度,保障公民的知情权。要深入落实人民陪审员制度,依法全面实现"阳光审判",切实做到司法在阳光下运行。

三要构建司法裁判终局机制。司法的权威性鲜明地体现在司法裁判的终局性上,即法院对依法应由其管理的案件享有最终裁判权。维护司法公信力应当维护裁判的终局性,任何机关或个人非经法定程序不能随意启动对法院生效裁判的审查;法院在启动再审程序时必须更严格依法审查,严格控制在确有错误应当纠正的范围内。在当前,尤其要正确对待"信访不信法"问题,维护法律的公信力。

四要依法规范司法监督,完善多层次监督体系,保障司法权力正当行使。权力的有效行使必须受到有效的制约和及时的监督。任何权力如果得不到有效监督,都会滋生腐败,司法权也不例外。要加强人大对"两院"的监督,除了监督法规定的听取和审议专项工作报告、执法检查、规范性文件的备案审查、询问和质询等监督方式和途径,地方和基层还可积极探索与任命相对应的述职评议等监督方式。要加强政协和民主党派的民主监督,不断强化社会公众、新闻媒体舆论监督。要重视司法内部的监督,强化和完善司法的层级监督,特别要强化审判工作的内部监督制约机制,充分发挥合议庭合议环节中监督的作用,防止法官受外力干扰作出不公正的审判行为。要加强检察院的法律监督职权,确保检察院对法院的审判活动、公安机关的侦查活动、监狱和看守所等执行机关执行刑罚的活动依法实施监督。

宣海林:关于依法行政,您有什么建议?

辜胜阻:依法行政,首先要依法治权。据统计,我国80%以上的法律和法规是由行政机关执行的,从这个意义上讲,负责实施80%以上法律法规的行政机关能否严格依法行政,对于社会的有序运行和法律的有效实施起着关键作用。法治最为人们认可的精神在于保护个人权利、限制政府权力。改革开放以来,尽管我们制定了很多法律,但对规范政府管理行为的立法还远远不能适应形势的发展需要。因此要探索将政府社会管理和社会服务的职能和决策纳入立法的范围,用法律规范政府行政执法的行为,建立法律对权力的有效制约机制,使政府的行政决策有法可依,避免政令和决策的随意性。

对于法院来讲,监督政府依法行政是行政审判工作的重要职能。1989年全国人大常委会制定并颁行了《行政诉讼法》,这是我国历史上"民告官"制度开天辟地的创举。行政诉讼制度创立20余年来,各级法院通过办理大量行政案件和非诉行政执行审查案件,有力地推动了法治政府建设进程,有效地保护了人民群众的合法权益,为妥善化解官民矛盾、实现社会和谐作出了重要贡献。今年年初,国务院修订并重新颁行了《国有土地上房屋征收与补偿条例》,取消了行政机关对征收房屋的强制执行权,改"行政强拆"为法院审查后裁定是否准予强制执行,这是政府依法行政的一个重要进步。人们对人民法院能否依法独立审查行政机关的征收与补偿行为,能否从制度上处理好强制征收和拆迁中的官民利益冲突,充满期待。行政诉讼作为重要的法律制度,还要进一步加强。

宣海林:您认为应该如何推进普法工作?

辜胜阻:要进一步推进法治建设,法治理念的形成是关键,其中包括法律至上的观念和法律信仰的建立。"法律必须被信仰,否则它将形同虚设。"著名法学家伯尔曼的名言提醒我们,行动中的法律比纸上的法律更为重要,法律只有成为政府和群众的行动指南,才有实际意义。法律信仰的形成是一个长期的、潜移默化的过程,需要不断地加强法制的教育和传播,点点滴滴地向公众普及法律知识,渗透法律精神,培养公众的法律情结。从这个角度来讲,我国普法工作任务依然艰巨。

普法工作要让群众从立法、司法和执法等环节中提高法律意识。我国现实生活中存在一些以言代法、以言压法及执法不公的现象,使得不少干部和群众对法律的地位和作用产生了质疑,挫伤了他们学法、用法和守法的积极性。公正司法和从严执法能够树立法律的权威,维护群众的切身利益,也能起到良好的法律宣传效果。因此,我国法制宣传教育工作在推动法治实践方面必须有所作为。可组织人大代表、政协委员甚至普通公务员及部分人民群众,现场观摩地方人大立法、政府政策制定的过程,观摩法院庭审,把立法、执法和司法的过程变为法制宣传教育的过程。要引导广大群众参与劳动仲裁、人民调解、行政调解、司法调解等与群众生产生活密切相关的维权和排解纠纷的过程,让更多的人亲身体验法律制度的运行过程,使法制宣传教育工作融入法治实践之中。

普法工作要从推动群众学法、知法到引导群众守法、用法,提高群众法律运用能力。普法只是手段,用法才是目的。自1986年起,我国已连续实施了5个五年法律知识普及活动,共有8亿多人次接受了各种形式的法制教育,普法覆盖率已很高。但是,我国普法教育却呈现"政府推进热,民众响应冷;外在灌输多,内心吸收少"等现象。当前我国的普法教育更多是告诉人们,"法律要求干什么、禁止干什么",却很少讲"法律允许你干什么、依照法律你有权干什么、运用法律你可以得到什么"。当前我国普法工作要从法律知识的推广转向法治实惠的落实,要转变法制宣传教育的方式,从"灌输式"教育向"服务式"教育转变,要把普法的立场转变到权利本位上来,不仅要让群众知道有哪些法律条文,还要引导群众运用法律武器捍卫自己的权利,敢于抵制任何置个人意志于法律之上的行为。

普法工作要在队伍建设、载体培育、经费保障、监督考核等方面积极创新,保障普法工作顺利有效开展。一要实现普法队伍社会化。普法宣传要通过整合法制宣传教育资源,充分调动社会积极性,把法制宣传变成一项社会性、群众性非常强的工作。要完善"普法办搭台,成员单位唱戏"的方式,建立党委领导、人大监督、"一府两院"实施、全社会参与、办事机构设在司法行政机关的法制宣传教育领导机制和工作机制,调动社会志愿者的积极性,壮大普法队伍。二要实现普法载体多元化。2011年全国普法依法治理工作要点指出,要加强阵地建设,丰富法治文化活动载体和形式,满足人民群众对法治文化产品的需求。普法载体建设要充分利用传统媒体和新兴媒体,在依托广播、电视、报刊等传统媒体的同时,借用互联网、手机报等新兴媒体,建成多层次、全方位的法制宣传阵地。三要实现普法经费制度化。法制宣传教育工作点多、线长、面广,是一项重要的公共服务,要建立以政府为主导的财政保障机制。要由司法、行政、财政等部门研究出台具体的保障办法,将普法经费列入同级财政预算,研究规定法制宣传教育经费的地区最低人均标准,并随着地区经济发展状况、财力增长情况以及法制宣传教育任务,逐年有所增长。四要将普法效果检测纳入政府部门政绩考核体系之中,建立健全一种权威性的长效评估机制,定期检查验收,公开评比结果。2010年以来,我国法治工作共评选出年度"法治人物"78个,其中政法系统有38个,在社会上引起了良好反响。

最后,普法工作最为重要的是要能够让各级党政官员知法、懂法、畏法、守法,自觉用法律约束手中的权力,自觉全心全意为人民群众服务。普法工作要采取"因人施教,分类指导"的原则,提高法律宣传效果。一方面要深入研究当前社会经济形势,分类指导。要掌握不同普法对象的法律需求,因人施教。另一方面,特别要高度重视党政官员的普法。自秦代以来,历代封建王朝均推行"以吏为师",官吏为百姓的榜样,吏治好则政治兴,吏治衰则政权亡。毛泽东与黄炎培关于历史兴衰律的"窑洞对",值得我们永远铭记,警钟长鸣!事实证明,法制来之不易,法治更其艰难,难在何处?难在官制改革、吏治革新。民须守法而官可不守法,法就只能沦为以官治民的工具。只有当法律成为大众公立的公约、官民共守的契约,官不守法则不能为官,民不守法则难以为民,那才可称为"法治社会"。从这个意义上讲,中国社会主义法律体系的建成只是法治建设万里长征中的第一步,今后的路更艰巨、更伟大,我们应当坚定地走下去。

(本文原载《中国审判》2011年第6期)

要结合民族地区实际对司法调解工作进行重构

——访十一届全国人大代表、西昌学院王明雯教授

多元化纠纷解决机制是在一个社会中,多种多样的纠纷解决方式以其特定的功能和特点,相互协调的共同存在所结成的一种互补的,满足社会主体的多样需要的程序体系和动态的调整系统。

在少数民族地区,由于民族地区的实际情况,民间调解在少数民族群众中很受重视,大多数纷争靠此解决,很少进入司法程序。在实践中,这种民族地区的纠纷化解机制发挥了积极的作用,在维护民族地区的社会稳定、促进民族地区的经济社会文化发展方面居于不可替代的地位。因此,在民族地区,构建包括民间调解在内的多元化纠纷解决机制有着特殊的意义与作用。作为一位在民族地区司法工作研究方面拥有丰硕成果的知名学者,同样也是一位在全国人大代表会上积极建言献策的知名学者,四川西昌学院的王明雯教授对这个问题有着个人独到的见解。为此,笔者对王教授进行了专访。

宣海林:您认为有效的司法工作在促进民族地区的社会和谐方面有什么样的作用?

王明雯:当前,我国正处在经济转轨、社会转型的关键时期,具有纠纷多发、复杂与对抗性强的特征,同时,多元化的社会、多元化的主体及其利益需求,导致多元化的矛盾冲突,要求建立与之相适应的多元化纠纷解决机制。然而传统纠纷处理规则与方式已经不适应新时期的要求,导致了大量的民间纠纷不能得到及时有效的解决,这已在很大程度上影响了社会的稳定与和谐社会的构建,

少数民族地区尤为突出。多民族杂居的特点决定了民间纠纷发生的特殊性。若处理不当,易引发民族矛盾,引起社会动荡,这对少数民族地区的法治建设、社会稳定与和谐发展具有举足轻重的作用,进而还会影响到整个社会的稳定与和谐发展。这要求我们在处理纠纷时,必须考虑到民族地区的特殊性,应尊重少数民族习惯法,充分发挥民间调解的积极作用,不断探索民族地区民间纠纷解决新模式,从而真正实现民族地区的和谐稳定和各民族的共同繁荣发展。

宣海林:您认为国家应当创造什么样的条件和途径,促进少数民族习惯法与国家法的整合?

王明雯:法律多元的格局是少数民族社会中长期存在的现象,由此产生少数民族习惯法与国家法相互冲突的情况是我们无法回避也不能够回避的事实。在当前,少数民族习惯法和国家法的冲突与协调、融合与互动的关系是人文社科界共同关注的社会现象。我认为,对于作为民间法组成部分的少数民族习惯法而言,应当通过立法途径和法的适用途径来实现与国家法的互动与整合。

一是立法途径:在法的创制上,可以考虑将有益的习惯法规范直接吸纳到国家法中,或设定弹性化条款为吸纳习惯法提供制度上的保证。特别是在以平等主体之间的人身及财产关系为调整对象的民事法律中可通过"习惯""善良风俗"等弹性化术语作为吸纳习惯法规范的基础。

在法律实践中,我国法律赋予了民族自治地方以变通和补充规定的权利,使得国家法与习惯法通过立法途径进行整合成为可能。如《宪法》《立法法》《民族区域自治法》等现行的法律都明确规定民族自治地方有权根据当地民族的特点结合法律原则制定变通或补充规定。

以凉山彝族自治州为例,由于享有立法上的变通权,完全可以将彝族习惯法中所包含的与现代法治精神相一致的积极因素吸收到自治条例或者是单行条例中。事实上,截至目前,凉山彝族自治州已经制定了15个自治条例、单行条例和补充规定,根据凉山的实情,吸纳了彝族习惯法的合理成分,从而有效地整合了法治资源,有力地推动了凉山州的民主法制建设进程,为经济繁荣、社会发展及和谐稳定发挥了积极的作用,也为少数民族习惯法与国家法的整合找到了一条有效的途径。

二是法的适用途径：法的适用是指国家专门机关、国家授权的特定单位依照法定的职权与程序，将法律适用于具体的人和组织的活动。其形式主要包括执法、司法和仲裁。在法的适用过程中，除办理刑事案件时，要贯彻"两少一宽"的原则，对于少数民族中的犯罪分子坚持"少捕少杀"，在处理上一般要从宽的政策外，还必须根据彝族地区的实际情况，在现行国家法律制度许可的范围以内，适当参照习惯法的有关内容和具体做法。

经过几年的探索，我们寻找到了一条对国家法与习惯法进行整合的行之有效的途径，即通过构建多元化纠纷解决机制，运用调解机制及其所具有的制度创新功能，为两者的良性互动提供一个制度性的对话渠道。具体做法是：将国家法律制度（人民调解制度）的形式与习惯法的内容进行合作。实践证明，这是国家法与习惯法合作最成功的途径。因为在人民调解这一国家正式法律制度的形式下真正起作用的还是习惯法，特别是在少数民族地区显得尤其突出。现实社会中遍及少数民族地区村寨的人民调解委员会就是这种合作途径的最好证明。

由于人民调解员多为民间调解人，为了发挥民间调解及时、便民、高效的积极作用，为国家法与少数民族习惯法的沟通与合作创造条件，并对其加强指导，克服其消极作用，引导其向正确的方向发展。为此，近几年来，凉山彝族自治州在推行多元化调解机制方面进行了很好的尝试和探索。目的是结合少数民族地区的实际情况，对现行的调解制度进行重构，在加强引导和指导的基础上，整合民间调解资源，实现民间调解、人民调解的良性互动，最终构建一个包括诉讼调解、民间调解、人民调解、行政裁决、仲裁在内的大调解格局。采取的措施主要有以下几点：

一是加强组织与制度保障。2009年成立了凉山州矛盾纠纷"大调解"工作领导小组；同年，凉山州委、州政府联合出台了凉山州《关于构建"大调解"工作体系，有效化解社会矛盾纠纷的实施意见》。

二是两级人民法院推行各彝族聚居区基层人民法院聘请"德古"（彝族民间调解人，在彝族地区被人们称为不穿制服的"法官"）作为法院特邀陪审员调解纷争的方法，以实现司法调解与民间调解的有效衔接配合。成立了"立案调解中心"，以立案调解作为司法调解与人民调解和行政调解实施有效对接的最直接、最重要的手段。并积极与州司法局、州政府法制办联合筹建"调解人员网络库"。

三是重视民间调解人"德古"的培训、指导、监督和考评,帮助其实现角色的转换。在进行试点的越西、昭觉、布拖、金阳、美姑等县法院,将辖区内的几十位民间调解人"德古"集中起来进行法律培训,给他们发放证书,允许他们在法院的诉讼中以诉讼代理人的身份参加诉讼;择优聘请合格的"德古"作为法院的人民陪审员或者特邀调解员,参与案件的调解工作,年终进行考评,合格才续聘。对于他们的调解,由法官审查后,统一制作调解书,对于不符合规范的调解,要求其进行纠正。为了便于管理及提高他们的积极性,还启动了"人民调解案件计件制报酬"的试点工作。一些县法院不仅建立了民间"德古"调解报告制度,以便司法所及时掌握社情,适时采取措施,化解矛盾纠纷;而且在政策、法律、文书格式、调解程序、调解依据方面提供咨询,正确引导民间"德古"依法调解;还对参与民间纠纷调解、维护农村稳定的优秀民间"德古"予以表彰、奖励,充分调动他们的积极性和主动性。

四是建立了巡回法庭。根据凉山彝族自治州地域宽阔、人口居住分散的特点,许多聚居县相继都建立了巡回法庭,定期或者不定期到乡、村送法下乡,巡回办案。巡回法庭一般利用农村赶集时,采用简易调解程序,公开审判,通过以案说法的方式进行法制宣传,收到了很好的社会效果。如美姑县法院建立的巡回法庭,自2007年成立后,发挥了重要的作用。使用彝语开庭,结合习惯法进行调解,不仅宣传了国家法律,照顾了民族习惯,而且解决了大量的纠纷,得到了广大群众的欢迎。

五是成立常设的"矛盾纠纷调处中心"及突发事件的调解工作组。"矛盾纠纷调处中心"由于充分调动了各方面的积极性,并且在调解中尽量做到兼顾国家法和习惯法,力求及时化解纠纷,不激化矛盾,因此,对于维护社会稳定起到了积极的作用。在聚居县,通常遇到突发事件之后,都会由相关部门抽调熟悉政策法规及习惯法的人员组成调解工作组。一般涉及公安、法院、司法、工委、村委会等部门,主要针对突发事件进行调解。调解工作组对于制止事态扩大和矛盾升级、预防涉群事件的爆发起到了明显的作用。

事实证明,这些措施和做法是很有效的:解决了大量的矛盾纠纷,避免了涉及家支宗族的群体性事件的发生;宣传、贯彻和实施了国家法,提高了彝族人民的法律意识,又照顾了彝族习惯法,得到了大家的认可,收到了很好的社会效果。同时避免了诉累,节约了诉讼资源,也为当事人减轻了负担。可以说是一种双赢的结局。据了解,推行多元化调解机制以后,法院工作呈现出"四升四降"的良好局面。即受案量、调解率、执结率、满意率大幅上升;群体性纠纷案件、涉法上访、二审改判率、二审发回率下降。如试点法院的民商事案件是过去的6到8倍;州院调解率和执结率均保持在80%以上,在全省法院名列前茅。因此,我们认为这些做法是比较成功的,值得进一步推广。

(本文原载《中国审判》2012年第2期)

加强法官的职业素养培训是一项更为重要的工作

——访十一届全国人大代表、中国社会科学院学部委员梁慧星教授

学术界,作为传道授业解惑的圣地,在市场经济大潮的冲击下,已难以保持应有的清净与中立了。经商、入仕、代言、走穴等,学者们如今的生活很精彩。在这样的大环境下,法学家们还能保持自己内心的平静和客观,守住自己的三尺书桌,做一些难以看到短期效应的真正的学问、提出一些客观中立的不带价值取向的建议吗?

在与市场经济联系更为紧密的民法学界,学者们更有机会出入于各种场所与各类会议,贩卖自己的理论,换得大量的金钱与荣誉。但是,也有一些学者本着对学术的热爱以及作为一名学者应有的风骨,将纯粹的学问作为自己的毕生追求,恪守学术的中立与客观,远离社会的喧嚣与市场的交易,冷静地观察着这个社会,提供着自己的真知灼见。他们是这个时代的良心,也是这个社会保持清醒的提醒者与建议者。

梁慧星教授,十一届全国人大代表,中国社会科学院学部委员,就是这样一位在学术与社会之间保持着恰当距离的著名民法学家。作为中国民法学界的代表性人物,他常年潜心学术,成果丰硕;他既不经商,不做兼职律师,也很少担任行政职务,生活的重心就是学术研究;而作为政协委员与人大代表,他则将自己的理论成果奉献社会,用自己的学术思维为社会建言献策,体现了一名学者关注民众的赤子情怀。近年来,他提出的关于统一法律解释、解决医疗纠纷、提高法官素质等一系列提案与建议,在社会上产生了较大的影响,并起到了一定的积极作用。

加强法官的职业素养培训是一项更为重要的工作

11月上旬一个清冽的早晨,带着自学生时代就怀有的对学术大家的景仰之情和一份聆听学术偶像真知灼见的迫切心情,笔者走进了梁教授的家,与他进行了近两个小时的交谈。

案例指导制度是一个很好的制度

宣海林:梁老师,您最近在进行什么方面的研究?

梁慧星:我自前年腿部摔伤以后,较多的时间用在了休息和恢复上,没有更多的时间来进行学术研究。但是自从今年身体好转一点之后,我已开始在补课,仔细阅读《最高人民法院公报》近几年刊登的案例。作为一名法学研究者,最高人民法院的案例是必须高度重视的。要进行学术研究,必须及时更新自己的知识信息,其他方面的书籍和杂志我也在阅读。

宣海林:最高人民法院准备推行案例指导制度,在审判中,对于类似案件,这些案例将可以参照适用。您对案例指导制度有什么看法?

梁慧星:我认为,我们推行的案例指导制度与西方国家的判例法是有着本质区别的。我们是成文法国家,成文法是主体,而在西方判例法国家,成文法只是补充。我们的案例在审判实践中只是参照执行,如果不参照执行,必须说明理由,并经上一级法院认可,才能发挥效力。

对于案例指导制度,有一个很重要的问题就是统一指导性案例的发布渠道。最高人民法院案例的发布渠道有很多,诸如《最高人民法院公报》《人民法院案例选》《中国审判案例要览》《人民司法》等,但是这些渠道发布的案例常常会有不相一致的地方,会出现一些互相矛盾的分析。这就需要我们统一最高人民法院案例发布的口径与渠道。要有一个统一把关的机构或者组织,从制度上保证从最高人民法院出来的案例的统一性、权威性以及指导性。

对于指导性案例的推出,在必要的时候,还应该借助外脑,请一些专家来进行把关,进行充分的论证。因为这些案例的指导性意义和地位,它们的推出并不在于时间的迟早,质量是第一位的。在指导性案例的推出程序上,可以参照立法的程序,要深入论证、反复征求意见,从而保证案例的权威性。

应设立统一的法律解释机构

宣海林：梁老师，您曾经提出，为了保证法律体系内部的统一，消除各法律规则之间的冲突，应设立统一法律解释机构，您能否介绍一下设立这个机构的基本考虑？

梁慧星：改革开放以来，为适应社会发展和建设法治国家的要求，建立法律体系成为国家生活中最迫切的重大任务。从五届全国人大到十一届全国人大，大概用了30年的时间，我们基本建成具有中国特色的社会主义法律体系。毫无疑问，这是一项非常巨大的成就。基本建成社会主义法律体系，意味着我国经济社会政治生活的主要领域都已有了法律规则，这些法律规则构成一个大体符合逻辑的法律体系，基本做到了有法可依。法律体系基本建立之后，国家立法方面的工作重心应有所调整，由此前专注于制定各种法律，转向法律体系的进一步完善和保障现行法律之切实实施。

一个国家的全部法律规则包括宪法、基本法、单行法、行政法规、地方性法规、实施细则等，依一定的逻辑关系构成一个统一的法律规则体系，叫做法律体系。这个法律体系犹如一个金字塔，最上层为宪法，其次为基本法，再次为单行法，以下为行政法规、地方性法规、实施细则等。为确保宪法确定的基本原则和价值判断的贯彻，要求层次较低的法律法规不得与层次较高的法律法规相冲突，所有的法律法规不得与宪法相冲突，同一层次的法律法规相互间不得冲突。这就是恩格斯所说的法律体系内部的和谐一致。法律体系内部的和谐一致是确保一个国家法制的统一性和有效性的前提，是依法治国的题中应有之义。

但由于构成一个国家法律体系的不同法律、法规是在不同的时期制定的，主持起草、审议的单位和人员往往不同，并且不同的法律法规有其不同的性质、不同的目的和任务，因此，不同的法律法规相互间发生冲突及法律法规与宪法间发生冲突，是难以避免的。

为了消除这种法律体系内部的法律冲突，实现法律体系内部的和谐一致，确保法制的统一性和有效性，应有专门的机构行使统一解释法律的权限，进行对宪法、法律、法规的统一解释，消除不同的法律法规相互间及其与宪法之间的矛盾和冲突,使国家的法律体系成为内部和谐一致的有效运作的统一体。

所谓法律的统一解释,是指由专门设立的解释机构,依据法律授予的统一解释法律的职权,对宪法、法律、法规、规章以及习惯法和案例进行统一的解释。统一解释的目的在于,阐明宪法、法律、法规等的正确含义,消除相互间的矛盾和冲突,实现法律体系内部的和谐一致,维护国家法制的统一性。

法律统一解释的必要性,也是社会主义市场经济本身的要求。社会主义市场经济要求法律规则的统一,要求执行法律规则结果的统一,不允许同一行为因实施地点不同和实施主体不同而服从不同的法律规则,不允许同一法律规则因执法人和执法地的不同而得出不同的结果。这就是社会主义法制的统一性要求。为了确保法制统一性,不仅要求法律体系内部的和谐一致,还要求不同的执法单位和执法人对同一法律规则的理解、解释一致。因此,当同一执法单位、执法人对某一法律规则有疑义,或者不同的执法单位、执法人对同一法律规则的理解、解释不一致时,也应通过专门的机构进行统一解释,以确保对法律规则理解、解释的一致和执行结果的统一。由于执法单位和执法人在法律素养上的差异及法律外因素的影响,更造成法律规则的理解、解释的严重不一致和执行结果的严重不统一。因此,解决法律统一解释问题在当前更具有紧迫性。

按照我国《宪法》第 67 条的规定,"解释宪法"和"解释法律"的权力,由全国人大常委会行使。鉴于法律解释工作的高度专业性,全国人大常委会如何行使此项宪法规定的解释权,需要相应的程序规则和适当的解释机构予以保障。因此建议在全国人大常委会之下设立统一解释法律委员会,行使统一解释法律的权限,对宪法、法律、法规进行统一解释。统一解释法律委员会在性质上属于行使全国人大常委会授予的专项职权的专家委员会。

建议全国大会常委会制定一个专门的法律,即《中华人民共和国统一解释法律委员会法》,规定统一解释法律委员会的职权、组成、任期及工作程序等。统一解释法律委员会的委员应由全国人民代表大会常务委员会从全国人大法律委员会推荐的人选中任命。统一解释法律委员会的委员应具有的资格是:曾经担任最高人民法院法官 10 年以上而有杰出成绩者,或者曾经担任法律主要学科教授、研究员 10 年以上而有权威著作者。委员的任期与法律委员会委员相同,可以连任两届。

这个委员会的设立并不是要取消最高人民法院等机构的法律解释权,在其设立后,最高人民法院等机构仍然可以发挥解释法律的职能,只不过对于司法解释与其他法律法规或者部门规章等发生的冲突,其解决的职责就在这个解释委员会了。它是一个总的法律解释机构,发挥着统一协调的职责。

民法典是一个国家文明程度的集中体现

宣海林:您一直主张编撰中国的民法典,请问制定民法典有哪些方面的意义?

梁慧星:民法典并不是一部简单的法律,而是体现了一个国家立法的整体水平,是一个国家立法水平的集中体现。另一方面,民法典通过向人们传授法律知识,树立人们对法律的信仰,从而也集中体现了一个国家的文明程度。因为,民法典不仅是一种裁判规则,更是一种行为规则,还决定了一个国家的道德判断标准。

宣海林:近期社会上出现了几起全民关注的事件,诸如广东佛山的"小悦悦事件",几起老人跌倒被人扶起引发争议以及社会上产生的是否该搀扶跌倒老人的疑惑与争论。对于这些折射国民道德滑坡的事件,您认为法律能否发挥作用,应当发挥什么样的作用?

梁慧星:法律当然应当发挥自己的作用。除了刑法,我认为,应充分发挥民法中无因管理、拾到遗失物制度以及相邻制度的作用。这些制度就是从鼓励人们见义勇为的角度设立的。

可以说,现在社会道德一定程度的沦丧,正是我国缺乏一部完整的民法典的结果。正是由于我国民法中对相邻关系、拾得遗失物以及无因管理规定的不足,使得人们在实际中缺乏做好人好事的法律保障,从而缺乏做善事的积极性。例如,在制定物权法时,我们就提出应当对拾到遗失物的行为规定一定比例的奖励,这样的目的是为了鼓励人们放弃将遗失物据为己有,因为如果将遗失物归还失主,就可以得到一定奖励,并能得到人们的精神赞许,但是据为己有就很可能受到法律的制裁,可能活得惴惴不安。这样的制度就在很大程度上能鼓励人们积极行善,引导社会道德向好的方向发展。但是,在最后的法律条文中并没有体现这样的精神,很遗憾。

另一方面,我们的法院在审判实践中,由于证据等制度方面的缺陷,也存在审判这些案件时难以把握尺度,出现一些使人不确定的取向。这些问题的解决在很大程度上取决于民法典的制定及其完善程度。我们在出现这些事情的时候,一般就想到用刑法来进行规范,其实,刑法介入道德领域的事情有很多障碍,而我们通过民法的教育感化功能,就能够在影响人们的行为规范、提升人们的道德水准等方面发挥刑法所没有的潜移默化的功能,并能在一定程度上提升整个社会的道德水准。这一点,我们应当引起更大的重视。

宣海林:梁老师,您一直主张松散的民法典不适合中国,这是因为什么呢?

梁慧星:今天我们讨论民法典编纂,一个不可回避的现实是,从德国民法继受过来的这套概念、原则、制度和理论体系,在中国已经存在了100年之久,已经在中国这块土地上生根、发芽、开花、结果。我们的法学院所采用的民法教材,它上面的一整套概念、原则、制度和理论体系都是德国式的。我们的法院在判决案件的时候,我们的律师在从事法律实务的时候,不是采用英美法那样的从判例到判例的推理方法,而是采用德国式的逻辑三段论的法律适用方法。我们的立法,尤其是改革开放以来的法律,以民法通则和合同法为典型,所使用的概念,所规定的原则和制度,诸如权利能力、行为能力、法律行为、代理、时效、物权、债权、支配权、请求权、抗辩权、代位权、撤销权等,都是德国式的。可见,从德国民法继受而来的这套概念、原则、制度和理论体系,已经融入中国社会之中,成为中国立法、司法、教学和理论研究的基础,成为中国法律传统和法律文化的基础。

有的学者反对德国民法的概念体系,大谈所谓"对德国民法说不"。作为个人的观点、个人的偏好,本也无可厚非。但现在我们所面对的,绝不是在大陆法系与英美法系之间,或者在大陆法系内部的德国法系与法国法系之间作出选择的问题。100年前,我们的前人已经替我们作出了选择。中国属于德国法系已经是既成事实,你不可能抗拒、改变、背离或者抛弃一个国家的法律传统。在中国历经百年所形成的法律传统面前,任何立法者和学者都是渺小的。即使如某些学者所主张的"松散式、邦联式"方案,即使如我们提交审议的"汇编式"的民法草案,也并未真正背离德国民法的概念体系,只不过人为地把这一概念体系弄得支离破碎、逻辑混乱罢了。必须指出,制定一部体系混乱、不讲逻辑的民法典所可能给中国造成的弊害,将比中国没有民法典更甚千万倍!

中国属于成文法国家,与英美法国家不同。英美法国家有悠久的判例法传统,法律规则是法官创制的,主要依靠法官的产生机制、高素质的法官和陪审团制度保障裁判的公正性和统一性。而在大陆法国家,法律规则是立法机关制定的,主要依靠法律本身的逻辑性和体系性保障裁判的公正性和统一性。法典愈有逻辑性和体系性,愈能保障审理同样案件的不同地区、不同法院的不同法官,只能从法典找到同一个规则,得出同样的判决。中国法官队伍人数众多,法律素质参差不齐,地位和收入不高,容易受法律外因素的影响。一部不讲逻辑性和体系性的所谓松散式、汇编式、邦联式的法典,使审理同样案件的不同地区、不同法院的不同法官,可以从中找到完全不同的规则,得出截然相反的判决。这样的法典,不仅不利于保障裁判的统一性和公正性,还会适得其反,使那些在法律外因素影响之下作出的不公正的判决合法化!这样的法典,不仅不利于遏止地方保护主义、行政干预和司法腐败,还会适得其反,进一步助长地方保护主义、行政干预和司法腐败!

加强法官的职业素养培训是一项更为重要的工作

宣海林:梁老师,您曾经对司法腐败给予了较为激烈的抨击,您认为这几年人民法院在司法廉洁方面是否做得好了一点?还有其他什么方面您认为是应当着力加强的?

梁慧星:这几年人民法院在治理司法腐败方面进行了大量的工作,也取得了有目共睹的成效,法官队伍的廉洁程度有所提高。这一点我认为是值得肯定的。

不过,在人们普遍关注司法腐败的同时,却忽视了对法官职业素养提升的关注。可以说,一个职业素养不高的法官作出的不公正的判决,和一个不廉洁的法官作出的判决一样,对社会公正的伤害是很大的。因此,提升法官的职业素养是一件应当常抓不懈的系统工程。以前在合同法出台的时候，全国各级法院组织了很多的培训，邀请专家进行讲座辅导，形式多样，这对促进合同法的正确适用起到了很大的作用。但是近几年来，这种学习的氛围有所减弱。这种趋势应当改变。今后，各级法院应当继续加大在职法官的培训，学习最新的法律与经济社会的发展情况，从而使得法官的职业素养得到及时的提升，知识结构得到及时的更新，适应社会快速发展带来的挑战。

宣海林：对最高人民法院组织进行的审判业务专家评选，您有什么看法？对于如何发挥这些审判业务专家的作用，您有什么建议？

梁慧星：最高人民法院组织进行的审判业务专家评选已经进行两届了，我参与了这些审判业务专家的评选。我的感觉是，这些年来法院系统出现了越来越多的专家型法官，无论是审判实务能力还是法学理论素养，都大大超出以前的情况。这是一个很好的现象。但我认为，在评选的标准上，要逐步淡化法学论著作品的比重。是否发表法学理论文章和文章的多少，只能作为一个指标，但不能占太大的比重。毕竟，法官的主业是审理案件，能否保证所审案件的公正，做到当事人胜败皆服，取得案件审理的社会效果与法律效果的统一，是一名法官最基本的职责。因此，评选审判业务专家，所审案件的社会影响、案件的代表性、能否被选为示范性案例或者指导性案例，应当是一个更为重要的标准。

最高人民法院组织的审判业务专家评选，是一件很积极的事情。这是淡化法院内部管理的行政色彩、强化专业能力考查的一项重要措施。与我所在的中国社会科学院评选的学部委员一样，并不以参评人员的行政级别作为考查的重要指标，而主要考查参评人的学术能力和水平。这对于带动法院整体司法能力的提升意义重大。

审判业务专家能否充分发挥其示范作用，还需要其他制度方面的保障。要改变按照行政职务或者级别的标准来看待这些法官，要在其他待遇方面，诸如工资待遇、评先评优、房屋分配等方面给予优先考虑。这些人员一般应是审委会的组成成员，在法院重大事件决策时要听取这些专家的意见。只有通过丰厚的待遇和精神奖励使得这些法官安心做好自己的审判业务，才能够起到一定的示范作用，吸引更多的法官投身审判业务，精心钻研审判实务，促进法院整体司法能力的提升。

另外,从某种意义上说,一个法院的整体水平,在很大程度上取决于它拥有多少优秀的法官尤其是审判业务专家。因为,正是这些法官决定了一个法院司法工作能力的整体水平。因此,重视审判业务专家的培养,发挥其在法院工作中的重要作用,将是提升法院工作水平的重要途径。

宣海林:梁老师,您从1985年起就担任我国理论水平最高的法学刊物《法学研究》的副主编,并从1999年起担任它的主编,同时您还主编着中国民法学界水平最高的以书代刊的连续出版物《民商法论丛》,请问您对优秀论文的评价标准是什么?

梁慧星:我现在已经不亲自主编《法学研究》了,只担任它的顾问。但《民商法论丛》我则是每期都看,每篇文章都要看。但我并不看全文,我拿到一篇投稿,主要看它的选题,看它是否新颖,是否具有实际价值,其次看文章的结构。通过这两个方面,我大体上就可以看出一篇文章的学术价值。《民商法论丛》上有一些法官们的文章,水平很不错。今后,欢迎广大法官们通过这些刊物将有代表性的案例分析文章介绍给法学理论界与实务界。

(本文原载《中国审判》2011年第12期)

后记

重拾记忆中的生活,该是一件多么美好的事情。

记得十余年前在武汉大学读博士的时候,宿舍窗外正对着经济与管理学院的办公楼,斜对面就是法学院雄伟的大楼,而这两所学院都是我就读过的地方。每天伴着楼下熙熙攘攘的人流喧哗,在满屋的各类图书环绕中,营造着自己关于国际人权课题的种种并不成熟的理论构想,在烦扰之余,就拿起羽毛球拍,穿越大半个校园,到桂苑操场打上两个小时的羽毛球。春有梅花飘香、樱花满枝,繁花似锦中游人如织;夏有鸣虫满园、绿树葱茏,蛙声阵阵中书声朗朗;秋有落叶满地、桂树飘香,入校的新生增添了新的活力;冬有大地沉寂,夜色阑珊中正是读书好时光。有山有水,有书有友,有时间有心情,有暇时有清声。有如此胜地,读书思考真是人生最快意之事。

然而,随后步入社会,正如当时的师友兼同学王云飞兄所言,"步入狂飙突进的中国社会",也被裹挟进身不由己的凡事俗务,虽更深入地了解了这个社会、更近距离地观察到了这个纷繁复杂的转型中国、对课本上所学所读有了更贴切更直观的认识和体悟,但也在日复一日的琐事缠绕中,失去了读书的静气和思考的专一,也在某种程度上失去了自我,被社会改变了心境和理念,还有不断疯长的白发和不断模糊的记忆。

2017年,由于看到了职业发展的天花板,更由于对这种日复一日的苟且厌恶至极,遂在犹豫了数年之久后,下定决心离开工作了十余年的出版社和杂志社。从内心讲,离开是对一种环境的厌烦和厌弃,但却抛不开那份在工作中培养的新闻理想和情怀。虽然说,体制内的行业期刊和行业新闻,所谓的新闻理想和情怀不过是被圈养的一种畸形的扭曲的理想与情怀,在真正的新闻人面前是不敢奢谈的。但话说回来,现今又有多少真正的新闻人呢?正在写这些文字的时候,手机上又有一个朋友发来一篇文章:《真正的新闻正在死去,更可怕的是无人在意》。说实话,看到这样的标题,我已经懒于打开阅读,一是包括手机等新的媒体介质上出现的这些耸人听闻的新闻,其意义无非就在于吸引流量和点击率而已,真正的观点和思想基本没有;二来所谓新闻的死亡这样的话题已经不是新闻了,不仅是趋势,更是事实,哀莫大于心死,做新闻的人或许已经对此无动于衷了。

但是,作为一个读书人和一个曾经终日翻阅各类新闻经典作品、怀揣"铁肩担道义,妙笔著文章"新闻梦想的记者而言,内心深处还是有一丝对新闻不死的执念的。由此,即使离开新闻战场,也是走进了新闻的观察室研究室,转身成为了一名新闻学的教员和研究者。此番转身,并没有多少犹豫,也没有像那些离去的新闻人那样,发表一番广为传播的新闻已死、老兵离去的感慨,毕竟,从新闻人到新闻研究者传播者,只是转换了一个角色或者角度而已,并未远离。

随后的经历证明,这样的转身堪称完美。西北政法大学新闻传播学院虽地处西北,远离政治经济中心,在资源上有所欠缺,但也正是这样的现实,造就了学院及其教员顽强不屈、自强不息的个性与理念。于我既是领导、也亦师亦友的院长孙江教授,既有法学领域深厚的理论造诣和实践经验,也有新闻从业的深刻体悟与丰富经验,在学院发展中,敏锐地认识到人才引进的重要性和实践培育的核心地位。这种理念和我的新闻教育感悟如出一辙,使得我乐于将自己的从业经验拿到课堂上与学生们分享,也颇受学生的欢迎。作为一名教员,最快乐的无非就是自己的观点和主张能够响应者众,广受认同。而更难得的是,学院提供了宽松的研究环境和良好的交流平台,虽地处西北一隅,但仍与新闻业界与学界交流频繁,让我在时时切磋中得以开阔眼界、提升格局。

更难得的是,虽离开出版社的繁琐事务,但却没有远离旧有的朋友圈,而且,由于超越了以往工作的狭窄眼界,获得了更宽泛的交流机会。云南省高级人民法院副院长滕鹏楚先生和新闻中心副主任茶莹女士、温州市中级人民法院韩安锦先生、浙江省泰顺县人民法院院长邹挺谦先生、洞头区人民法院院长李德通先生、瑞安市人民法院院长鞠海亭先生、乐清市人民法院郑策先生和王海

后 记

亮先生、安徽省肥东县人民法院院长曹海清先生、湖南省常德市鼎城区人民法院院长覃红卫先生、海南省昌江黎族自治县人民法院院长熊大胜先生、乐东县人民法院院长马雪涛先生、上海市高级人民法院新闻宣传处严剑漪女士等,都继续提供精神与实践经验方面的支持,支撑我对法治新闻行业思考的进一步深入和体系化。在案件负担超乎想象、宣传工作限于理念与传统双重束缚的今天,这些司法工作者与司法宣传工作者的努力、执着以及付出,让我看到了普通中国人在塑造历史、记录历史中的艰辛与成就。

感谢最高人民法院司法警察局局长柴中国先生。他在我于《中国审判》杂志社工作时就对我时常点拨、处处关心,并在数次努力将我调入最高人民法院机关但却因相应回避政策限制而未能如愿后,出于对我家庭的关心和对我事业的关照,仍苦口婆心地劝我留在人民法院出版社工作。但倦于那种程式化形式主义官僚气息浓厚的工作环境、渴望自由而不受羁绊生活的我,最后没有采纳他的建议,而选择去了高校。虽然有恨铁不成钢之意,但柴局长仍然在工作和生活等各方面关怀备至,并不时给出各种推心置腹的建议。其良苦用心和谆谆教导令我感动,也令我在贪恋生活的安逸之余倍感愧疚。人生能有这样一位亦师亦友亦亲人般的朋友和领导,实乃一大幸事。虽然一再让柴局长失望,以至于我愧于或者羞于面对他并表达这份感激之情,但在时刻提醒自己大恩不言谢之余,仍要在本书的角落里,借点滴笔墨表达我对他衷心的感谢!

我与北京大学出版社的编辑李铎相识已久。初次见面,谈及某本书的出版设想,他熟练地拿出了纸和笔,频繁记录并适时发问,让久于出版工作的我大为吃惊,也深刻感到出版大社的专业和其本人的职业精神。从李铎先生的身上,我看到了中国出版人在出版业风雨飘摇之际仍然固守的出版理想和专业精神。有此等理想和精神,出版业就不会衰落,文明与文化就会薪火相传、绵延不绝。

感谢安徽大学王云飞教授。云飞教授于我亦师亦友,其才华,其真诚,其见识,其热心,无不时刻激励我以其为榜样,努力做一个有良心有责任感的学者。感谢其在百忙中赐序。读其序言,既是一种文字的享受,又是一条了解中国社会的佳径。

本书部分文章曾先后发表于《中国审判》《人民法院报》《法制日报》等期刊与报纸。在此,对这些报刊表示感谢,并对人民法院报社总编室主任张守增先生、副主任徐光明先生、副主任张先明先生、编辑辛九慧女士等的大力支持和指导表示感谢；同时，也对文章写作过程中给予大力支持的王松、高翔、赵劲松、何荣功及刘能冶等朋友表示感谢。

  这本书既是我十余年来新闻工作的积累，也是我一年来新闻教学与研究的心得；既是个人思考与实践的成果，也是朋友与同事关心与支持的成绩。在出版之际，有太多值得表达的感谢与感慨，但正如那句话所言，最大的感谢永远是内心深处不言的沉默。唯有努力，才能继续回报这些关心与支持。风雨兼程，来路不悔。

宣海林

2018年3月24日于北京崇文门家中